一『炜』以航

郑炜的火样人生

李永庆 著

哈尔滨工业大学出版社

图书在版编目(CIP)数据

一"炜"以航：郑炜的火样人生/李永庆著. —哈尔滨：哈尔滨工业大学出版社，2020.11

ISBN 978-7-5603-9053-6

Ⅰ. ①一… Ⅱ. ①李… Ⅲ. ①郑炜-生平事迹Ⅳ. ①K825.38

中国版本图书馆CIP数据核字(2020)第163767号

HITPYWGZS@163.COM

艳|文|工|作|室 13936171227

一"炜"以航：郑炜的火样人生

YI "WEI" YIHANG: ZHENGWEI DE HUO YANG RENSHENG

策划编辑 李艳文 范业婷
责任编辑 那兰兰 孙 迪
装帧设计 屈 佳
出版发行 哈尔滨工业大学出版社
社　　址 哈尔滨市南岗区复华四道街10号 邮编150006
传　　真 0451-86414749
网　　址 http://hitpress. hit. edu. cn
印　　刷 辽宁新华印务有限公司
开　　本 710mm×1000mm 1/16 印张 19.5 插页 8 字数264千字
版　　次 2020年11月第1版 2020年11月第1次印刷
书　　号 ISBN 978-7-5603-9053-6
定　　价 68.00元

哈尔滨工业大学7725-1班毕业留影

2019年9月20日，哈尔滨工业大学7725-1班同学在湖南衡阳聚会

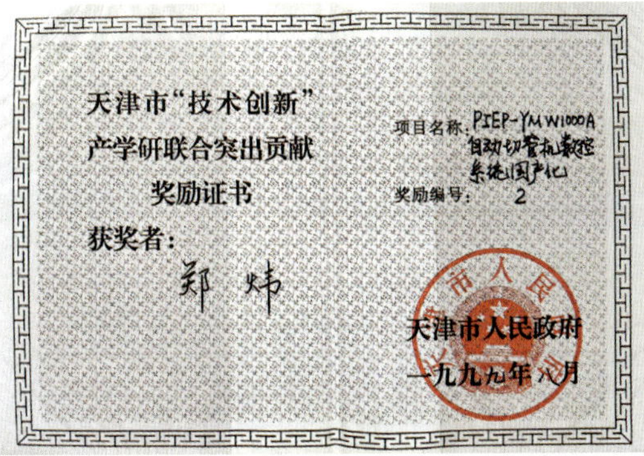

1999年，天津市“技术创新”产学研联合突出贡献奖

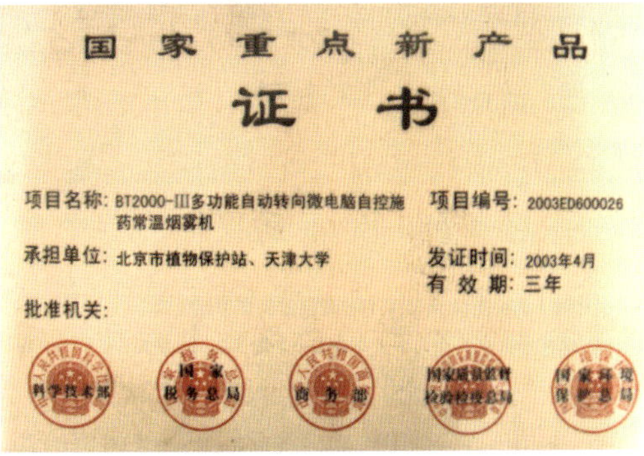

2003年，五部委证书

2007年，中国农业科技奖三等奖

2014年，北京市农业技术推广奖一等奖

2015年，中华农业科技奖二等奖

2018年，哈工大天津校友会杰出贡献奖

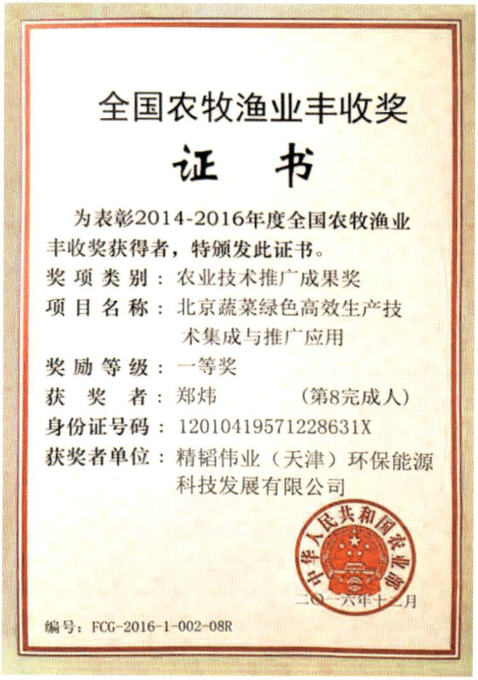

2016年，全国农牧渔业丰收奖

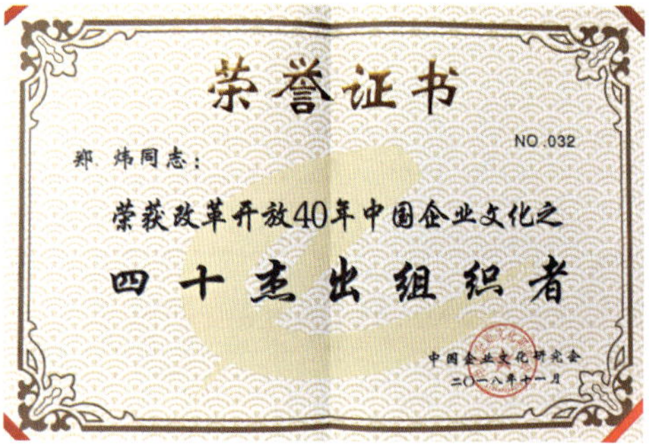

2018年，改革开放40年中国企业文化之四十杰出组织者

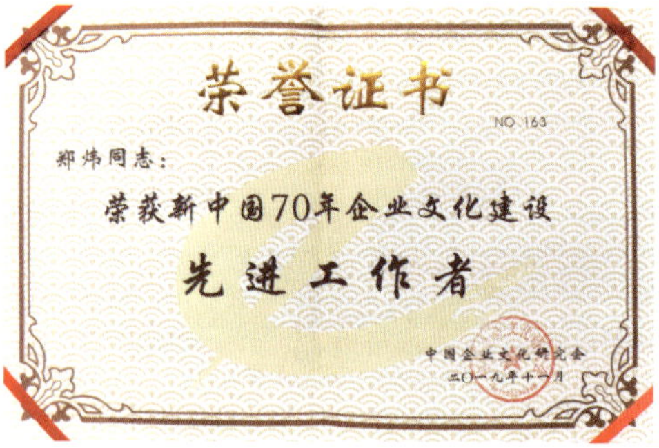

2019年，新中国70年企业文化建设先进工作者

2010年，第六届杰出华商大会与卢俊卿会长合影

2011年，世界杰出华商协会副理事长郑炜在华商协会六周年庆典大会上致辞

2013年11月3日天津校友会成立，第一届理事会合影

2017年，第六届海内外校友工作研讨会上发言

2017年，哈工大第六次海内外校友会工作研讨会合影

2018年，郑炜获天津校友会杰出贡献奖

2018年，哈工大校长周玉参加由郑炜会长主持的天津校友会座谈会

2019年，兄弟高校校友会领导合影

2019年，哈工大原校长杨士勤与哈工大天津校友会理事会主要成员合影留念

2019年，哈工大天津校友会第二届理事会合影

2016年，与天津诗社会员河北采风

2018年，商务部原部长胡平与郑炜会长亲切交谈

2018年，与中国企业文化研究会理事长孟凡驰合影

2018年，中国企业文化研究会颁奖典礼

2019年，天津市人大常委会原秘书长乔富源与企业文化研究会部分常务理事合影

2019年，郑炜在全国第三届民营企业文化论坛致辞

2019年，天津市人大原副主任散襄军为天津市企业文化研究会授“慈善文化自愿服务团”证书

2019年，看望国庆70周年阅兵观礼英模代表、天津市北门医院王维栋院长

2019年，祝贺全国劳模、五一劳动奖章获得者、天津武清中医院院长陈宝贵新医馆开业

2019年，考察阿里巴巴、吉利、娃哈哈三家大型企业，在分享会上合影留念

2019年，天津市企业文化研究会与天津市律师协会签署战略合作协议

2019年，在畅想艺术剧院慈善演出上致辞

序一

生命的色彩

初识郑炜先生，源于一些社会公益活动。彼此志趣相投，渐成若水之交。

我已年逾七秩。回忆过往，发自内心欣赏的人并不多，郑炜先生就很值得欣赏。他是一个平凡的人，更是一个大写的人。

《一“炜”以航——郑炜的火样人生》一书，从时间深处和生活现场，真实讲述了一个中国知识分子的特殊品质，具有醒世和教化的双重作用——比如，有情怀。郑炜先生原名郑建平，18岁时更名为郑炜。“炜”者，鲜明之光也。用他自己的话说，就是想用光明的火焰照耀未来。事实正是这样，他一路走来，留下许多闪光点，照亮真诚朴实的生命底色和坚贞不渝的家国情怀。

比如，不畏难。他信奉“事上无难事，只要肯登攀”的人生哲学。深知：事在人为，路在脚下。遇到困难，从不绕着走，而是以“自讨苦吃”的精神，攻艰克难，成为把握命运的强者。在学校，是追风少年；下农村，是优秀知青；做企业，是领军人物。

比如，敢为人先。郑炜的人生画卷，大多是在现代城市化的流徙中展开的。新与旧、革与守、先与后等诸多矛盾，往往影响着故事的结局。他找到了问题的切口，在不同的工作岗位上，大胆吹响创新的号角。首创了“建设文明宿舍，创建优秀班级”活动，成为全国高校重点推广的样板；开发了一系列绿色节能环保产品，成为同行业的翘楚；将党支部建在校友会，哈工大天津校友会成为全国唯一一个有党支部的校友会。

更让人钦佩的是他对生命的态度。记得世界著名企业家、哲学家稻盛和夫，60多岁得知自己患了癌症时，只轻描淡写地说了一句：“哦，是癌症啊！”更让人瞠目结舌的是他决定捐出全部财产，心心念念，守净扬善。直到80多岁时，仍然奉献于国家和社会公益。这是一种“超人”，超越时空，超越世俗，超越生死，是灵与肉升华后的一次完美观照。郑炜先生正是这样的人。他患癌多年，身体清瘦，精神矍铄，把更多的精力、财力投入到社会公益活动中，服务于中国企业文化研究会、天津市企业文化研究会、天津市高校校友会联盟科技经济融合研究会、天津市创造学学会、哈尔滨工业大学天津校友会等社会团体。心怀大爱，善念是金。郑炜先生在日月穿梭中活出了生命的宽度和深度，活出了生命绚烂的色彩。

《一“炜”以航——郑炜的火样人生》入选“建校百年·哈工大人系列丛书”，是一件值得庆贺的事。我既为哈工大培养出如此优秀的学子而高兴，也为有这样的朋友而骄傲。

古人云：“仁者寿。”我写这篇短文，是沐手而成。一来践行朋友之约，二来祝好人一生平安！

乔富源 天津市人大常委会原秘书长

2020年8月6日于天津

“火”一样的人生

哈工大百年校庆之际，“建校百年·哈工大人系列丛书”陆续出版。荣膺哈工大杰出校友并出版《一“炜”以航——郑炜的火样人生》一书，既是郑炜的荣耀，也是我作为他的朋友的骄傲。

我和郑炜不仅是好友，还是哈工大校友。哈工大天津校友会正式注册成立后，我任会长，郑炜担任副会长兼任秘书长，由于郑炜在此段时间突出的工作表现和贡献，校友会换届时顺理成章地担任了会长一职。

随着校友会工作的往来，我们彼此越来越熟悉，了解更加深入。通过他的讲述，以及别人的口口相传，我对他过往的人生也越来越了解了，对郑炜到底是怎样的一个人也有了自己的理解。人们常说，思想是行动的先导，性格是行为的原点，一个人为什么做事、做什么样的事、怎样做事，追根溯源，就是要到他的思想和性格上找答案。

在我看来，郑炜首先是一个有情怀有抱负的人。情怀的种子早在他18岁更名时就已种下了，就像他自己所说的那样，用光明的火焰照耀未来，永远追求光明。这份情怀还不能简简单单地用"家国情怀"来概括，因为他不仅爱国爱家爱人民，还热爱自己的事业和生命，热爱世间一切美好。郑炜常说，生命的长度并不那么重要，空活百年，无所作为，又有什么意义呢？他更加注重拓展生命的广度和厚度，所以他几十年如一日，始终坚持做好事、做善事、做实事、做大事、做有意义的事。

郑炜是一个不怕苦能吃苦的人。很小的时候，他就帮父母分担生活的重担，搓草绳子、编草袋子、挑煤砍柴……啥苦活儿累活儿都干过，从不喊苦、喊累，从不偷懒。上山下乡时，他劳动抢在先干在前，主动申请参与最苦最累的水库工程，被乡亲们称为"拼命三郎"。他读研时，既要从事教研室的党政工作，还要跑工厂联系科研项目，只能利用晚上的时间搞科研做实验，每天晚上工作到12点以后是常态，关键时期甚至加班到凌晨两三点。2003年时他已经是董事长了，为了搞清楚生产线故障原因，寒冬腊月的深夜他守在冰冷的车间亲自记录运行数据，一守就是整整一周。我常常觉得，他不是不怕苦，而是压根儿就不知苦为何物。

郑炜是一个勇于攻坚善于攻坚的人。遇到困难，他总是迎难而上，甚至专挑硬骨头啃，以顽强的毅力和韧劲攻坚克难。读硕时，他放着容易的课题不做，偏偏选了一个前沿课题做研究，风里雨里，通宵达旦，顶着延期毕业的风险，硬是攻克了这道难题。公司需要扩建厂房，为了节省资金，他一个机械专家竟然自学建筑学知识，靠着恶补苦学，自己设计图样，成功建起了近5 000平方米的厂房。在郑炜的字典里，永远没有"干不了""不会干"这几个字。

郑炜是一个敢创新会创新的人。他不管在什么岗位上，都有一股子敢为人先的闯劲和开拓创新的精神，并且总能摸索出具有创造性的好抓手好办法。做辅导员工作，他首创了“建设文明宿舍、创建优秀班级”活动，成为全天津、全国高校系统重点推广的模范样板。做企业，他开发了一系列绿色节能的环保产品，将公司打造成了行业的翘楚。经营校友会，他力主校友会正规化、制度化、规范化建设，使哈工大天津校友会成为哈工大全国第一家正式注册的校友会。

郑炜是一个豁达温暖宽厚的人。面临下乡或留城的抉择，他把留城的机会让给二姐；他两次将考研的机会让给别人，所为皆是常人所难为甚至不为之事，不能不说是真的豁达。并且，这个一生中与死神频繁过招的男人，对生命有一种超乎寻常的豁达。小小年纪被毒蛇咬伤，送医的路上却在安慰陪同的老师；搞科研两次遭遇电击，但险情刚刚排除，稍事休息，他又闷头于工作；工人小秦违规操作，右臂被机器连根绞断。郑炜不仅加倍给了赔偿金，还提出帮助他开一间零售店，小秦及家人感激涕零；身患癌症，依然抱病为校友会发展寻求长久之计根本之策……

一路走来，郑炜留下了一串串坚实的脚印，也给所有接近、接触过他的家人、朋友、同学、老师、校友、弟子、员工、商业伙伴们留下一个个美好的记忆。

《一“炜”以航——郑炜的火样人生》用朴实优美的文字，跌宕起伏的故事情节，完整严谨的结构，对郑炜几十年火一样的人生，作了一次全景式的扫锚挖掘、锤炼概括和系统介绍。书中还展现了哺育郑炜的乐施好善的父母家人和淳朴善良的乡里乡亲；展现了为郑炜成长成才奠定坚实基石，素以“规格严格，功夫到家”闻名的哈工大精神；展现了诸多爱才心切、助其成就火样人生的长者前辈、良师益友；就是我这个自以为很了解郑炜的人，看过此书也不免为书中表现出的郑炜不懈追求生命价值的执著精神，敢为人先创新发展的顽强意志，跳出小圈子痴心感恩回报的高尚情怀所震撼、所折服、所感动。

一滴水能折射太阳的光辉，一朵花能闻到春天的芬芳，一部书能浓缩人生的精华。先睹为快的我，写下以上文字，表达对母校哈工大百年校庆的祝贺，对朋友郑炜火样人生的尊崇。

朱世和 **天津市城建大学原校长**
哈工大天津校友会名誉会长

我心光明 行棋无悔

为了迎接2020年哈工大百年华诞，2018年哈尔滨工业大学出版社策划出版《建校百年·哈工大人系列丛书》，为有代表性的杰出校友出版传记，铭记这些校友的奋斗历程和杰出贡献，间接展示哈工大的丰硕育人成果。我被确定为候选人之一。当得知这一消息时，我有些受宠若惊。因为我觉得出传记的人，通常都是于国家于社会甚至是于人类进步事业有绝大贡献的人中翘楚，或是英雄人物，或是大家名师，或是道德楷模，总之绝非凡品。这些年，我是做了一点儿事情，取得了一点儿成绩，但母校培养的优秀人才灿若星河，比我优秀杰出的大有人在，我自度还够不上“杰出校友”的格，忝列其中着实愧不敢当。因此，在很长的一段时间内，我不敢应承这件事。一直到2019年，在出版社的再三邀约下，我才勉强受领了这项任务。

尘封的岁月烟雨飘零，记忆的闸门乍开还闭。在过去的一年里，我仔细爬梳了过去60年的人生，顺着时空的隧道，把曾经的自己找了出来：我想起了当年瞒着父母报名上山下乡的坚毅，想起了手捧哈工大录取通知书时的喜极而泣，想起了放弃留校任教机会的些许遗憾，想起了在天津大学当班主任、做辅导员期间经受的锻炼，想起了两度将考研机会拱手相让的豁达，想起了放弃领导岗位、放弃读博、放弃到油田当副总的选择，想起了在教研室搞科研、做项目的执着，想起了开公司、建工厂的艰辛，想起了创新开发新产品、攻克科研难题时的兴奋……特别是2017年身患癌症之后，我本想辞掉哈工大天津校友会秘书长的职务，专心养病，结果却先后被推举为哈工大天津校友会会长、天津市企业文化研究会会长、中国企业文化研究会副理事长、天津市创造学学会副会长。为了校友会的健康可持续发展，我筹划搭建"共享科技智库"平台，虽几经挫折，却始终不屈不挠，坚定有力地推进，最终获准登记注册，并被推举为天津市高校校友会联盟科技经济融合研究会理事长。往事一幕一幕，在脑海中浮现，清晰如昨。蓦然回首，我也是百感交集，甚至一度对自己感到了前所未有的陌生，我是这样的人吗？这些是我的选择吗？

从某种意义上说，世间一切都是遇见和选择的总和。这些难以释怀却又倍感庆幸的遇见与选择，使我非常幸运地把握住了人生的方向，在寻找理想、追梦前行中没有迷失自己。在不断的选择中，我一次又一次地实现了自我重塑，不断成长，不断完善。有的选择，我自己也并不是特别清晰和坚定，也许它们只是源于我潜意识中的理想、情怀，或是善念吧！尽管在有些选择面前，我也感到过煎熬与忐忑，但最终都无一例外地遵从了内心，从未妥协，从无牵绊，回眸走过的路，我自问行棋无悔，不负此生。

我感谢时代。很幸运，我能身处一个变革的、创新的时代。时代为我们这代人提供了历史的机遇。在时代的长河中，我秉承母校"规格严格，功夫到家"的校训，求真务实、崇尚科学的求是态度，自强不息、开拓创新的奋进精神，笃学笃行，扎扎实实地走好人生的每一步，坚定执着地攻克一个一个人生难题，为自己、为家人、为母校、为校友、为社会、为国家做了一些力所能及的有益的事情。

我感谢生命。热爱生活，珍视生命，不向命运低头，保持乐观心态是我的性格。无论遇到多么糟糕的境遇，无论遇到多大的困难，我始终不屈不挠，迎难而上，承受生活予我的磨炼与洗礼。在癌症晚期，我仍能快乐工作，愉悦生活。因为我始终相信，生命的意义不仅仅在于它的长度，哪怕是一根短小的蜡烛，只要燃起了生命的火焰，释放了生命的色彩，就拓展了生命的广度和深度。每一天对我而言都是独一无二的，每一天都是值得认真对待和深刻缅怀的。

我感谢母亲。她是一个特别能吃苦、特别能战斗的女人，是一个笃信坚持不懈的努力可以改变人生的人。我很幸运地继承了母亲的一些可贵品质。基因使然，我天性中就有一部分与母亲相似的争强好胜的、刻苦勤奋的、坚忍不拔的、乐于创新的个性。后来，造化垂青，我遇到了一些良机，这些性格和品质帮助我很好地把握住了这些机会，所以才有幸取得一些小小的成就。

我感谢人生路上遇到的那些良人。感谢中学老师给我以知识和智慧的启迪，感谢插队公社领导予我以历练和培养，感谢大学同窗对我的照顾和帮助，感谢母校曾祥荣教授予我以点拨和关照，感谢辅导员时期小赵老师对我的协助，感谢科研合作企业对我的信任与支持，感谢创立校办企业时全体同仁的同心协力，感谢回专业工作时党总支书记的推荐与提携，感谢放弃读博时刘又武教授的仁爱与宽厚，感谢创办企业时合作伙伴的鼓励与支持，感谢做社团工作时一众贤达的辅佐和奉献，感谢在我身患癌症后一如既往关心、鼓励、支持我的王贺胜、李绍洪、冯雪飞、朱世和、华勇、徐勇、陈宝贵、董雅、李靖等各位朋友，感谢哈工大校友，感谢给予我精心治疗的大夫和护士……我想说，你们的出现、鼓励与帮助，丰富了我的人生，把我人生中的一个个不可能变成了可能。

我感谢母校。饮其流者怀其源，学其成时念吾师。哈工大不仅教会我知识，给了我智慧和力量；也教育我养成了奋发有为的人生观价值观和勤于思考、笃于实干的精神态度。尤其是“规格严格，功夫到家”的校训和“八百壮士”精神，更是浸入了我的血脉、渗入了我的骨髓，成为我一生奉行的圭臬。感谢母校出版社为我出传记，这是母校对我的厚爱、奖赏和有力鞭策。能在母校的信任托付之中，对自己60多年的人生奋斗历程做一次系统回顾和深度总结，毋宁说也是我的幸运。这本书既是我的人生传记，也将成为我的传家宝。如果于母校、于友人、于读者、于社会能益有万一，我将万分欣慰。

衷心感谢青年文史传记作家李永庆老师和天津市企业文化研究会郭同久秘书长的辛苦付出。事非经过不知难，回忆是一回事，表诸文字，尤其是表诸流畅好看的文字，又是一回事。是他们在我几乎无望的情况下，克服时间紧、任务重的困难，竭心尽力，加班加点，才把我散乱零落的人生片断，打磨成了一部有高度、有深度、有温度、可观赏性较强的优秀作品，帮助我兑现了对母校的郑重承诺。

值此传记即将付梓之际，感谢天津市人大常委会原秘书长乔富源先生，天津市城建大学原校长、哈工大天津校友会名誉会长朱世和学长，他们十分赞赏母校出版社为我出传记，勉励我珍惜母校的信任与托付，高度重视，积极配合，写好传记；在传记写作过程中，他们也不断地鼓励我、支持我，给了很多具体的指导帮助，进一步提升了传记的水准，并且欣然答应作序。这是我的莫大荣耀。特别感谢哈工大出版社李艳文副社长，是她的持续鼓励、精心指导、细心帮助与不断督促，才使传记最终得以成书出版。对为传记写作奠定前期基础的常英华、孟海英、肖华来、李靖等各界朋友，在此一并致谢。

最后，我要感谢我的家人，特别是我的夫人，在我患癌治疗期间，她无微不至地关爱我、照顾我，在传记撰写期间，她持续的鼓励与支持，使我坚持完成传记的回忆整理。我要郑重地向我的家人们说：“谢谢你们！我爱你们！”

郑　炜

楔子

1957年12月28日，农历丁酉年十一月初八，委实是一个平淡无奇的日子，既不是什么传统佳节，也不是什么新式纪念日，甚至连个洋节都没赶上。

如果非要挑点儿大事儿来说，我们翻翻老皇历，倒是能捡拾出这么几条：中国与苏联在这一天签署了互派专家的书面协定；宝成铁路通车典礼于当日在成都举行；中国第一辆三轮汽车也于这天在上海诞生了。

这些消息可能马上就会出现在全国各地城乡的大喇叭里，也可能在稍晚一些时候刊登在各地的大小报纸上，但当天四川省云阳县路阳乡（即今重庆市云阳县路阳镇）小学家属区里的家属们，心思却完全不在喇叭和报纸上，他们更为关心的倒是身边一件不起眼的小事儿。

听动静，钟老师马上就要生了……

目　录

1 郑家有子初长成

夜深人静时，两口子说起了悄悄话。钟碧霞说：“趁现在清静，快给儿子起个名字吧！”郑玉众早就想过无数次了：“老大叫建国，老二叫建明，老三就叫建平吧！”钟碧霞也觉得这个名字好：“对，建设一个和平的祖国！”

2 大时代里小少年

他说：“我喜欢部队，一直想当一名军人，所以我想把现在的名字‘郑建平’改成‘郑炜’。”“政委的委还是伟大的伟？”“都不是，是火字旁加一个姓韦的韦，寓意光明，既是政委的谐音，又预示着用光明的火焰照耀未来，永远追求光明！”

3 火红的知青生活

郑炜从未请过一天假，甚至连感冒发烧都要坚持劳作，刺扎、蜂叮、虫爬、蚂蟥咬、头昏、眼花、腰酸、背痛，他的肩膀后背晒脱了皮又长出新皮，手掌心的水泡破了干了又磨成了老茧。

4 难忘的工大岁月

郑炜坐在宽敞明亮的大教室里，春日的暖阳照在他的脸庞上，照在他胸前崭新明亮、白底红字的"哈尔滨工业大学"校徽上。校徽非常漂亮，当郑炜低头看向校徽时，心中有种说不出的幸福与自豪，这一切斑驳如梦，却万分真实……

5 从学生工作开始

天大机械系开展"建设文明宿舍，创建优秀班级"活动的经验做法引起了天津市教委的高度重视和认可。市教委组织全市各大高校的团委书记和负责学生工作的副书记、辅导员到天大机械系参观见学后，在全市教育系统全面展开"建设文明宿舍"活动。

1

郑家有子初长成

夜深人静时，两口子说起了悄悄话。钟碧霞说："趁现在清静，快给儿子起个名字吧！"郑玉众早就想过无数次了："老大叫建国，老二叫建明，老三就叫建平吧！"钟碧霞也觉得这个名字好："对，建设一个和平的祖国！"

郑家的长子

午后时分，毫无征兆地，既没有祥云笼罩，也没有紫气盈庭，只听寂寥静谧的家属区内，骤然间升腾起一阵“哇哇”的婴啼，这啼哭由小到大、由弱转强，如一把利剑劈开了略显阴冷的天空，使久违的太阳重又露出笑脸来。

钟碧霞又生了！

钟碧霞和丈夫郑玉众虽说都出身于开明地主家庭，都接受过新式教育，思想上也一贯求进步求解放，但中国人根深蒂固的重男轻女思想多少还是有些残留的；况且，已有的两个孩子都是女孩儿[①]，他们实在太想要一个儿子了。因此，刚刚生产完的钟碧霞都顾不上喘口气，马上挣扎着要坐起来，想看看这次生的到底是个“小母鸡”还是“小公鸡”[②]？婆婆用笑开了花的眉眼把她摁住了：“碧霞，是个

① 老大郑建国出生于1954年6月，老二郑建明出生于1955年9月。

② 1957年是鸡年。

大胖小子哟……"

说话间，一个用碎花被子包裹着的小粉肉团被递到了她的怀里。幸福来得太过突然，不免让人有些恍惚，但双臂间实实在在的触感，很快就将钟碧霞拉回了现实。看着眼前这个小人儿紧闭的双眼、玲珑的小嘴巴，还有翕动的小鼻子，她的眼里不禁起了薄雾：我终于有儿子了！

当全家人，还有左邻右舍，都沉浸在喜悦中时，孩子的父亲郑玉众却不在现场。

1950年冬到1953年春的两年多时间里，全国新解放区开展了土地改革运动，在这次运动中，郑家变成了新中国的劳动者。郑家二儿子郑玉众[①]更是身体力行地以另一种方式投入到了运动当中，他作为有知识的进步青年，参加了县里的土改工作队。

在土改工作队工作期间，郑玉众结识了路阳乡小学的一名青年女教师。不消说，这位女教师便是他后来的妻子钟碧霞了。钟碧霞也是地主家庭出身，老家在离高阳不远的南溪乡。可能是因为出身而同病相怜吧，反正郑玉众和这位比他大三岁的女孩儿很聊得来，渐渐地就越走越近了。白天，他们一起参加土改工作；晚上，又一起到村子里的扫盲班教村民们识字。这样的生活是紧张的、忙碌的，但也是快乐的、充实的，很快，一年就过去了。

1951年底，二人喜结连理，组建了一个幸福的小家庭，婚房

---

① 郑玉众兄弟三人，大哥郑宜恭，小弟郑仲康。

就是钟碧霞在学校里的宿舍。又过了一年，云阳县的土改运动结束了。鉴于郑玉众突出的工作表现和良好的工作成绩，组织充分考虑了他的现实困难，安排他到路阳小学当老师，并兼任团支部书记。

夫妻双双上班去、夫妻双双把家还的美好时光持续了两年。1954年秋，在他们的第一个孩子、长女郑建国出生后不久，郑玉众受到了重用，被调到县里工作。县城距离路阳乡有百里之遥，他很久才能回家一次。这种两地分居的日子一晃就是四年。期间，他已经缺席了二女儿建明的出生时刻。今天，他又缺席了长子的诞生礼。不过，此时正在回家路上的郑玉众还不知道他得了个儿子呢!

今天早些时候，正巧学校里有人要上县里去，郑玉众的母亲就托人家捎话给郑玉众，说他媳妇今天怕是要生了，让他赶紧回来。郑玉众告了假，匆匆登上了回家的车。这一路上，他的心里直打鼓：碧霞生了吗？生的是个男孩儿还是女孩儿？要是个男孩儿就好了。不管男女，二人平安就好……

车到路阳，天色已经黑透，郑玉众深一脚浅一脚地向家中走去。他还没到家门口，母亲已经远远地迎了出来，刚一照面就向他报喜：“玉众，碧霞生了个大胖小子！”郑玉众简直不敢相信自己的耳朵，任由母亲将他拉到了碧霞的床前。碧霞笑意盈盈地看着他，略显苍白的脸上写满了骄傲。接过母亲递过来的襁褓，郑玉众小心翼翼地抱着，那架势就好像全世界都在他的臂弯里了……

夜深人静时，两口子说起了悄悄话。钟碧霞说：“趁现在清静，快给儿子起个名字吧！”郑玉众早就想过无数次了，说道：

“老大叫建国，老二叫建明，老三就叫建平吧！”钟碧霞觉得这个名字好，说：“对，建设一个和平的祖国！”夜色朦胧，夫妻俩陷入了对未来的美好憧憬当中。

在俩人中间，刚刚得名郑建平①的小家伙儿睡得正熟……

① 郑建平18岁时，给自己改名为郑炜。

饥饿的滋味

小建平的人生始于挨饿。

母亲的怀抱是温暖的，可母亲的乳房却是干瘪的。路阳小学作为全乡唯一一所从一年级到六年级都有的公办小学，在校学生的数量是比较庞大的，有三四百人。但是，学校的师资力量却很薄弱，仅有十来名老师，每名老师都要同时带好几个年级、教好几门课程。就拿钟碧霞来说吧，除了主教语文和数学外，还兼教自然和音乐，甚至于有时体育老师缺勤了，她还要带体育课。光工作就已经够她受得了，何况还要照顾婆婆和三个孩子，真的是两眼一睁，忙到熄灯。繁忙的工作和生活及长期的营养不良，导致她产后没有奶。

可怜的小建平经常饿得哇哇大哭，哭得一家人心烦意乱、愁眉不展。

实在是没辙了，钟碧霞不得不四处央求乡上正处于哺乳期的大小媳妇儿们，希望她们能给儿子吃一口奶。大多数时候，她是碰了壁的，毕竟人家也有自己的孩子要喂养。后来，她也学乖了，专找奶水充足的女人，或者孩子刚生下来没多久就夭折的女人们帮忙。

据钟碧霞说，喂养过小建平的“奶妈”一共有七个。靠着七位“奶妈”的接力喂养，小建平熬过了母乳喂养期，不仅吃得饱，而且吃得好，长得白白胖胖，十分壮实。

正如《白鹿原》的开头，“白嘉轩后来引以豪壮的是一生里娶过七房女人”，长大后的郑建平引以豪壮的则是一生里有过七位“奶妈”。故事的起因也许并不那么美丽，但过程和结果却足以让人铭记终生。多年以后，每当年迈的母亲和已步入中年的儿子谈起这段往事时，欢乐的笑声都会从心底溢出来。

然而，旧饿方除，新饿又来。1959年至1961年，我国经历了三年困难时期。

1959年，小建平已经两岁了。饥饿对他来说不是个新鲜事儿了，早在断奶前，他就体会过饥饿的滋味了，但关于那种饥饿的记忆早已被忘却了；然而，眼下这种新的饥饿，他不仅记住了，而且终生难忘。

郑玉众和钟碧霞都是有正式工作的公家人，两口子的待遇福利加在一起，原本倒也够养活全家六口人了。但1959—1961年，一方面，他们的收入做了减法，人丁却做了加法，1960年又添了次子郑建秋；另一方面，全国供应紧张，定量减少，很多生活必需品根本就买不到，因此生活水平就急转直下了。

家中生活困顿，郑玉众也无心在外工作了，就在这一年从县里调了下来，先是在农坝小学校长的位置上过渡了一下，而后又调回路阳小学任校长。倒是离家近了，但他既当校长又当老师，既抓管理又抓教学，忙得不可开交，也没能帮钟碧霞分担多少。

郑建平成年后甚至直到现在都清楚记得，那时全家几乎每天都只吃稀饭。虽然这种吃食的名头里带个“饭”字，其实不过就是用红薯、土豆、野菜和极少的米乱煮出来的稀溜溜的粥，根本不顶饿，吃完一会儿，肚子就又叫了。他最盼望的就是过节或者家里来客人，因为只有到这些时候，他才能吃上干饭，混杂了粗粮的干饭。

艰苦的内外环境，考验着主妇是否持家有道。郑家人之所以能忍过来，主要归功于钟碧霞的会过日子。

她在房前屋后开了两小块地，随季种植各类蔬菜。有些菜她会种，有些菜不会，就向人求教。别看小菜园不大，靠着它，郑家人几乎天天都能吃到新鲜的时令蔬菜了。每到收获时，厚道的钟碧霞还会分一些蔬菜给建平的几位“奶妈”和邻居。

可是，生得虎头虎脑的小建平哪是吃菜就能吃饱的。天天吃菜不吃肉，他太馋肉了！家里有没有肉呢？其实是有的，钟碧霞还饲养了鸡、猪、兔等家禽家畜。但这些禽畜主要是用来卖钱以贴补家用的，偶尔才会杀一次，给孩子们打打牙祭。特别是猪，这可是顶顶重要的经济来源和肉类来源。郑家一年养一头猪，养大了杀掉，一半卖钱，一半做成腊肉。做成的腊肉除去送给亲戚朋友一些，剩下的还要供全家七口吃上一年，天天吃肯定不够啊，就只能在过节时或者来客人时吃。

虽说都是自己的孩子，但五个指头伸出来还有长有短呢，几个孩子中钟碧霞最疼的就是小建平。小建平又是几个孩子中体格最好、食量最大的，嘴巴也最馋。有时候，他实在馋坏了，就跑到妈妈身边挨挨蹭蹭的。钟碧霞知道他馋肉了，就偷偷切下一小块腊肉，煮饭时放进去，饭烧好后再偷偷埋进建平和婆婆的碗里。

而奶奶呢，同样最疼建平，总是趁所有人不注意的时候，将碗里的腊肉藏好，伺机塞给建平吃。祖孙之间以下的对话是经常的。

奶奶问孙子："香吗？好吃吗？"

孙子馋归馋，心里始终有奶奶："好吃！奶奶，你也吃一点。"

奶奶笑着撒了谎："奶奶咬不动，奶奶就爱看建平吃。"

……

温暖的家庭

作为旁观者的你我，难免会觉得小建平的童年是灰色而苦难的。但当事人回眸孩提时代，却觉得那是一段多彩而欢乐的时光。

建平的父母都是公职人员，家庭收入水平较之一般老百姓其实要高很多，至少他们家那么多口人，还能顿顿有稀饭吃，偶尔还能吃点儿肉打打牙祭，这是客观方面的幸福。再说主观方面的，不管遇到多大的困难，不管处于怎样糟糕的境遇，全家人始终都是乐观和睦、积极向上的。外面的世界再坚硬再凌厉，这个家的温度和柔软永远都在。所以，比起绝大多数的同龄人，建平的童年的确可以称得上幸福了。

家的温度首先来自于母亲钟碧霞。

直到现在，郑炜每每提及母亲，都要惊叹这是一个面面俱到、尽善尽美的女人。

钟碧霞的工作很忙很忙，刚上完这个班的语文，就得赶去上那个班的数学，忙得脚打后脑勺，连水都顾不上喝一口。一整天忙碌完，她才有时间端起桌上已放了一整天的水杯，狠狠牛饮一番，而后马上赶回家做饭。工作量这么大，节奏这么快，教学质量应该高不到哪里去吧？恰恰相反，钟碧霞把当好老师、教好学生视作人生的最大追求、最高价值，她的教学水平和成绩在学校有口皆碑，她几乎年年都是先进，先后多次被评为工作先进积极分子、先进教师和优秀少先队辅导员。

至于她的会过日子，我们已经"领教"过了。丈夫一整天扑在学校的工作上，婆婆年纪大了行动不方便，生活的重担就全都压在了她的肩上。郑炜记忆中的母亲像一台永不知疲倦的机器。每天下班回到家，她就像个陀螺一样，做饭、打扫、洗涮、缝补……不停地转来转去，把一家老小的吃喝穿用安排得妥妥当当。

夜色已深，她又架起了纺车，全家人每天都是听着纺车吱吱扭扭的声音入睡的。多少个夜晚，小建平起夜时，总能看到妈妈一直坐在昏黄的煤油灯下，认真地摇着纺车。纺好的毛线，经过钟碧霞的巧手，最后都变成了漂亮的毛衣、毛裤、手套、帽子、袜子，穿戴在了一家老小的身上。在家属区的孩子们当中，郑家几个孩子的穿着永远都是最干净最漂亮的。受母亲的带动，建平他们几个都学会了纺毛线、织东西。

顾了孩子，顾了家人，怕是没情怀也没心力去顾不相干的人了吧？答案是否定的，如果说温暖是这个女人的热度，那么善良就是她的底色。

钟碧霞对乡里乡亲们是出了名的慷慨仁善。经常有附近的农民上门来借油、借米、借布票、借面票……只要家里还有剩余，钟碧霞通常不会拒绝，能帮就帮。甚至有时候，有些人家里太穷了，日子无以为继，钟碧霞知道后，直接就把东西送给人家了，有时是几斤米面、一些旧衣物，有时是几斤粮票、几尺布票。乡亲们都管她叫“钟大善人”。

困难时期，路阳时不时会有来乞讨的人。小建平经常能看到衣衫褴褛、面黄肌瘦的陌生人，沿街挨家挨户地乞讨。大多数时候，他们不仅讨不到东西，还会遭受指指戳戳和呵斥驱赶。每当见到这样的情景，小建平的心里总是像猫抓一样难受。他觉得，这些人很可怜，应该帮帮他们。令他倍感欣慰的是，妈妈对这些乞讨者却是有求必应、尽力帮衬。

一次，一个驼背老人乞讨到了家里。小建平手上拿着一个吃了一半的红薯，正要放到老人举起的碗里。钟碧霞急忙拦住了儿子：“别让老人家吃你剩的，我重给他拿一个。”她转身从锅里拿了一个最大的、热乎乎的红薯，递到了老人手上；又用开水涮了涮老人的碗，添上了一碗热气腾腾的稀饭。老人眼里闪着泪花，不停地道谢：“好人啊，好人……”小建平看得鼻子都发酸了。

老人吃了几口忽然不吃了，包起剩下的红薯，端着剩下的稀饭，就要走。钟碧霞很不解，让老人安心吃完再走。老人却郑重地给她鞠了一躬，说：“剩下的留给我孙子吃。您真是活菩萨，谢谢啦！”钟碧霞拦住老人，转身回屋，再回来时手里拿着好几块红薯，硬是塞到老人手里。老人千恩万谢，一步一回头地走了。

在小建平幼小的心灵里，母亲总是这么善良仁义，别说是一个人，哪怕是一条狗饿着上了门，她都会管。当时，农村的狗在自家吃不上东西，就经常跑出去找吃的。有的被人抓住吃掉了，有的被调皮的孩子追打。钟碧霞从来不让孩子们打狗，还经常让他们喂上门的小狗东西吃。她一再教育孩子们："狗命也是命啊，从咱家门口经过，咱就要帮一把！你们要记住，做人一定要仁善。"

除了母亲，小建平最疼爱的就是奶奶了。粮食不充足时期，老太太总是把自己的那份吃食偷偷地省下来，分给孙子孙女们吃，她自己饿得头晕眼花，却从不明说。有时儿子儿媳察觉异样问起来，她就推说上年纪啦，老眼昏花不中用了。老人家熬过了特殊时期，却最终倒在了1963年。全家人哭得一塌糊涂。只有小建平不相信奶奶去世了，一边摇着奶奶的身子，一边一遍遍地喊着："奶奶，你快起来，咱们吃煮鸡蛋了！奶奶，你快醒醒，奶奶……"

父亲郑玉众平日里总是忙忙碌碌的，特别是调到离家四十多里外的文龙公社小学任校长后，每周只有周六晚上或者周日早上才能回家，通常周日晚上就去学校了。但只要他回来，家里就充满了欢声笑语，热闹非常。和严厉的妻子不同，他很少对孩子们黑脸，一进家门，就亲亲这个，抱抱那个。只要他在家，不是带着孩子们去公社看露天电影、皮影戏，就是和他们一起玩耍，下象棋、下军棋、打乒乓球、打篮球、听收音机。他是个多才多艺的人，不仅文章写得好，还会吹笛子、拉二胡、拉手风琴。在他的熏陶下，郑家七姐弟都会一点乐器。建平最喜欢、最擅长的是二胡。后来，二胡就成了他生活中的陪伴，陪他度过了很多或艰难或欢乐的岁月。

贫困的物质生活固然不免让人有些狼狈，但有时也实实在在是难得的馈赠。穷人的孩子早当家，郑家的几个孩子打小就懂得生活的不易和父母的艰辛，早早地就开始帮着母亲做些力所能及的活儿了。

在这方面，大姐和二姐当然走在了兄弟姐妹们的前头。等到建平长到五六岁的时候，就开始帮着两个姐姐打猪草、打兔子草，从收割后的庄稼地里捡拾稻穗、麦穗，拿回来喂猪、兔、鸡、鸭。

搓草绳子也是郑家姐弟晚上经常要做的一项副业。有时干得太晚了，孩子们犯起困来，搓着搓着，眼皮就打起了架，不知啥时候“咚”的一声，就栽在了地上，顾不上喊疼，爬起来接着搓。云阳是山区，入冬后天气十分寒冷。有时炉火都熄灭了，姐弟三个还没把活儿干完，尽管冻得瑟瑟发抖，但他们谁也不肯休息。因为经常挨冻，每到入冬时，兄弟姐妹几个的手脚都会长疮、开裂，钻心地疼。

虽然苦，虽然累，但孩子们没一个抱怨的，因为母亲比他们忙碌得还要晚。母亲的言传身教，使他们从小就牢牢记住了一个道理：幸福的生活要靠双手来创造！

靠着一家老小齐上阵，郑家不仅熬过了困难的几年，而且在陆续添了三个孩子（建平二弟郑晖，行五，出生于1962年3月。三弟郑斌，行六，出生于1963年5月。幺妹郑建彬出生于1964年10月。）的情况下，把日子过得有声有色、有滋有味。人们总能听到郑家屋里传出的欢笑声，总能看到这一家子脸上热情的笑容。有些人很纳闷，这么大一家子人，这日子是怎么过的？其实，答案就藏在小建平经常对小伙伴们说的一句话里：“对不起，我不能和你们出去玩儿了，家里还有很多活儿等着我去干呢！”

也正是从这时起，建平幼小的心灵里萌生了出人头地的朴素愿望。许多个忙碌的瞬间，他看着忙碌的母亲、忙碌的父亲、忙碌的姐姐，就不由得在想：难道像我们这样的人来到这个世界上，就是为了干永远干不完的活儿、受永远受不完的苦吗？不，我不信，我要努力努力再努力，过上更好的日子。

1964年秋天的一个早上，建平朝着这个朴素的目标迈出了第一步，他穿上了新衣服，挎起了军绿色的小书包，跟在妈妈身后，蹦蹦跳跳地向学校走去……

他要上学了！

2

大时代里小少年

他说："我喜欢部队，一直想当一名军人，所以我想把现在的名字'郑建平'改成'郑炜'。""政委的委还是伟大的伟？""都不是，是火字旁加一个姓韦的韦，寓意光明，既是政委的谐音，又预示着用光明的火焰照耀未来，永远追求光明！"

生 死 边 缘

最初，郑玉众、钟碧霞对建平的学业并未给予太多关注。这孩子上学早，才六岁多一点儿，就和大他两岁的二姐一块上了一年级。两口子之所以这样安排，是因为孩子已经大了，在家里待着不放心，上了学一是起码有人管了，二是多少能学点儿东西，即便跟不上，明年留一级便是。

没想到，小家伙儿却给了他们莫大的惊喜。小建平非常喜欢学校的氛围，他喜欢那种在知识的海洋里恣意遨游的感觉。并且，他学东西很快，成绩在班上名列前茅，比姐姐的成绩还要好，尤其对数学表现出了格外浓厚的兴趣和异于常人的禀赋。

然而，上到三年级时，一场铺天盖地的“巨浪”却逼得他上了岸。这场“巨浪”不仅改变了他个人的命运，也改变了那个时代所有中国人的命运。

1966年后，路阳小学正常的教学秩序被打乱了。一次，班上的一些同学要组织慰问军烈属的活动，建平听说后，就兴冲冲地跑去报名。没想到，这些同学居然说，你家成分不好，不能参加！建平懵了，长这么大，这是他头一次感受到赤裸裸的歧视，头一次感到低人一等。

不久，时任文龙小学校长的郑玉众，处境可谓更加艰难。他们一家人被撵出了原来的房子。钟碧霞只得带着孩子搬到两间破旧的小房子里，暂时安顿下来。

只是，谁都没想到，当天晚上就出事儿了……

那天晚上，姐弟几个正在模仿样板戏里的情节，玩儿好人抓坏蛋的游戏。扮演英雄的郑建平站在床边上，摇头晃脑地陶醉在剧情里。忽然，他脚底一滑，就直挺挺地栽了下来，头一下子就撞到了垫床脚的砖头角上。碰撞的地方刚好是一处动脉血管，殷红的鲜血汩汩地流了出来。可怜的小建平连痛都没来得及喊一声，就昏死了过去。

事发突然，全家人都懵了。可巧，学校里的炊事员当时在家里帮忙收拾屋子，第一时间就扑上前，将建平抱在怀里，赶紧用手按住出血的地方。他都不敢松手，因为只要稍微松一点儿，鲜血马上就会涌出来。其他几个孩子哪见过这场景，一个个吓得哇哇大哭。钟碧霞的心别提有多疼了，被人撵出来的第一个晚上，就发生了这样的事情，建平若是有个三长两短，她可怎么向丈夫交代呀？她一边哭一边贴着建平的耳朵念叨：“儿子，你一定没事的，你可别吓唬妈妈……”

也不知过了多久，血流由大到小，终于止住了。家里连一根消毒棉签都没有，钟碧霞匆匆用烧酒给伤口消了毒，满以为孩子会喊叫，可小建平却纹丝不动。望着被鲜血浸透的床单和被褥，所有人的心都沉了下去——这孩子怕是熬不过今晚了。

怎么不往医院送呢？那是因为当时的路阳公社的诊所已经停摆了。钟碧霞失神地守着儿子，时不时亲亲建平的小脸蛋，豆大的泪珠

“吧嗒吧嗒”地往下掉：“儿子，妈妈实在是没有办法了，看你的造化了……”

一家人一夜无眠，在啜泣声和叹息声中无奈地等待天明。

天亮后，小建平还是昏迷不醒，钟碧霞做了最坏的打算，赶紧托人捎信给丈夫，一旦出现意外时，家里亲人能都在跟前。可郑玉众当时被扣在了学校不让回来。

小建平气若游丝地又挺过了一整天，待到将近午夜时，昏昏沉沉的钟碧霞忽然听到了微弱的“妈妈，妈妈……”，她马上反应过来，是建平醒了，似乎已经流干的泪水又涌了出来。“建平，你可吓死妈妈了……”

后来，知道这事儿的人都说，这孩子命大。命大归命大，由于失血过多，建平的健康受到了很大的损害。之前他是个肉嘟嘟的小胖子，但经此变故就一天天地瘦了下去，再也没能胖起来。

搬到新屋子之后的日子始终不太平。继建平险些丧命后，全家人也经历了一次几乎丧命的险情。

一天夜里，全家人正在东屋里忙碌着。忽然，只听“轰隆”一声巨响，房子剧烈地摇晃了几下。巨大的声响震得一家人眼冒金星，耳朵嗡嗡作响。紧接着，一股刺鼻的火药味儿就弥漫了过来，呛得人直咳嗽流泪。等到房子不再摇晃了，大家才看清，窗户纸全都被震破了，屋顶和墙上的土皮也掉了一地。

听声响，似乎是从西屋传来的。郑玉众和钟碧霞跑过去一看，顿时面如死灰。只见屋顶破了一个直径一米多的大洞，地上一地瓦砾，墙上到处都嵌着铁钉铁屑。很明显，有人往屋顶扔炸药包了。

钟碧霞吓得浑身直哆嗦，眼泪扑簌簌地往下掉。郑玉众则赶紧跑回东屋，把每个孩子都仔仔细细地检查了一遍，确认都没受伤后，才长吁了一口气。好在西屋是厨房和杂物间，除了做饭一家人基本不在西屋待，如果是东屋，只怕一家老小就都要遭殃了……

周围的邻居都被爆炸声吸引了过来，围着现场议论纷纷。寒冷的冬夜里，郑家的几个孩子连衣服都没顾上披，瑟缩地站在院子里，惊魂未定。小的弟弟妹妹更是缩在母亲的怀里瑟瑟发抖。

山雨未来，风已满楼。一家人团坐在一起，虽然没人说一句话，但内心的恐惧早已填满了整个房间。这种混乱的生活愈演愈烈，什么时候才是个头呀！大女儿崩溃地哭了："真不想在这住下去了！"

说者无意，听者有心。大女儿的这句话忽然启发了郑玉众，是啊，惹不起还躲不起嘛！天大地大，何苦留在这里，受这份煎熬！两口子一商量，达成了共识：到离路阳十多里远的一个远亲家里躲一阵子，待形势好了再做计议。

几天后，一家人就偷偷跑到远亲家里，躲了起来。

期间，郑玉众虽然安然无恙，小建平却又遭受了一次几乎致命的意外。

村里有个郑家的远亲，是个精神病，又疯又傻，发病时就会莫名地骂人打人。怕他出事或是惹事，大多数时候家人都把他关在屋里或是用铁链子锁在院里。这天傍晚，小建平从他家门口路过。不知怎的，疯子居然挣脱了铁链，拎着锄头把就追了出来。小建平毫不知情，依旧背着背篼自顾自地在前面走着。忽然间，他听到耳畔有呼呼作响的声音，似乎有什么东西冲头上抡了过来，说时迟那时快，他本能地侧身闪开。幸亏躲了这一下，否则对方的锄头就砸到他的小脑袋瓜儿上了。虽然躲得快，建平的左胳膊还是被锄头重重地砸到了，一屁股跌坐在地上，疼得都没了知觉，胳膊瞬间肿得有碗口粗，豆大的汗珠顷刻间冒了一头。还好，疯子很快就被赶来的家人拦住了，否则只怕建平的小命儿当场就没了。

在远亲家盘桓了一个多月，外面形势有所缓和，一家人就回到了路阳小学。这次郑玉众就没那么幸运了，直接被抓了起来，关了近二十天。好在钟碧霞平时人缘好，找人做工作，将丈夫救了出来。但形势仍然严峻，郑家人再也不敢待在路阳。几天后的一个凌晨，趁着四下无人，一家人悄悄地离开了路阳……

这次，全家躲到了高阳区新阳公社。新阳公社坐落在深山里，距离路阳有近百里的路程。一家人终于在这里找回了安定平和的生活。

但安定并不意味着没有危险。危险与磨难似乎尤其偏爱郑建平。

在新阳的日子里，建平经常要帮亲戚和家里砍柴。砍柴看似是个体力活儿，其实也是需要动脑筋的。比如说，要尽量砍那些已经枯死的树枝，这样的树枝既好砍，而且砍下来就能烧火。如果砍新鲜的树枝，一是不好砍，很费力，二是拿回家，还得晒干了才能用。那么，哪里枯树枝多呢？小建平经过反复观察，发现半山腰里的枯树枝要比山脚处多得多。所以，他经常爬到半山腰砍柴。父母知道后，觉得这样太危险了，不让他去半山腰。可他每次都是嘴上答应得好好的，一离开父母的视线，就奔着半山腰去了。

这天，他爬上了一个陡峭的半山腰，发现了很多又大又干的树枝，别提有多开心了，马上卖力地砍起来。不一会儿的工夫，他就砍好了一大捆，那一大捆柴火立起来比他都高。在小伙伴们的帮助下，建平把柴火捆在背篼上，就准备下山了。由于山里比较潮，有的石头上生了青苔，建平一脚踩上去，一下子就滑倒了。背着一大捆柴火，他根本没法控制重心，连人带背篼就从路旁滚了下去。万幸的是，他滚下去的是缓坡，如果换作另一面的悬崖，以后世上哪儿还有郑炜这个人呀！

等到小伙伴把郑玉众和钟碧霞喊来的时候，建平已经晕过去好几个小时了。两口子吓坏了，赶紧把儿子抬回家中。不论一家人怎么呼喊，建平就是没反应。郑玉众面色铁青，钟碧霞泪如雨下，他们已经做好了失去这个儿子的心理准备。这时，村里有老人教了他们一个土办法。事到如今，还能怎么办，只能死马当活马医呗。

这个土办法还真管用了。过了许久，建平悠悠地醒了过来，一醒了就开始吐，问他话他也不回答。村子里的“赤脚医生”查看了一番，皱着眉头说：“这孩子八成摔成脑震荡了，先吃药静养，过一个礼拜再看。”接下来的一周，可把一家人煎熬坏了。小建平几乎一直在昏睡，偶尔醒过来几次，却谁都不认识。郑玉众两口子以泪洗面，这孩子的命真苦，就算能醒过来，怕也是个植物人了。

没想到，一周过后，小建平竟然奇迹般地恢复了神智。看着哭肿双眼的父母，他嘴角一咧，笑着说：“爸爸，妈妈，我又捡回一条命。”

钟碧霞又哭了，但这一次流的是喜悦的眼泪。

艰苦生活

郑玉众、钟碧霞都没有了工作，全家的生活越发困窘。年幼的建平姐弟不得不干一些更重的活儿，以分担生活的重担。

这些“重活儿”中，最让小建平刻骨铭心的有两种：

第一种是编草袋子。这是云阳地区比较流行的一种副业。这种用稻草编成的袋子非常结实，既可以用来装红薯、装土豆，也可以在防洪防涝或是修水库堤坝时，装泥土和石块，因此它的销路在当地是很广泛的。并且，一条草袋子就能卖到几毛钱，这对一般家庭来说，已经是一笔很不错的外快收入了。

编草袋子的基础工作当然是准备草。这就是一个耗时间的“大工程”。姐弟几个到处捡拾稻草，捡拾来的稻草还不是都能用的，只有达到一定长度的才可以。因此，必须得将合适的稻草一根一根地挑出来，晾晒干就是合格的原材料了。可想而知，为了编一个草袋子，姐弟几个得捡多少稻草。因为长期编草袋子，姐弟几个原本稚嫩的小手早早就磨出了茧子。

这样的活计，不可能不让人记忆犹新，所以尽管已经过去很多很多年了，成年后的郑炜依然清楚记得编草袋子的工序。

编草袋子也不是纯手工，需要借助专门的机器。这种机器的外形和原理与老式织布机差不多，由一个有上、下梁的四边形框型架子组成，上梁是一个可转动的圆形，作业时转动上梁就可以移动草袋子。十多根绳子分别从上、下梁穿过，尔后一起穿过中间的动板。动板上有两排成一定距离排列的孔，绳子就从这些孔中穿过。通过调整动板的角度，可以将两排孔中的绳子错开一个1.5厘米左右的缝隙；然后用一个竹片制成的长条梭子，把稻草压在梭子的圆头上，再把稻草从交错排列的两排绳子中间穿过来，操作动板将稻草打紧压实。如此重复上千次，才可以编成一个结实的草袋子。

编草袋子最关键的就是送梭子这一步，这一步快了，整体的进度就快了。并且，这一步还是最容易出差错的一步。因为梭子上有一个倒钩，有时送完稻草退回来，如果操作者不细心，钩子就会把绳子钩断了。绳子一断，草袋子就打不成了，只能先取下来，待绳子接好后，才能继续作业。所以，送梭子的这个人必须得足够灵巧细心才可以。

为了贴补家用，小建平和两个姐姐几乎每天晚上都要编草袋子。母亲给定的任务是三天必须编出一个高质量的草袋子。之前，像送梭子这种细活儿都是由两个姐姐来干，小建平只负责捡稻草搓草绳。姐弟三人很少能按时完成任务，即便勉强完成了，编出的草袋子质量也不是很好，经常出现断绳的情况，还得需要补接，卖不上好价钱。

直到有一天，也不知是谁临时起意，想起教小建平送梭子。嘿，没想到小家伙儿一学就会，而且速度很快，令姐姐们吃惊不已。自打小建平操作送梭子后，很少发生断绳，姐弟三人的工作效率大大提高，不到三个晚上就能编好一个高质量的草袋子，从此再也不用挨骂了。

编草袋子是辛苦，但和挑煤比起来，似乎就算不得什么了。挑煤就是第二种重活儿。每到星期天，建平姐弟就从距离路阳二十多里外深山中的一个小煤窑中买上煤，然后挑回学校，卖给食堂为学生烧饭，以此贴补家用。

去煤窑买煤的人很多，需要排队。为了能早点儿买到煤，每次天不亮，建平姐弟就起床，匆匆洗漱完毕，就挑着煤筐，踩着晨雾，沿着崇山峻岭间蜿蜒曲折的山道，向煤窑进发了。夏天还好，冬天就难过了，早上天不亮就得出门，天寒地冻的，山里尤其冷，姐弟几个连冻带累，经常冻得手脚都麻木了。即便如此，等他们赶到时，也不过只能排在一个不那么靠后的位置而已。轮到他们时，通常都已经是下午了。所以，他们早上出发时会带上午饭，午饭就在煤窑上吃。

来往的山路大部分路段两侧都有树木和灌木丛阻挡，即便偶有失足，也不会有大碍。但的确有一小段路面是悬崖路，通过时得小心小心再小心才行。曾经就有挑煤的人不慎从悬崖上摔落，断腿的、丧命的都有。好在建平姐弟几个在挑煤时，从来没有发生过意外。

每次挑煤早出晚归，中午还不得休息，别说几个小孩子了，即便是大人，难免也会犯困。建平姐弟经常走着走着，困劲儿上来了，眼皮就不住地打架，实在是撑不住了，就会栽倒在地上。疼不疼？当然疼！但疼的不是自己的身体，而是好不容易挑出来的煤块，就这样滚到路旁的深沟里了，不仅白费了气力，还亏了本钱，心疼！

挑煤的日子里，他们几个身上的冻疮、碰伤就没有断过，总是青一块紫一块的，严重时冻疮化脓溃烂，但大家谁都不吭一声，依旧咬牙坚持着。

在郑炜的记忆中，每次快到家的最后一段路是最难熬的，一天的劳动已经快把他的气力耗光了，肩膀已经磨得红肿生疼，两腿直打战，全靠咬牙坚持。等他们卖完煤回到家中，通常已经是后半晌了，有的时候天都快黑了。

这时的建平还是个小毛孩子，身体又瘦弱，最初他顶多也就挑个十来斤的煤，再多了就挑不动了。家里人也从来没要求他加量。可是，建平自己就想了，挑一趟煤这么辛苦，尽量多挑些吧，能多赚一点儿是一点儿。所以，他不断地给自己加量。

让我们想象一下这样的画面：在重庆云阳的深山小道上，一个瘦弱的男孩，挑着两筐煤，颤颤巍巍、战战兢兢地行走在悬崖边儿上……

唉，该说些什么呢？这就是生活……

好 学 少 年

1968年后，郑家人结束了近一年的躲避生活，从新阳又搬回了路阳。一家人终于可以不用担心生死问题了，可以在熟悉温暖的家中安全又放心地生活了。

不久后，路阳小学也复了课，小建平终于又可以回到心爱的课堂了。考虑中间耽搁了两年，怕老二和老三跟不上，郑玉众和钟碧霞一商量，决定让两个小家伙依旧从四年级读起。

其实，在过去的两年里，建平虽然没法子去学校，但他内心深处对知识的渴望和对学习的喜爱却并未被抹杀，反而变得更加炽热起来。特别是在新阳生活的那一年里，不管每天有多么忙碌，只要干完活儿，他就会拿出书来翻看。这些书是郑玉众和钟碧霞给学生备课用的教材，搬家时没舍得扔，顺手带来了，没想到却让他派上了用场。所以，开学没多久，建平就赶上了进度，并且他依旧是班上的佼佼者。

两年的时光倏忽即逝，1970年，建平和二姐小学毕了业，他们没能升入公立中学，只得上了当地的民办中学——路阳民中读书。

进入初中，建平在学习方面把二姐甩得更远了，他的学习态度非常端正，上课时注意力十分集中，学习效率很高，成绩一直名列前茅。尤其是在数理化方面，他表现出了异于常人的禀赋，课上一听就懂、一点就会，课下喜欢阅读、钻研相关的书籍。他提出的一些问题，有时甚至连老师也需要认真思考才能解答。

因为听课太过专注，他还经历了生平第四次命悬一线。

这天，建平正在聚精会神地听老师讲课，一条毒蛇钻进了教室，并且已经爬上了他的书桌。专注的他浑然不觉。旁边的一个同学无意中看见，忙不迭地提醒他。但为时已晚，毒蛇猛地咬了建平一口。教室里顿时乱作一团。

班主任老师急忙为建平处理伤口，但建平的手臂和胳膊还是很快肿了起来。老师赶紧送他去医院。一路上，建平似乎完全没事儿，还反过来安慰陪同的老师："老师，放心吧，我没事！等回去后，我建议咱们成立抓蛇小组，再也不让同学被蛇咬了……" 谁知，毒性还是有所扩散，快到医院时，他就完全昏迷了。幸亏送医很及时，加之之前的处置比较妥当，经过医生的抢救，命大的小建平又活了过来。

靠着这股痴劲儿，建平的成绩一直都是年级前几名。而且，他对班上的事情十分热心，敬重老师，关爱同学，是老师们的好帮手，同学们的好伙伴。课余活动中，他在运动场上也是大放光彩，不仅学会了打乒乓球和篮球，而且水平还很高呢，是校队的主力队员。老师和同学们都很喜欢这个好学上进、热情开朗的少年。所以，他被师生们推举为班长，每个学期都被评为三好学生。

现在回头看，我们可以说，路阳民中的三年时光于建平而言，其实也是一个治愈心理创伤的疗程。此前的他，对自己的身份格外敏感、格外自卑，面对外人，总是不那么阳光、不那么自信，总觉得低人一等，总是畏畏缩缩的。但经过个人的努力，他在课堂里、操场上、生活中，都逐渐地找回了自我和自信，变成了一个器宇轩昂、雄心壮志的追风少年。

1973年3月，根据政策，云阳县民办中学的学生们也有资格参加全县统一组织的高中入学考试了。建平在这次考试中一鸣惊人，以优异的成绩考入了县重点中学——江口中学。江口中学虽然位于江口区镇上，但却是全县属一属二的好学校，整个路阳中学考入这所学校的学生屈指可数，而建平就是其中之一。

江口中学距离路阳有四十多里路，听起来似乎也没那么远，但实际上两地中间隔的都是山，加之当时还未通公路，所以这四十多里可是实打实的山路，走一趟，往往需要小半天的工夫。这就意味着，一直在父母身边长大的建平要离开熟悉的故乡和亲人，到一个陌生的地方独自学习生活了。

和大多数家不在江口的同学一样，他也成为“背粮大军”中的一员。每逢周末，他跋山涉水地走四十里山路回家，这其中固然有思念父母和弟妹的因素，但更为重要的是他必须从家里取走未来一周的口粮。出发前，钟碧霞已经将适量的米面、土豆、红薯装入了一条专门的麻袋里，再装入背篼。建平就背着背篼，再走四十多里山路，回到学校。每日三餐前，学生们准备好食材，用饭盒盛好，送到食堂灶上。灶上会以班级为单位，统一蒸饭盒，蒸好了再通知学生们来取。

班上的同学有城镇的，也有农村的，吃得自然有好有差。建平虽然是城镇户口，但由于家里有9口人，伙食只能算中等水平。他人缘好，几乎和谁都处得融洽，经常分自己的饭给困难的同学吃，一些家在江口镇的同学也经常请他到家里吃饭。后来，建平准备高考时，就是住到当年江口中学的一个同学家里复习的。

在江口中学，他依旧是一个品学兼优的好学生，尤其数理化三科，每次考试不是第一就是第二。老师和同学们都很喜欢他。教数学的易蜀民老师，经常以他的作业为范例，要求全班同学都要向他学习。建平还特别喜欢体育，尤其喜欢打乒乓球、篮球和排球。他在乒乓球方面有些天分，是江口区乒乓球队的主力队员，曾经取得过全县联赛单打第三名的好成绩。擅长打乒乓球的易蜀民老师主动请缨，兼任了学校乒乓球队的教练，每天带着乒乓球队的成员晨练，压腿、快跑、慢跑、长跑5 000米，练习挥球拍1 000次……风雨无阻。后来，建平之所以能撑过两年的知青生活，全都是因为高中时代的体育训练帮他打下了坚实的体能基础。

两年高中（当时高中是两年制）下来，建平也从一个半大小子长成了一个风华正茂的青年，在学业日益精进的同时，也越来越有自己的想法和主见了。这不，1975年，18岁的他居然自作主张，干了一件在当时看起来很平常、如今看来却意义非凡的事情。

他把名字改了！

郑 炜 来 了

建平的心里其实一直有一个很强烈的军旅梦。很小很小的时候，他就特别喜欢看红色电影和样板戏，尤其喜欢其中的军队政委这个角色。在他的心目中，能当政委的都是又红又专、足智多谋的人物。虽然早就知道自己出身的原因，不能入伍，但他心中的这份情结始终强烈而炽热。为了尽可能地弥补这个遗憾，他想了又想，终于在1975年5月的一天，走进了公社的户籍办公室。

办事人员问他要办什么事儿。他说要改名。人家问他为啥要改。他说："我喜欢部队，一直想当一名军人，所以我想把现在名字的'郑建平'改成'郑炜'。""政委的委还是伟大的伟？""都不是，是火字旁加一个姓韦的韦，寓意光明，既是政委的谐音，又预示着用光明的火焰照耀未来，永远追求光明！"办事人员又问："你父母知道吗？"建平老实啊，说没有，等改好了再告诉他们。

人家怕惹来麻烦，就不给办了。建平软磨硬泡了半个多小时，好说歹说，终于把名字给改了。办事人员很欣赏这个有想法有追求的小伙子，还勉励他说："加油，小伙子，希望新的名字能给你带来一个光明灿烂的未来！"郑建平道了一声"谢谢"，转身出了门。

门外，春暖花开，艳阳高照。他想，打从今天起，郑建平就成为过去了，一个崭新的郑炜诞生了。

孩子大了，翅膀硬了，名字说改就改了，郑玉众和钟碧霞也能理解，这孩子从小就主意正，他认准的事情谁都拦不住。但他们万万没想到，改名背后是这个孩子自主意识的上升。"新生"的郑炜很快又做出了他人生第二个完全独立自主，又出乎父母意料的决定：他要顶替二姐下乡插队！

当时的政策是这样的：所有城镇初高中毕业的青年，除了能够在城市升学、就业或者参军入伍的以外，其余的上山下乡，去建设社会主义新农村。大多数的城镇青年至多念到高中毕业，就面临着下乡插队了。这些插队的青年中，除了极少数插队满两年、因表现优异受到组织推荐，取得工农兵推荐上大学资格或者回城招工指标的以外，其余的绝大多数，在当时看来，只能留在农村了。

此前，大姐高中毕业，已经下乡插队了。1975年的夏天，郑炜和二姐同时高中毕业，一起走到了这个关口。

关于一个家庭中几个孩子要下乡插队，也是有政策规定的：凡是家中独生子女的，无须下乡，可直接留城；如果家中有多个子女，只允许一个留城，其余的只要达到条件了，就必须得下乡。但这两种情况都不包解决工作，留城子女如果不能被招工，只有待业，等父母退休时才能接班。

所以，当时的多子女家庭大多是这么抉择的：让最小的男孩子留城，以确保家族后代能保住城镇户口。但不管怎么考虑，在一个有儿有女的家庭中，女孩儿留城的可能性微乎其微。

那么，郑炜姐弟俩的情况应该就很清晰了：要么都下乡，因为郑炜下面还有两个弟弟；要么就是二姐下乡，郑炜留下。

对于郑炜的决定，郑玉众和钟碧霞是什么态度呢？其实，他们也是百般纠结，手心手背都是肉，让谁去都不舍，可不舍也得去啊！经过无数次的盘算，他们最后决定还是让长子郑炜留下，替郑家顶门立户、传宗接代。至于老二，还有老四、老五、老六、老七，走着再看。有大姐的先例摆着，二姐已经认命了，情绪反而很平稳，对父母、对弟弟也没什么意见。四个当事人，三个没意见，剩下一个还是受益者，这事儿还不是板上钉钉的嘛？！

不好意思，还真就不是，最“受宠”的郑炜居然坚决要上山下乡，让二姐留下。

他的想法是，既然留在城里不能解决工作，那留下来有什么用，当一辈子社会闲散人员吗？下乡苦是苦了些，但只要表现足够优秀，还是有机会拿到回城招工或上学指标，彻底改变人生的。二姐是女孩子，性别上就没优势，下乡插队，回城会更加困难；而他是个男孩子，各方面的能力都比二姐强，只要足够用心、足够努力，还是可以奋力一搏的。用一个不确定的可能，换一个确定的不可能，不好吗？

郑玉众和钟碧霞当然不同意，回城的资格极为稀有，你确信你能拿得到？万一拿不到，你就回不来了。郑炜主意已定，无比坚决，上山下乡是我自己要求去的，以后即使回不来，我也不会怪你们。可任他怎么说，父母都不松口。

于是，继擅自改名的初次叛逆之后，郑炜又叛逆了一回：他背着父母，偷偷拿出家中的户口簿，办完了上山下乡的所有手续。等到郑玉众两口子知道的时候，郑炜的名字已经出现在云阳县上山下乡知识青年的大红光荣榜上了。

木已成舟，为之奈何？！

1975年8月的一天，云阳县城锣鼓喧天，鞭炮齐鸣，红旗招展，人山人海，欢送插队知青大会在今日召开。父母子女、兄弟姐妹离别的悲怆场景，在会场的每一个角落上演着。无助的眼泪，无声的哭泣，完全淹没在欢快嘹亮的大喇叭声音里，淹没在了锣鼓和鞭炮声中……

文龙公社派来接知青的人已经到了，拖拉机"突突突"地冒着黑烟，似乎很不耐烦地催促着他们赶快上路。父亲郑玉众一个劲儿地揉眼睛，二姐和几个弟妹早已泣不成声，就连一向刚强的钟碧霞也是眼含热泪。郑炜的心头和鼻子一阵阵发酸，但他用尽全身气力忍住了，扮出了一副嬉皮笑脸的样子："你看你们，不就是插个队嘛，又不是上战场，过两年不就回来了嘛！再说了，哪天想你们了，我就请假回来了，七八十里地而已，就是我当年上高中时家和学校打个来回的距离。好了好了，都回去吧，回去吧……"

说罢，他跃上了拖拉机车斗，对司机说："师傅，走吧！"拖拉机旋即喷出一阵更紧凑更浓烈的黑烟，载着他绝尘而去。郑炜连头都没有回，不是真的豁达，而是不敢回，因为他怕家人们看见他的泪眼，怕父亲母亲难过。他要他们相信，他们的儿子已经长大了！

八月的风吹动着他的头发，前方蜿蜒的道路在车轮下延伸，将他引向无可预知的未来……

3 火红的知青生活

郑炜从未请过一天假，甚至连感冒发烧都要坚持劳作，刺扎、蜂叮、虫爬、蚂蟥咬、头昏、眼花、腰酸、背痛，他的肩膀后背晒脱了皮又长出新皮，手掌心的水泡破了干了又磨成了老茧。

插队杨家坪

拖拉机在起伏险峻的山路间颠簸了大半天，于下午抵达了文龙公社。公社办事人员热情地为郑炜办理了落户手续。当落户的印章盖上去的那一瞬间，郑炜分明感受到自己的心抽搐了一下，真不知两年后能不能回城，更不知未来的人生会是怎样的……但紧接着，他又默默地给自己鼓起劲来，郑炜啊郑炜，从小到大你一直很努力很优秀，你要相信自己的能力，你要好好接受再教育，好好表现，争取两年后拿到回城的指标，加油！

他将要插队的地方，是文龙公社下面一个叫作杨家坪的大队。文龙公社到县城起码还有一条简易公路，而杨家坪到文龙公社却只有山路。大队派来迎接的人用扁担挑着两个行李箱子（一个装着衣服，一个装着书籍）在前面走，郑炜背着他其余的家当——个铺盖卷、一个洗脸盆、一床蚊帐和一把二胡——在后面紧紧跟着，终于赶在日落前来到了杨家坪。

通常而言，知青下乡后要集中居住，这个集中居住的地方在当时就叫作“知青点”。郑炜既然也是知青，就理应住到公社的“知青点”上去。但办事素来认真的他早在下乡前，专门托人打听了下“知青点”的情况，结果就听到了一些令他不太满意的负面消息。极个别人的不文明行为，影响了知青的形象。

郑炜请父亲帮忙，托人给公社那边打个招呼，让他直接住到了生产队。

不用住到“知青点”这个好消息多少冲淡了一些他心头的忐忑和无奈。然而，自打拖拉机驶离县城后，他的心情还是不可遏止地低落了下去。虽然离别的时候表现得很大无畏英雄主义和革命乐观主义，但实打实地说，他的内心是极其悲伤的，如果不是没得选，谁会走这样的路呢？

“新家”是两间孤零零矗立在村西头的旧房子。郑炜到的时候暮色四合，已看不清四下里的光景，匆匆就住了进去。送走了接他的社员，天已经黑透了，世界突然就安静了下来。煤油灯昏黄的光影里，只有他一个人了。郑炜抬头扫视了一圈房顶，只见角落里斜立着一张大大的蛛网，却看不清上面到底有没有蜘蛛。一种前所未有的孤独感爬上了他的心头，他想，我的知青生活就这么开始了。

匆匆吃了点儿东西，困劲儿就上来了，郑炜昏昏沉沉地睡着了。半夜起夜的时候，他无意中发现，往西不过百米，居然是一片墓地。几块高大的墓碑在夜色中无声地矗立着，间或几声虫叫蛙鸣，在静谧的夜空里显得无比凄厉。那一刻，他觉得腿都有些软了。

第二天，队干部领着公社里的几个青年来帮他收拾屋子。这时，郑炜才知道，与他相邻不远的坟场是杨家坪的家族墓地。

社员们很热心也很能干，有说有笑地和他打招呼，小半天的工夫就帮他把家收拾利索了，而且还十分贴心地把他的书箱端端正正地摆到了桌子上。郑炜左看看右瞧瞧，心里十分满意，嗯，是有个家的样子了。

晚上，这些小青年又来了。打头的一个小伙子笑嘻嘻地对他说，你一个人住在这里，是不是很寂寞呀，我们给你找了个伴儿。郑炜心里一阵纳闷儿，难不成有新来的知青也和他一样，不愿意住到知青点上去，所以队里安排他俩合住了？那小伙子却狡黠地眨了眨眼睛，从身后拉出了一个毛茸茸的小东西。郑炜定睛一看，居然是一只金黄色皮毛的小土狗。

别看是个小狗崽儿，却是个大胆的家伙，一点儿都不认生，自顾自地在屋里嗅来嗅去，最后竟然贴到郑炜的脚边，一边嗅着，一边抬头看着他，时不时还会探出小爪子求抱抱。郑炜从小就喜欢小狗，但路阳小学里是不能养狗的，如今见到这只小狗，心里很喜欢，蹲下身抱起小狗，不停地抚摩着。他想，这些村民真是太贴心了，难得想得这么周到。哎，对了，这只狗叫什么名字？小青年们都笑了，狗就是狗，要啥名字嘛，没有名字！郑炜笑了笑，狗也是一条生命呢，跟着我它就该有个名字。有村民接茬，那你就给它取一个吧，反正它以后就是你的半个“媳妇儿”了。此言一出，大家都哄笑了起来。郑炜想了想，这个小家伙儿一身金毛，长得又虎头虎脑的，就叫它黄虎吧！

毕竟是同龄人，一见面就有共同语言，很快大家就围坐在昏黄的煤油灯下，有说有笑地畅聊起来。小黄虎在人群中转来转去，时不时仰起头来，看着他们，吐出红红的舌头。

这天晚上，郑炜躺在床上，望着窗外朦胧晦暗的夜空，再也不感到害怕了。因为，他看到了村民们的热情，他感觉到了小青年们的真诚，还有了一个小伙伴，这个毛茸茸的小家伙儿正依偎在他的身旁，他能听到它的呼吸，感受到它的温度……

拼命郑三郎

杨家坪的自然条件不太好，位处山岩地带，土地贫瘠，水田稀少，交通十分不便，甚至去文龙公社都没有一条平坦的公路，只能走山路。村子也不大，一条深沟两边，参差不齐的竹林下，稀稀疏疏地住着几十户人家、200多口人。

因为山坡陡峭，土地贫瘠，这里虽然也种小麦和玉米，但产量极低，所以当地村民几乎很少蒸馒头和玉米饼，也没有人做面食，全靠红薯、土豆等粗粮维生。即便是粗粮，大多数时候他们也只能吃稀饭，只有在农忙时才会吃粗粮干饭，以确保有力气干活儿。至于蔬菜嘛，也就是萝卜和辣椒之类，炒的时候加上一小勺猪油，就算是有油水了。社员们全靠挣工分，一个男全劳动力干一天得八个工分，一个女全劳动力只能挣到六个工分，全年下来，不少家庭还要超支。好在山里人坚毅勤劳，能熬日子，也会熬日子，凑凑合合还能过下去。

相比较而言，知青的待遇和生活状态，其实要比一般社员好很多。有专项补贴资金，一次性补贴每名知青落户安置款200元，供公社修建知青的住房和为知青添置生活必需品、家具和农具；另外，依政策规定，知青下乡的第一年，每人每月供应1斤肉票、0.5斤油票、30斤粮票和8块钱，从第二年起才开始参加当地生产队的口粮分配，和农民一样靠挣工分分钱、分口粮；并且，多数地方每个知青要按全劳动力分配口粮，而杨家坪的队干部见郑炜是一个人单独生活，对他特别照顾，按1.5个劳动力人口分配粮食。须知，普通社员家里除了食盐，连酱油都很少能吃到，至于白糖等其他副食品，想都不要想，因为没钱买，有钱也买不到。因此，知青的生活状态其实还是可以的，只要合理规划，虽然算不上吃多好，但起码能吃得饱。

对他们而言，真正难过的关卡并不是饮食关，而是劳动关。郑炜就面临着这样的困难。他虽然是城镇户口，可从小就为家里分忧，编草袋子、搓草绳子、挑煤、砍柴……干了不少活儿，来之前自认为插队的苦也不在话下；可是，等到真正住进了杨家坪，开始生产劳作了，他才发现，这里的生活节奏和劳动强度，远远地超过他已有的体验。

刚到队里时，农活儿不是很忙，也不是很重，除了白天下地干活儿外，晚上一般也不会收工太晚，一切都还能应对自如，但最怕的是农忙抢收抢种的“双抢”时节。先是要抢收稻子，稻子收割完后立马又要抢种晚季稻，或种麦子。在这段时间，每天鸡叫头遍的时候，大家就都睡眼惺忪地起来上工了。稻田里，人影晃动，一把把瘦如弯月的刀，成了农民和知青们手中上下挥舞的兵器，与占据绝对数量优势的敌人——水稻做着持久的搏斗。

“双抢”中最累的活其实并不是插秧和割稻，而是“打谷子”。“打谷子”实际上就是人工脱粒，手拿谷穗，使劲向“半桶”[①]里摔打，把谷穗上的谷粒摔打到桶里去。干这活儿，首先是要使劲，用力小了，谷粒就脱不干净，就会造成浪费。刚开始的时候，郑炜就打不干净，社员们还得帮助他重新打，搞得他很不好意思。顶着毒辣辣的日头，一天“打谷子”下来，腰酸、背疼、胳膊肿……浑身哪儿都不舒服。刚干了没几天，谷子的皮没脱利索，他的皮倒是被日头晒脱了好几层。飞溅的谷芒沾到肉皮上，又疼又痒，说不出的难受。那种感觉，他至今回想起来，都心有余悸。

时为九月，暑气不减，郑炜直到这时才无师自通地明晓“谁知盘中餐，粒粒皆辛苦”的真正含义了，头顶的太阳毒辣辣地烤着背，身下的稀泥热乎乎地烫着脚，全身火烧火燎的难受。汗水不是一颗一颗地渗出来的，而是一层一层地冒出来，扑扑簌簌地顺着前心后背砸落在水田里。郑炜从未请过一天假，甚至连感冒发烧都要坚持劳作，刺扎、蜂叮、虫爬、蚂蟥咬、头昏、眼花、腰酸、背痛，他的肩膀后背晒脱了皮又长出新皮，手掌心的水泡破了干了又磨成了老茧。

辛苦归辛苦，如果有充足的睡眠，身体就不至于疲惫不堪。但问题就在于，根本得不到充足的睡眠。农忙时天还没亮就得上工，一直要忙碌到夜里八九点钟。别的知青回到知青点上，早有留在家里当值

① “半桶”是川渝地区一种打谷子的专用农具，是一个两米见方的没有盖的木制容器。“半桶”的一边从上沿向半桶底斜放一根木棍，用于摔谷穗，上口的其他三面用一片两米多高的薄竹席围住，以防摔谷穗时谷子飞出半桶造成浪费。

做饭的知青伙伴把饭做好了。而当郑炜劳作一天、拖着疲惫的身躯回到家中后，等待他的只有比他还饿的黄虎。他不仅不能马上休息，还得抓紧做饭，因为他得把今天晚饭和明天的早饭、午饭一并做出来。吃完饭，他还要忙一些夜校、文艺宣传队的事，一般要到晚上十二点左右才能上床睡觉。至多再睡四五个小时，又该上工了。那时的他嘴上虽然不说，心里却和大多数知青一样，盼着第二天老天爷下雨，这样起码能休息上半天。

从来没见过知青干活儿这么拼的，生产队长和社员们都非常欣赏这个知青中的“异类”，担心他长期连轴转，身体吃不消，提出让他在家里休息一天。但郑炜却拒绝了，他很清楚自己想要什么，吃苦这事儿他早有思想准备。“双抢”时节，为了不违农时，大家都在受苦出力，他待在家里算哪门子事儿嘛。再说了，真让他待他也待不住啊！坚持干了一个多月，终于有一天，郑炜眼前一黑，栽倒在了稻田里。再醒来时，人已经躺在家里了。队领导千叮咛万嘱咐，让他好好休息，什么时候感觉休息好了，再上工。但第二天早上，大家发现，郑炜手拿农具又出现在了地头……

农忙过去后，文龙公社抽调几百名青壮劳力，给文龙水库加固清淤。

都知道种地累，其实修水库更累，一整天都要挖土、抬土、抬石头等，都是重体力活儿。很多公社里的青壮年提起修水库都直打怵，更何况是劳动经验、劳动能力和体力都比较弱的知青呢！所以，任务下达以后，文龙公社的知青没一个主动报名的。唯有郑炜一个，为了好好表现能获得回城资格，郑炜主动站了出来，要去修水库。他的这个举动在公社里可是引起了不小的轰动，这个叫郑炜的知青可真是蝎子拉屎——独（毒）一份啊！

不久后，郑炜就随同公社大队人马，来到了水库工地。在誓师大会上，各大队代表站在“人定胜天”“世上无难事，只要肯登攀”的红色标语下，慷慨激昂地表态宣誓。

态度好表，可活儿难干啊。修水库的活儿很多，但最繁重最辛苦的是挑土、抬石头，就是从山坳两侧的山上取土石，然后拉到工地上备用。每人每天都有任务指标，一天要运多少多少方土到坝上；同时，各队还要展开劳动竞赛，看哪队先完成、超标完成。每天天刚蒙蒙亮的时候，大坝两侧就出现了两队长约几公里的挑土大军，他们有的人肩上一条扁担挑着两个装满砂石泥土的撮箕，有的两人抬着一个装满石头的大筐，一脸汗水，弯着双腿、弓着腰、撅着屁股，气喘吁吁，就这么一个挨着一个，浩浩荡荡地跋涉，活脱脱一群新时代的愚公。

饶是郑炜小时候干了不少活儿、能吃苦，如此强度的重体力活儿，也是吃不消的。上工地没几天，他的肩膀和脚板就都磨破了，衣服上、鞋子里全是血渍。肩膀上的伤还好说，处理下基本可以忍受。最难受最痛苦的是脚伤，郑炜打小穿布鞋，从没穿过草鞋，很不适应，穿上没几天就把脚磨破了；脚破了，就没法穿草鞋了，只能打赤脚，可是打了赤脚，新的问题又来了；血水粘着泥土就结痂了，踩着土倒还可以，踩着石头就破了，一步一个血脚印。

但即便如此，郑炜连吭都没吭一声，依旧咬着牙坚持干。他这种“流血流汗不流泪、掉皮掉肉不掉队”的行为感动了整个工地的社员们。工地上的社员们只要看到他，就纷纷竖起大拇指，都说从来没见过这么肯吃苦、能吃苦的知青。公社领导、大队领导也开始注意到这个不怕苦累、勇挑重担的年轻人了。时任工地总指挥、文龙公社副书记廖云听说郑炜的事迹后十分感动，亲自探视他，并称赞他是知识青年的典型和榜样。一时间，“郑炜”这两个字频频出现在工地的广播里、宣传栏、战报上，俨然成了工地上的一面旗帜。

优秀的知青

到农村不久，郑炜就和杨家坪的后生们处成了很要好的朋友。这些后生们绝大多数只有小学文化水平，只有极少数的几个人是初中毕业，他们都被郑炜勤劳质朴、干活不耍滑的人品迷住了，也对他的谈吐和学识，以及带来的外面世界的信息崇拜得五体投地。不管是农忙还是农闲时，只要一有时间，这些小青年就围着郑炜问东问西。这种好学的态度和郑炜想要给他们补习文化知识的想法不谋而合。于是，大家就相约在郑炜的屋子里，听他讲一些文化知识。

没过多久，后生们的父母觉得有点奇怪，他们反对自己的孩子不利用农闲的时光养精神，或者帮家里做做零活，没事就跑到知青的屋子里，也不知道这些人在干什么。可慢慢地，他们发现自己的孩子变得爱看书了，能坐下来静静地思考事情，而且比以前知书达理了，有的人还关心起父母和家里的事情来。一打听，才知道受那个叫郑炜的知青影响。这是个好事情，得支持啊！很快，晚上聚到郑炜屋子里的村民们越来越多。郑炜就想，干脆办个夜校吧，既可以向村民宣传党的方针政策，又可以为他们普及文化与科学种田知识。

当他说出自己的想法后，大队领导当即表态支持。有了大队的支持，年轻人们齐心协力，很快就在郑炜的住处旁建了一间简陋的教室。他又买来了煤气灯①。于是，杨家坪诞生了有史以来的第一所夜校。郑炜既当校长也当老师，上课的铃声就是每天擦黑时他拉响的二胡声。从此以后，只要不是农忙时节，杨家坪的村民们总能看到夜校教室里煤气灯亮到很晚很晚。

郑炜利用夜校除了向村民宣传党的方针政策，提升其文化知识，还给村民们传授一些农村里急缺管用的知识，像如何科学育秧、旱地育秧、科学施肥、针对性施肥等。村民们对此很感兴趣。郑炜找了几个心细的村民，成立了科研实验田小组，实验对象就是小组成员家里的自留地和小菜园。到了收获季节，科研小组的庄稼和蔬菜不仅长得茂盛，而且收成比其他村民多了不少。这一下就在村里引起了轰动，村民们争先恐后地加入到了科学种植的队伍中。郑炜的声望和威信越发大了。

自打下乡后，郑炜一直有个想法，就是利用高中时期所学的化学知识，在杨家坪推广沼气的运用，解决农村燃料短缺的问题。修水库任务结束后，他就开始利用晚上的时间做这件事情，想着先在自家附近挖一个沼气池出来，给村民们做个样子。

---

① 村民们家里点的都是煤油灯。煤气灯是带有一打气加压装置，在煤油中打气，增加煤油的压力和空气，使煤油汽化后燃烧更充分，煤气灯的灯泡是胶质棉做的，气化后的煤油气体从灯泡内进入，点亮后在煤气的作用下灯泡呈显为比乒乓球略大的圆形状，亮度与60瓦的灯泡相当。

没想到，还真就应了万事开头难的老话，刚一开头就碰到困难了：他房子周围的土地全都是黄沙石，质地很坚硬，不好挖。郑炜有股子倔强精神，每天利用晚饭后的时间，用铁锹、钢钎、錾子等工具，一点儿一点儿地向下挖。这么干，进度可想而知。后来，队里的年轻人们知道了，主动跑来帮忙。

大家一起动手，坚持挖了三个多月，总算建好了一个3米×5米的长方形沼气池。然后，他们到处搜罗有机垃圾、畜禽粪便，扔到沼气池里发酵。第一次点火时的阵仗很大，很多村民闻讯赶来围观，郑炜的情绪非常激动。不过，点火虽然成功了，但由于沼气池容积有限，生成的沼气量很有限，只够烧开水。但这件事儿还是在当地引起了不小的轰动，各生产队争先恐后地前来参观学习。

郑炜下乡后在当地还干了另外一件有影响的事情，组建毛泽东思想宣传队。

当时农村的文化生活十分匮乏，全文龙公社仅有一个电影放映队，每个村子半年也轮不上看一场电影。见此现状，郑炜想，大队也有几个能唱会跳的青年，何不将他们组织起来成立一个毛泽东思想宣传队，既可以将年轻人的才艺发挥出来，又可以为村民们演出，丰富农村的文化生活。郑炜向大队提出这一想法，大队领导非常支持，并与当地小学联系，希望学校能提供排练场地和老师支持。郑炜是知识青年，表现又很突出，他一出面组织，很快就把一些能歌善舞、有点儿小才艺的人发动起来，组建了杨家坪第一支毛泽东思想宣传队。在当地小学音乐老师的指导帮助下，利用节假日和晚上空余时间排练，而后轮流到各生产小队搞一些文艺宣传表演。演出的节目有纯文艺节目，如歌曲、舞蹈、京剧选段、二胡、手风琴，还有一些结合当地民风民俗自编的节目，如相声、三句半等。当时，毛泽东思想宣传队的文艺演出迅速赢得了广大村民的拥护和支持。尽管宣传队的水平不高，但对于文化娱乐生活十分匮乏的农村，也是非常稀罕了。演出时，村里的男男女女、老老少少几乎都会到场，跟随着剧情感受着其中的喜怒哀乐，很热闹。所以，累归累，但郑炜想自己的工作起码有效缓解了社员文化生活匮乏的情况，给村民带来了欢乐，还是很有意义的，心里十分满足。

一人一狗一盏灯的生活，对于一个年轻人而言，总是过于清冷和孤单了。郑炜最害怕的就是夕阳西下，常常会感到伤感和孤寂。他想，他究竟在伤感什么，是对明天的迷惘，还是对漂浮的厌倦，抑或是对光阴的无奈？每到这个时候，他满心满脑满眼都是两个字儿：回城！可他又想了，人生有些路是硬着头皮也要走的，现在越苦，将来才有可能越甜，为此，他必须学会忍耐和等待。

当夜幕降临，村民们结束了一天的劳作，吆猪唤鸡、回家做饭时，郑炜却只能形单影只地坐在桌前发呆。夜深了，天黑得像一口漆黑的锅，伸手不见五指。村子好像一条巨大的水蛇，蛰伏在万山丛林间，吐着冰凉的信子。逼仄的斗室中，一灯如豆，忽明忽暗，还有些刺鼻。等吹熄了灯，屋里一片漆黑，躺在床上，听着远处传来的猫叫犬吠，明明很累，却翻来覆去怎么都睡不着了。不仅能听见蚊子嗡嗡在叫，还能听见床上的臭虫在跳、虱子在爬，梁上的老鼠在打架……夜，从未如此长过……

唉，怎么办呢？复又燃了灯，拉一曲二胡吧！从前，他最喜欢的曲子是《二泉映月》，但现在他最喜欢的却是《远飞的大雁》[①]，随着手指熟练的滑动，琴声婉转，飘过小溪，划过黑夜，缓慢飞向远方。曲中的大雁飞到了遥远的北京，飞到了毛主席的身边，郑炜心头的大雁却不用飞那么远，只需要飞到路阳，飞到路阳小学的那个家里，看看父亲是不是也在拉二胡，看看母亲是不是又在织毛衣，看看弟弟妹妹是在玩儿还是在做功课……

上山下乡的生活实在太艰苦了，但时间久了，还真就把人锻炼出来了。田边地头睡得着觉，牛栏猪圈下得了脚，粪坑蛆蚊旁吃得下饭，一个瘦弱的身子，肩挑背磨、犁耙搬抬……什么农活儿都干过，什么农活儿都会干。

忽然有一天，公社的一位副书记到队里考察帮建，哪儿也不住，偏要住到郑炜家里来。

郑炜倍感吃惊，却也只能硬着头皮接受这一现实。之前他一个人过日子，自由自在惯了，一日三餐有时只开一次伙儿，个别时候不开伙儿，冷水冷食将就一天也是有的。但现在不能再这么随意了，领导和父母年龄差不多，一天三顿饭不能少，不仅要依时按晌地做，而且还要尽量做好。早先他养了几只鸡，平日里积攒下了一些鸡蛋，现在全部拿出来，确保领导顿顿都有鸡蛋吃。其实，这次考察帮建只是个由头，领导

---

① 又名《想念毛主席》，为藏族民歌重填词而成，表达了翻身农奴对人民领袖的感激与热爱之情。刘延作词，徐大犹记谱、填词。歌词是：远飞的大雁，请你快快飞，捎封信儿到北京啊，翻身的农奴想念恩人毛主席。远飞的大雁（远飞的大雁），请你快快飞（远飞的大雁快快飞），捎封信儿到北京啊（快快飞到北京），翻身的农奴想念恩人毛主席。远飞的大雁（呜嘞嘞嘞嘞），请你快快飞（远飞的大雁快快飞），捎封信儿到北京啊（飞到北京那），翻身的农奴想念恩人毛主席（呜想念毛主席啊）。远飞的大雁（远飞的大雁），请你快快飞（远飞的大雁快快飞），捎封信儿到北京啊（快飞快快飞到北京），翻身的农奴想念恩人毛主席。翻身的农奴想念恩人毛主席。

此行专程为考察他而来，见到这个年轻人不仅踏实肯干，而且为人十分朴实，心里越发看重他了。

副书记走后不久，公社对他的安排就变了，专门安排他做一些干部才做的工作。直到这时，郑炜才断断续续听到一些说法，知道了组织打算培养他的原委。

其实，早在郑炜参加修水库时，公社就已经将他确定为公社干部培养对象了，准备以后作为副书记培养的后备人选。领导对这个高中文化程度的年轻人身上所表现出来的大局意识和吃苦精神刮目相看，认为他是一个值得培养的好苗子，潜力很大。

他接手的第一项工作是财务大检查。当时，公社专门抽调一些精干力量，组成财务检查团，经过短期的财会基本知识培训之后，轮流下到各个大队开展财务大检查。郑炜作为副组长主持这项工作，在这次检查当中，他认真严谨的工作态度和扎实过硬的工作作风，给领导和同事们留下了极为深刻的印象。经他审查的账目，只要有问题，绝对逃不过他的火眼金睛。对于因业务不精粗疏错漏的，他现场帮扶纠正；对于个别大队干部伙同会计弄虚作假、损公肥私的行为，他无所畏惧地坚决予以查处退还。有人悄悄地打招呼、递条子，劝他睁一只眼闭一只眼，别那么死心眼，小心得罪人。郑炜却把眉头皱了起来，不得罪人，就会得罪公平正义，对不起广大社员，徇私舞弊的事儿我不敢干，也决不会干。郑炜因为出色地完成这项任务而受到公社领导的点名表扬。

此外，他还被借调到公社里，协助组织全公社的毛泽东思想宣传队开展工作。

因为工作作风扎实、成绩突出，1976年9月，郑炜被评为了全县上山下乡知识青年先进个人；国庆节还去县里参加了表彰大会。会后，他向党组织递交了一份入党申请书。

照这个势头，用不了多久，他就会加入党组织并且成为一名国家干部。下乡不到两年，他就走到了这一步，可以说是相当了不起了。郑炜能取得这样的成绩，与父母传给他坚韧善良的品质息息相关，也与他的聪明才智特别是勤奋努力是分不开的。这也间接印证了一个道理：一个优秀的人，无论他从事什么行业，都不会太差。

在可以想见的未来，共和国将会多出一名优秀的基层党员干部。只是如果那样的话，就不会有后来的天津大学教授郑炜了，不会有精韬伟业环保能源科技发展有限公司的董事长郑炜了，不会有中国企业文化研究会副理事长、天津市企业文化研究会会长郑炜了，也不会有哈尔滨工业大学天津校友会的会长郑炜了……

改变郑炜人生道路的，是中国现代教育史上的一个关键转折点——恢复高考！

考取哈工大

1977年9月，教育部在北京召开全国高等学校招生工作会议，决定恢复已经停止了11年①的全国高等院校招生考试，以统一考试、择优录取的方式选拔人才上大学。

10月21日，《人民日报》头版刊载了名为《高等学校招生进行重大改革》的通讯和《搞好大学招生是全国人民的希望》的社论，正式发布了恢复高考的消息，明确：招生对象是工人、农民、上山下乡和回乡知识青年（包括按政策留城而尚未分配工作的）、复员军人、干部和应届高中毕业生；招收新生要坚持德、智、体全面衡量，择优录取的原则，实行自愿报名，统一考试，地、市初选，学校录取，省、直辖市、自治区批准的办法；文科的考试科目是政治、语文、数学、历史、地理，理科的考试科目是政治、语文、数学、物理、化学；1977年高等学校招生工作推迟到第四季度进行，新生将于1978年2月底之前入学。

---

① 1966—1976年是由工、农、兵推荐上大学。

1977年高考就此成为新中国历史上唯一的一次冬季高考，同时也是最为仓促的一次高考，因为距离开考日只有不到两个月的时间。消息在中国的大地上飞快地传播着，像火一样在高粱地、橡胶林、稻田、军营和车间里蔓延，带给无数青年尤其是在农村的知识青年们一个巨大的希望。

郑炜的叔叔郑仲康当时在成都工学院任教，得知恢复高考的消息后第一时间给他来了一封信，要他一定要想办法参加今年的高考。当时，郑炜正带队在公社下面开展财务大检查呢，收到叔叔的信后，郑炜十分激动，眼泪一涌而出。两年多了，在锣鼓混响声里作别涕泗横流的父母弟妹，迁户口坐拖拉机出城时，他没有流泪；割麦子、割水稻，煤油灯下揉酸痛的膀子时，他没有流泪；拉车修水库、挖土修梯田，累得直不起腰时，他也没有流泪。但现在，他泪流不止，那种感觉就好像暗夜里忽然照进来一道光，虽然极为不适，但心头就是有激流在奔腾。他想，我一定要参加高考！

不过，紧接着，他就犯难了。因为根据政策规定，知青参加高考，必须得经当地公社政审的。当他向公社领导提出参加高考的请求后，却被委婉拒绝了。因为，公社已经将他作为接班人培养了，培养了那么久的接班人走了，岂不是公社的损失！郑炜不甘心，反复找公社领导请求，却一直没说通。

安排报名的时间非常短，郑炜心急如焚，赶回公社，当面向书记表态："给我一次机会，我就考一次，如果考不上，我以后就踏踏实实在公社干下去，并且承诺不提前回家复习。"这时，郑玉众也从路阳赶到文龙公社，亲自向公社书记汇报他和儿子的想法。书记这才松了口，同意郑炜报名参加当年高考。

11月10日，郑炜清楚地记得那一天，距离四川省组织的高考还有整整一个月的时间，他离开杨家坪，赶往江口，住到了学校附近吴立勇同学的家里。毕竟文化课已经扔下两年多了，他急需得到老师们的帮助……

包括郑炜在内，当年江口中学几名成绩拔尖的学生又聚到了一起，一起接受数学老师易蜀民、物理老师郭其中、语文老师杨钦海和化学老师陈绍坤的辅导。几位老师不厌其烦地给他们几个讲解、梳理知识点，并随时解答问题，甚至于晚上都陪着他们熬到深夜，那种劲头就好像他们自己要参加高考似的。

几个同学当中，郑炜回去得最晚，心里最急，但劲头也最大。在每天的辅导之余，他加班加点地看书做题，白天晚上都在恶补，常常要学到夜里一两点钟。但由于复习时间太紧张，他信心不足，总觉得很多知识没有吃透，有点儿焦躁丧气。老师们就给他打气，说他以前基础好，很多知识比其他同学掌握得要扎实得多，不要有思想包袱，要轻装上阵。

当年四川省的考试时间和考试科目，郑炜至今都记得一清二楚：12月10日上午考政治，下午考物理和化学；11日上午考数学，下午考语文。

1977年12月10日上午，郑炜走入了云阳县高考的考场。这是他人生中最为重要的一次考试。现在回想起来，那次高考承载着太多的光荣与梦想，太多的记忆与情感，有的人直接从田头地边赶到考场，有的人携手儿女同进考场，有的人看完考试题就离开了考场……

刚考完的时候，郑炜觉得自己考得并不好，很多题拿不准是否做对了。第二天，他没有回家，直接从县城回到了公社，决定一心一意地投入到他担负的那些工作中。

很快，录取的喜报陆陆续续传来了：一同备考的同学中已经有3人收到了大学的录取通知书，他们分别考取了西安交通大学、四川大学、重庆医学院，还有几人也考上了中专。只有他，一直音信全无。当时，他正带队在下面一个大队进行财务检查，表面非常淡定，内心却极其焦虑。他一直在想，是不是没有希望了？或许这就是命吧！也许他这一生再也没有上大学的希望了！他的归宿是否就是文龙公社的杨家坪？越想，他就越失望越低落，暗恨自己不争气。

一天傍晚，他正在休息，忽然听到大队的广播喇叭在喊他的名字："郑炜，郑炜，有一封哈尔滨工业大学来的挂号信，请到公社取挂号信。"郑炜"腾"地一下就从床上坐了起来，激动坏了，但紧接着他又陷入了深深的怀疑当中，因为填志愿时他从未填过这个什么哈尔滨的什么工业大学，怎么就收到这个学校的录取通知书了呢，会不会搞错了啊？会不会是招生办工作人员误把别人的录取通知书给他邮寄过来了？不遑多想，他和两个工作队的同事跑到公社，取回了挂号信。打开一看，录取通知书上清楚无误地写着他的名字，但专业名称却是个不明就里的"泵及液压传动"①。管它什么专业呢，考上了就好，郑炜高兴得直跳，兴奋之情真是无以言表。

后来，他才知道了事情的经过。原来，哈工大是解放军国防科学技术委员会（简称国防科委）直管的高校，一直为国防系统培养人才，因为涉及国防和军队，经当时四川省委同意，哈工大提前录取。既然是提前录取，那么郑炜理应比他人早收到录取通知书呀，怎么反而滞后了

---

① 后来，他才知道，由于哈工大是国防系统院校，专业名称对外仅以代号公布。

呢？事实上，由于郑炜高考志愿并未填报哈工大，学校招生办根据分数提前录取后，曾试图电话联系本人沟通录取及专业相关事宜，并安排寄送录取通知书。但是郑炜身处荒凉偏僻、通信不便的乡下，人家联系不上他，打电话到公社又没有人接，所以才耽搁了这么久。

郑炜要上大学的消息迅速传遍了杨家坪，乡亲们纷纷来向郑炜表示祝贺！有的送来了腊肉，有的送来了腊肠，有的送来了水果，还有的送来几斤大米。大家将郑炜的两间屋子挤得满满的。这个说“郑炜你走了不会把我们忘了吧，我们真舍不得你走啊”，那个说“你看你把郑炜说成啥人了，他不会忘了咱们的”……大家你一言我一语地聊着。此情此景，郑炜看在眼里暖在心里，他的眼圈红了，眼睛湿润了，眼泪一下子流了出来。这是他人生中第一次当众流泪。杨家坪人见证了郑炜两年多的知青生涯，从他带着满脸羞怯的青涩，孤单单地来到这里，到现在脸上写满坚毅、自信的神情，肩负乡亲的厚望，依依不舍地离去。这来去的光阴里，郑炜为杨家坪流下了多少汗水、付出了多少心血，他们心里都有数。他们真心为他感到高兴。

回顾两年多的知青生活，郑炜感到最大的收获有两个：

第一个是读懂了中国农村这所社会大学。通过两年多的插队生活，日日夜夜住在农村里，与广大农民朝夕相处，他充分了解了中国农村的实情，充分感受到了中国农民纯朴自然、忠厚老实、待人热情、吃苦耐劳的精神。这些农人用他们根植于泥土的淳朴，孕育了属于大地的芬芳。山坡地干活，非常劳累，瘦削的身子，不是背就是挑，动辄一次就是一两百斤，要是遇上买化肥、打堰塘、淘茅坑、抬石头、犁冬水田等重活，一天下来，累得半死，气都喘不过来，连话也没多的。钢钎用短了再换，犁耙用坏了再添，一双布满老茧的大手竟如钢锉铁钳一般！尽管如此，他们仍无怨无悔。我们的民族之所以生生不息，我们的文明之所以能传承至今，或许就是得益于这种老黄牛一般的坚韧吧！农民的这种精神和对农民的特殊情感，这时已经深深地扎根在了郑炜的心中。他经常说："我有一种农民情结。"这也是后来他在科研中开发了许多服务农业、改善农民劳动条件的产品的内因与动力。

第二个是充分磨炼了自己的意志品质，培养了自信。这是郑炜一生中干体力活儿最多最重最集中的一段时期。个中辛苦，没有亲身经历过的人是无法感同身受的。不过，苦归苦，但这段艰苦卓绝的经历也实实在在地锻炼了他的意志品质。后来，每当遇到艰难险阻时，他就会想起寒冬时在水库工地挑土抬石的日子，想到抢收抢种时骄阳似火、披星戴月的日子，并用这段经历给自己加油打气：郑炜啊郑炜，当初下乡时那么苦那么累都挺过来了，眼前这点儿困难算什么？靠着这种独特的"精神胜利法"，他撑过了一段又一段难熬的岁月，克服了一个又一个巨大的困难，成就了一个又一个光辉的荣耀。杨家坪的知青岁月是他永难忘却的记忆，是他一生中取之不尽用之不竭的宝贵财富。

终于到了和杨家坪说再见的日子了。这天村里的人都没有上工干活，郑炜的屋外到处都是人，大人、小孩、老人，全村人几乎都来了，都来和他们各自心中的那个知青——郑炜道别。他是坐着拖拉机来的，现在依然要坐着拖拉机离去。在公社、大队、生产队的领导以及全村父老乡亲们摇摆的臂膀之林中，郑炜徘徊着，多少次他幻想着要头也不回地离开这个地方，怎么真到了离别的当口却反而有些舍不得了呢？回想往事，他看见他的影子四肢伸展，伏在地面，匍匐地穿行于杨家坪的山山水水、角角落落……良久，他才转过身来，看着远方层层叠叠的群山，擦去眼眶里滚出的两行沉沉的、大大的泪珠，换作欣喜的眼色，径自登上了拖拉机。

再见了，那顶礼膜拜过的大山！

再见了，曾关照过我的父老乡亲！

再见了，那永远也无法挽留的青春岁月！

婆娑的泪眼中，一个小黄点还在后面晃动，那是一直陪伴他的伙伴——黄虎……

4 难忘的工大岁月

郑炜坐在宽敞明亮的大教室里，春日的暖阳照在他的脸庞上，照在他胸前崭新明亮、白底红字的“哈尔滨工业大学”校徽上。校徽非常漂亮，当郑炜低头看向校徽时，心中有种说不出的幸福与自豪，这一切斑驳如梦，却万分真实……

北上报到

春节过后，1978年3月一个雾蒙蒙的清晨，在云阳县城码头，一家人为即将北上的郑炜送行。郑炜的全部“家当”都搁在一副挑子上了。挑子的一头是一只精美的深红色羊皮行李箱，这是当年娘家给钟碧霞的嫁妆。钟碧霞十分喜欢这只箱子，平时都舍不得用，更不让孩子们碰它一下，现在却拿了出来，送给远行的儿子。儿行千里母担忧，送个箱子，既是关爱呵护，也是寄托思念。里面装有入学通知书、亲戚朋友送的钢笔、笔记本、书本纸张等学习用具和毛巾、手套、衣服之类的生活用品。挑子的另一头装着有母亲为他赶织的毛衣、棉裤和转业军人毛景明送给他的一套绿军装等冬季用品。郑炜尤其喜欢这套军装，大学四年几乎都在穿。此外，钟碧霞还特意给儿子做了一些腊肉和香肠，随身带着。

一家人围着郑炜，这个拉拉他的手；那个摸摸他的脸；这个说身体是革命的本钱，爱学习也要注意身体，不能累着了；那个说，哈尔滨天儿冷，要多穿衣服，可别冻坏了，毛衣毛裤如果不够，就写信回来要……郑炜忙不迭地应着。

"嘟……"轮船的汽笛开始催促旅客登船了。郑炜挑着沉甸甸的担子，随着拥挤的人流走过栈桥，登上了轮船。父母和姐姐大声地呼喊着他的名字，多少年了，他们还是习惯叫他建平。郑炜倚着船舷，用力地挥手向家人们道别。早起出门前的喜悦与兴奋，此时已统统化作了离别的感伤与悲切，家人们都哭了，不停地抹着眼泪。是啊，建平这次出门可不是到江口读高中，也不是到杨家坪插队，而是要到一个很远很远的陌生地方，不仅出了四川，而且过了北京，还要走很远很远才能到。有可能他只是去那里学习四年就回来了，但也有可能他就永远地留在了那边。谁都不能确定，这一别之后，下次相见是何年何月了。

分别的时刻终究还是到了，在汽笛长长的鸣叫声中，轮船缓缓地离开码头。郑炜不停地挥着手，眼睁睁地看着家人们的身影在雾气中越来越小，越来越模糊。嗯，是天在下雨吗，为什么脸上湿湿的？不，天没有下雨，那是不知不觉间淌下的泪水，是激动兴奋却又难舍难分的泪水……

郑炜走到船头，在清晨略显冷冽的清风中，遥望四周。两岸的青山间或在雾霭里露出些微棱角，江面上远处是游动的薄雾，近处则是翻滚的浪花。他的心头思绪万千，当年插队下乡时的情景忽然又浮现在眼前了。犹记得当时，他拍着胸脯向父母保证："我争取两年后回城。"实际上，那个时候他的心里根本没什么底，只有一个强烈但朦胧的愿景，说这话纯粹是为了宽慰父母而已。因为对于当年上山下乡的知青来说，命运就像在长江的激流中穿行的轮船，远远地，你看不到前"路"，也许时而绝壁前阻，"山塞疑无路"，也许忽而峰回水转，"湾回别有天"。这"路"是宽是窄，是深是浅，是喜是忧，一切都难以望及，深不可测，一切都是到现实来临了才能见机行事，做出当时认为正确的判断和最好的抉择。没想到，天遂人愿，两年后梦想成真，他不仅如愿以偿地回了城，还考上了之前想都不敢想的大学，并且还是闻名全国的重点大学——哈尔滨工业大学。回想前尘往事，郑炜在为自己能实现当年许下的诺言而感到骄傲和自豪的同时，也不禁对命运的眷顾与偏爱格外感激了。

但紧接着，郑炜想到遥远的大东北、陌生的哈尔滨和未知的大学生活。美丽的城市，漂亮的学校，明亮的教室，热情的同学，火热的校园生活恍惚就在眼前，满满的喜悦感包围着他。接着,他又不由自主地陷入了困惑与担忧当中。听曾经在东北当过兵的同乡说，哈尔滨的冬天可冷啦，最冷的时候气温可达零下30多摄氏度。还听说东北没有蔬菜和大米吃，当地人吃高粱米，外乡人吃了这种米，消化不了，经常会排便不畅。此外还有什么东北三大怪，等等。天啊，那究竟是一片怎样神奇的土地，自己能不能适应得了呢？长这么大，就没出过云阳，吃的是云阳饭，喝的是云阳水，处的是云阳人，连省城成都都没去过。但去哈尔滨上大学就不同了，同学们来自天南海北、五湖四海，说话能互相听懂吗？性格能合得来吗？大学的学习方式与中学一样吗？要学些什么课程，课程是不是很高深晦涩，入学后能跟上进度吗？唉，越想越头疼。

为了赶时间，船行至湖北宜昌，郑炜就下了船，打算换乘去北京的火车。从宜昌到北京的这趟线原本车次就少，加之又赶上了开学季和春节过后返工潮，所以车票十分紧张。郑炜顶着寒风排了1个多小时的队，最终，凭入学报到证也只买到站票而已。车厢里非常拥挤，人们摩肩接踵，空气更是一团糟。郑炜把行李放在过道上，人坐在行李上，算是勉强有“座”了。这本是他人生中第一次坐火车，既兴奋又好奇，原想着从窗户看看车外掠过的风景，不曾想上了车却是这般动弹不得的光景，至于看风景就更别想了，目之所及全都是人。看不上风景倒是其次，关键是没地儿休息，太困了。两天一夜的车程，每当困到实在撑不住的时候，他就钻到旁边的座椅底下打个盹。头边一圈儿的脚，什么味道他都顾不上了，眼睛一闭，就睡着了。

熬过两天一夜，终于到了北京，稍作休息，又换上了前往哈尔滨的火车。

郑炜第一次在座位上安静地眺望窗外，列车飞快地奔驰在空旷的北方平原，一望无际，一览无余，与南方火车在崇山峻岭中穿行完全不同。北方的初春，寒冷尚未褪去，平原上有许多未融化的冬雪，广袤的农田里也还是光秃秃的一片荒芜。他久久地凝视窗外，脑子里却仍然疑惑着即将面临的大学生活，新同学都是一些什么样的人？泵及液压传动专业是干什么的？听说高数很难，物理学很深奥，能听懂吗？这一连串的疑问不断地在他脑海里冒出来，没有答案，充满期待……

车上，有乘客见他不是北方人的装束打扮，就好奇地问他是哪里人，要去哪里？郑炜回答说是四川人，考上了哈工大，要去报到。周围的人听了，纷纷向他祝贺，说他是天之骄子，说哈工大是个名牌大学，祝贺他以后有个大好前程。郑炜并没有因为他们的不吝称赞而飘飘然，反倒在内心慨叹其人生无常来。昨天自己还是农民，今天竟有了截然不同的人生。他庆幸自己能够从农村走出来，像这火车一样，奔驰在希望的田野上。他暗自对自己说，郑炜啊，你千万不能辜负命运的垂怜与抬爱，一定要珍惜这来之不易的学习机会，用好每一分每一秒，刻苦学习，努力向上，锻造一个精彩有为的人生。

从云阳出发，历经近7天的舟车劳顿，行程4 000余公里，郑炜终于抵达了此行的目的地——哈尔滨。这一路上，他在脑海中把哈尔滨的样子想象了无数遍，听说那里到处都是俄式建筑，高大，敦实，洋气。现在，他终于要和这座城市见面了。担着行李走出火车站，哈尔滨忽然就出现在了眼前。郑炜揉了揉眼睛，转着圈地把火车站周边仔仔细细地打量了一遍。街上到处都是俄式建筑，以前只在电影里看见过，身临其境非常震撼，简直太美了，真是不愧为东方莫斯科。往来的行人都是脚蹬大头靴、身穿大棉袄、头戴大皮帽，只露出两只眼睛，确实如传言那般从头武装到脚。他深深地吸了一口“冰”气，这“冰”气的味道似乎也和云阳不同，清冷，上头。郑炜在心中默念道，哈尔滨，我来了！

接送新生的汽车很快就开到了位于南岗区西大直街92号的哈尔滨工业大学院内。一下车，一座雄伟的俄式大楼便映入了眼帘。接待处的同学热情地介绍了这座哈工大的标志性建筑——主楼。主楼巍峨高大，庄严典雅，左挽电机楼，右携机械楼，三者浑然一体。楼顶有一根直刺苍穹的电视天线桅杆格外醒目，桅杆顶部似乎缓缓转动的齿轮托起一颗立体感极强的五角星，在天空的映衬下闪闪发光，形象地昭示着哈工大精神。主楼虽然是俄式建筑风格，但设计却是出自哈工大邓林翰教授之手；和所有其他的新生们一样，郑炜进了校园，就像刘姥姥进了大观园，瞅什么都新鲜，看什么都来劲，走走停停，摸摸拍拍，转来转去，怎么也看不够、爱不够。郑炜在心里惊叹，哈尔滨太美丽了，哈工大太漂亮了。之前，哈工大于他，就是一张薄纸上的几个字而已，但现在哈工大有了具象、有了血肉，变成了一个可看可闻可听可触摸的真实存在。一想到今后将在这里度过四年的大学时光，他心里的幸福感就像头顶飘飞的雪花一般，欢快而轻盈。

随后，接待处的同学又将他引到了一宿舍3004房间。这是一间很普通的房间，约二十平方米，墙的两侧各摆放着高低床，一边三张、一边两张，两张床这边中间还有一张小书桌，屋子中间放着一张带抽屉的大书桌和几个凳子，除此之外，别无他物。未来四年，这就是他的“家”。全“家”共九个人，大部分都已经入住了，郑炜算是到得比较晚的。毕竟是同龄人，一见面就有共同语言，一番寒暄过后，几个年轻人迅速拉近了距离，宿舍里马上有说有笑起来。尤其哈尔滨的王大明、聂伯勋非常活泼，时不时就冒出几句笑话，逗得大家哈哈大笑。

郑炜住下铺，他的上铺是来自吉林的刘岱，对面床是哈尔滨的聂伯勋和伊春的梁光荣。王大明、李乃俊、聂伯勋等舍友们帮着他搬行李，整理床铺，简单收拾后，郑炜的新“家”就安顿好了，望着整洁的床铺、雪白的床单和软软的枕头，他的心头别提有多滋润了。一个礼拜都没有沾床了，现在终于能躺下了。嗯，不错，很舒服，新的床单与被褥散发着清新的味道。尽管外面天寒地冻，但室内的气温是暖暖的，气氛是暖暖的。此时，郑炜的脑海中突然冒出了朱自清《春》里面的一句话：一切都像刚睡醒的样子，欣欣然张开了眼。

是的，冰城正值春季，一切的确都是欣欣然的样子！

工 大 新 生

哈尔滨工业大学的前身是始建于1920年的哈尔滨中俄工业学校，当时仅设铁路建筑和电气机械工程两个专业，一律使用俄语教学。后来学校几经调整改革，于1938年更名为“哈尔滨工业大学”，并沿用至今。1945年抗日战争胜利后，哈工大由中苏两国政府共同管理，具体由中长铁路局领导，为中长铁路①培养工程技术人员。从1920年建校到新中国成立前，哈工大一直按俄式或日式办学，用俄语或日语授课，具有鲜明的国际性特征。1950年6月7日，中共中央电告东北局：“中长铁路已决定将哈工大交给中国政府管理。”这是哈工大回到新中国怀抱并进入全面改造和扩建阶段的重要标志。后来，学校决定将6月7日作为建校纪念日。

哈工大从1949年起即开始面向全国招收研究生，是中国最早培养研

① 中长铁路始建于1897年，1903年正式通车运行。最初叫中国东方铁路（简称中东铁路），亦称“东清铁路”“东省铁路”，抗日战争胜利后称中国长春铁路（简称中长铁路），由苏联控制。

究生的院校之一；1951年，被国家确定为中国高等教育学习苏联经验的两所院校之一；1954年，又成为首批全国6所重点大学之一，而且是京外唯一的一所重点大学，早在20世纪50年代即以"工程师的摇篮"饮誉全国。

郑炜就读的是哈工大动力工程系液压技术专业。

动力工程系的前身叫作动力机械系。1951年，我国开始编制发展国民经济的第一个五年计划（1953—1957）。在这一计划中，黑龙江被确定为国家工业建设的重点地区，省会哈尔滨更是被列为建设的重中之重。原苏联援建我国的156项重点工程中，有13项都在哈尔滨。在这样的历史背景下，1954年[①]哈工大成立了动力机械系，先后聘请了6位苏联专家，陆续创立了锅炉（1954）、热力涡轮机（1955）和水力机械（1955）3个专业，均属全国首创。1975年春，学校进行了体制改革，将大系改为小系、动力机械系从此更名为动力工程系。在郑炜他们入学前，学校又对部分专业名称进行了调整，水力机械专业改名为泵及液压传动，1978年正式更名为液压技术专业。

我国的液压工业始于20世纪50年代，国内首个教授此项技术知识的专业正是哈工大的原水力机械专业。

77级本科生是哈工大恢复招生后的第一届本科生。泵及液压传动专业有52名学生，分为英语和日语两个小班，每班26名同学。郑炜读的是英语班。他们这届学生有三个显著特点：

一是就籍贯分布而言，黑龙江的和四川的最多。平均每个班，三分之一是黑龙江人，三分之一是四川人，其他地方的学生占三分之一。

---

① 具体时间有争议，校史馆资料为1986年。

黑龙江的多，这个好理解，学校所在地计划投放多嘛！为什么四川的几乎和黑龙江的一样多呢？这是因为哈工大当时是原中国人民解放军国防科学技术委员会（简称国防科委）直管的高校，主要为国防系统培养人才，而那时的四川有许多三线建设[①]的军工基地，所以招考指标也主要投向了这一地区。

二是成分来源极其复杂，有工人，有农民，有教师，有知青，有退伍军人，还有在读高中生，当然主要是知青和工人占了大部分。除了高中生外，其他学生都有社会经验。这是那个年代特有的烙印。

三是年龄跨度相当大，这也是全国所有77级本科生的共性。就拿郑炜他们班来说吧，有老三届的，还有高中应届生，最大的已经31岁了，最小的刚满17岁。这样的情形在中国教育史上是不多见的。

在开学典礼上，时任校长李瑞致欢迎词，并系统介绍了学校的历史和情况。最令郑炜印象深刻的就是哈工大的校训“规格严格，功夫到家”和“八百壮士”精神，二者都诞生于20世纪50年代。

“规格严格，功夫到家”是由学校党委书记李昌（1953—1964任党委书记）等领导同志归纳概括而成的。“规格严格”有两层意思，首先是要有规格，其次是要严格遵守。“功夫到家”也有两层意思，一是要肯下功夫，二是要将功夫下到点子上。“规格严格”和“功夫到家”是辩证的统一，充分体现了过程管理与目标管理相结合的思想，只有“规格严格”，“功夫到家”才有明确的目标与要求；只有“功夫到家”，“规格严格”的实现才有可靠的保证。

---

① 20世纪60年代，以战备为指导思想，中华人民共和国政府做出了开展“三线建设”的重大战略决策，调整生产力布局，将国防、科技、工业、交通等生产资源、生产线迁至西南、西北等三线地区。

所谓“八百壮士”精神，是指20世纪50年代至60年代中期，在冯仲云（1949—1951任校长）、陈康白（1951—1953任党组书记）、李昌、高铁（1965任校长）等校领导的接续努力下，哈工大在改造扩建的基础上，进入了大建设、大发展、大提高阶段，1957年时全校教师有800余人，平均年龄却只有27.5岁。这800多名教师来自祖国的四面八方，扎根东北，艰苦创业，拼搏奉献，为哈工大的教学事业和共和国的科研事业做出了不可磨灭的突出贡献，所以被誉为“八百壮士”。

“规格严格，功夫到家”，看似平凡平常的八个字，却成就了很多顶尖的人才和先进的技术，创造了共和国科学技术史上一座又一座的丰碑。郑炜把这几个字在心头滚了又滚，他想，对啊，不管是搞科研，还是做事业，如果真正做到了这八个字，什么样的技术难题不能攻破，什么样的科学高峰不能攀登，什么样的伟大事业不能成就？！后来，不管他走到哪里，在什么岗位上，从事什么样的工作，他都将“规格严格，功夫到家”奉为准则，并靠着这八个字，从一个成就走向另一个成就，从一个高峰攀上另一个高峰。这是哈工大对他的馈赠，令他受益终生。

李瑞校长还对77级新生提了一些具体要求：要他们严格遵守学校的各项规章制度；要珍惜这来之不易的读大学的机会，学习要肯下“功夫”，但也要注意掌握科学的方法，把“功夫”下到点子上；要他们注意掌握好“三基”，即基本理论、基本概念、基本技能……

郑炜坐在宽敞明亮的大教室里，春日的暖阳照在他的脸庞上，照在他胸前崭新明亮，白底红字的“哈尔滨工业大学”校徽上。校徽非常漂亮，当郑炜低头看向校徽时，心中有种说不出的幸福与自豪，这一切斑驳如梦，却万分真实……

窗外，阳光正好，微风不燥。

刻苦学习

开学典礼过后，大学学习生活就开始了……

1966年—1976年，哈工大除了遭受其他高校都曾经历的事件外，还蒙受了“南迁”[①]的重大损失，教师和设备大量流失。刚开学时，很多教师刚从农场、工厂返回学校，有些课程甚至没有教材，许多课程都需要教师加班加点地赶写教材。过了几个月后，才有了赶印出来的教材。当时，高等数学采用的是同济大学樊映川编写的教材及习题集。直到现在，郑炜仍清楚记得樊映川《高等数学讲义》部分章节的内容，第十章讲级数，十一章讲傅里叶级数，十二章讲多元函数的微分法及其应用，十三章讲重积分……

头两年是基础课学习，学的都是外语、高等数学、普通物理、普通化学、电工学之类的基础课程。学校对1976年后的首批本科生十分

① 1969年底，上级决定：哈工大部分教工迁往重庆，与哈尔滨军事工程学院（现哈尔滨工程大学）原子能系合并为重庆工业大学。1970年4月，南迁工作启动。1973年7月，上级决定：撤销重庆工业大学，恢复原哈工大，一部分教工和设备回到了哈尔滨，但还有一部分教工和设备则留在了他处。

重视，各门功课都安排了最好的老师。老师们都十分敬业，唯恐少教了一点知识，虽然课上对学生要求很严格，一丝不苟；但课后却和同学们打成一片。77级的学生普遍有多年社会生活经历，胆子比较大，敢说敢问，一下课就把老师围在讲台上，继续刨根问底，有时直到下一节课的铃声响了才放走老师。

郑炜印象最深的老师有两位。

一位是教化学的黄老师。这位老师是江南人氏，一口江南口音的普通话，语速极快，听的时候一不留神就过去了。一次，在讲解有机化学苯环的结构时，他非常熟练地将极其复杂的分子机构图画在黑板上，用浓重的江南口音将这个结构比喻为大π键结构，逗得学生们哈哈大笑。但效果很明显，大家都记住苯环的分子结构了。打这以后，调皮的学生们私下里就称呼黄老师为“大π键”老师。

还有一位是教数学习题课的女老师李文英。她是一位工农兵学员留校的老师，年龄不大。虽然工科的高数相对于理科要简单，但对77级的学生们来说，还是比较难的。因为经历了停课、复课等波折，很多学生实际上并没有学到多少知识，他们中的大多数后来又参加了工作、上山下乡插队，所学知识基本忘得差不多了。而高数的概念多、公式多、定理多、题目多，大家学起来压力很大，普遍感到有些吃力，但也没有更好的办法，只能通过努力学习和多问多练多做题来解决。郑炜和黄德欢、高凤阳、李乃俊、聂伯勋等经常在一起做数学题，互相帮助，探讨交流，也相互比赛，看谁做数学习题多、快、难、巧。当时他们的乐趣之一就是在完成老师布置的习题后，从图书馆借来难度较大的苏联数学家基米多维奇的《数学分析习题集》，增加训练的难度和强度，并经常请教李老师。每次答疑时，李老师都非常耐心和细心。但有时基米多维奇习题集里的难题，她一时也答不完整，就会把习题带回去解好，写清题目的难点考点、解题方法和步骤，下次上课时再给同学们带来。

基础课里，郑炜倒是不怵数理化，他比较头疼英语。开学后，学校就进行了各科的摸底考试。根据摸底成绩，英语分成了快慢两个班，77级液压专业只有极少数同学进入了快班，其余的都分在慢班。尤其郑炜，几乎是从最基础的26个字母开始学起。当时，郑炜没有录音机，只能是随身揣个小本本，记上每天要背的单词，只要有时间就掏出来看，上厕所时在背，打饭排队时在背，课间休息时在背，图书馆自习时在背，甚至连走路时都在背，生怕浪费一点点时光。

大三转入专业课学习，与液压教研室的接触逐渐多了起来。教授专业课的都是教研室里顶级拔尖的老师。当时，动力工程系的系主任许耀铭教授就是液压专业的学术带头人，后来到黑龙江省科学院当了院长。很多课程和老师，郑炜至今记忆犹新。比如，教授《液压传动》元件部分的是教研室主任曾祥荣老师，教授《液压传动》系统部分的是蔡文彦老师，教授《液压传动》阀部分是赵遵道老师，张雅文老师讲授《液压流体力学》，程述声老师讲授《自动控制原理》，李洪人老师讲授《液压控制系统》，匡襄老师讲授《液力传动》，李天贵老师讲授《气动技术》，周连山老师讲授《液压系统的模拟机分析》……老师们普遍年富力强，精力充沛，而且对教学很认真，对学生很负责。犹记得曾祥荣老师体型魁梧，身体微胖，上课时总是面带微笑，声音洪亮，板书工整，甭管液压泵、液压马达的工作原理和机械结构多难、多复杂，经他一讲，总是剖析得很透彻，大家就记得特别精准。

1980年哈工大60周年校庆，学校除举行了隆重的庆祝活动外，还举办了两大活动，一是开放全校实验室供同学们自由参观。郑炜和很多同学都到不同的实验室参观了解，第一次看到学校各类实验设备和仪器，尽管当时的实验设备和仪器在今天看来并不太先进，但仍然令大家大开眼界，对学生未来从事科学研究是一次很好的启迪。二是举办了很多丰富多彩的国内外讲座。这对同学们来说非常新鲜，同学们趋之若鹜，积极参加。讲座令学生了解很多学术动态和科技前沿，拓宽了同学们的视野和思路。讲座的教师中，苏尔皇老师令人记忆犹新。他虽然没给郑炜上过课，但是《液压流体力学》的教材是他编写的。苏老师体型偏瘦，姿态潇洒，给人一种干净利索的感觉。他做讲座，根本不带演讲稿，板书写得相当漂亮，液压流体力学的大公式张口就来，推导起来更是熟练得吓人，给郑炜留下了极为深刻的印象。

“文革”改写了太多太多人的命运，能挺过这十年，能有机会上大学，毋宁说已经受到命运的格外眷顾了。因此，尽管大家年龄差距很大，经历不尽相同，性格兴趣也不一样，但有一点却是共同的，那就是：格外珍惜这来之不易的大学时光，普遍患有“知识饥渴症”，感觉好像学习上欠债很多，什么课都想听，什么知识都想学，努力抓住一切机会给自己充电，以期弥补过去十年间知识的亏空。老师们从来没在课堂上苦口婆心地讲过学习和知识的重要性。因为，根本就没有学生偷懒懈怠，所有人都是铆足了精神，充分利用一切可以利用的时间，如饥似渴地学习。学风清正，学术氛围浓厚，人人都是发自内心地为实现四个现代化努力学习、工作。学者尽勤，教者尽心，大家就一个目标，把失去的十年时间补回来，这是当时大学生活的普遍写照。

一到晚上，图书馆、大教室里就灯火通明、人满为患，去晚了都没地儿坐了。学生们每天必带的两件东西是书包和坐垫。书包的作用，大家都晓得，不超过其本义，唯独这个坐垫，功用却不仅仅限于坐，它还是占座的神器。如何利用坐垫占座也大有学问，要占灯光好、冬天靠暖气、夏天靠窗户的地方，通常是几个同学结对协作，互相帮助，分工明确，有的占座，有的买饭。哈尔滨的冬天很冷，学校的暖气不是很好，有的教室就跟冰窖一样，所以同学们要么带着暖水袋，要么戴着手套。尽管如此，大家都是上自习到熄灯铃响起，才依依不舍地离开。回到宿舍后，有些同学还不睡觉，还要在床上看一会儿书。宿舍熄灯了，有的就跑到走廊里，借着昏暗的廊灯继续看书。回忆起当时的情景，郑炜是这样说的："我们学习的劲儿就像沙漠中饥渴的骆驼见到清泉，像海绵扔进水里，心无旁骛地拼命汲取。真正把读书当成了一种享受，一种快乐，一种满足和一种责任。"

在班上，郑炜学习是非常刻苦的。女生中成都的大姐李北辰、哈尔滨小妹冯玉萍，男生里的张浩、王建平、李小宁、黄德欢、马伯涛、徐本洲等同学成绩非常好，居第一梯队。特别是大姐李北辰，进校时已经30岁了，感觉她都没怎么用力，每次考试却都是班里前两名。还有和郑炜一个宿舍的张浩，喜欢文学，爱好很多，每天晚上都要躺在床上看很长时间小说，常常看到半夜十二点以后，但他的成绩也特别好。

郑炜的成绩处于中等偏上水平。他本就是个要强的人，在羡慕之余，在心里暗暗下定决心，要加倍努力，好好学习，力争上游。

他的作息极其规律，学习日基本上就是宿舍、教室、食堂"三点一线"：早上起床后，先到操场晨跑5 000米，春夏秋冬四季如常。洗漱后吃早饭，然后上一上午的课。午餐过后，回到教室里，趴在课桌上休息一会儿，一般睡20分钟左右，胳膊趴麻了也就醒了，然后开始自习。下午再上一下午的课或自习，然后晚餐，之后稍稍休息，又回到教室里自习，一直到晚十点后才回宿舍睡觉。周末总该休息了吧？不，周末时间主要也是学习，很少有其他的课余活动。可以算作休息的，也就是洗洗衣服了吧。

在哈工大的头三年，郑炜基本上就是这么度过的。他本身就是一个性格内敛、不大爱说话的人，加之从小城镇来到了大城市，很多事情都是初次面对，处理起来自然没有大城市同学那般通透灵活。经过几次尴尬和犯难后，他说话做事越发低调，除了打扫教室、搞卫生、开大会等集体活动外，其他的娱乐活动很少参加，把所有可以利用的时间都投入到学习上了。所以，在老师和同学们的印象当中，他其实是一个不太活跃的人。但他为人勤快、乐于助人，懂得谦让，与同学们的关系都非常好。

学习生活虽然清苦寂寥，但一如农人种地，只要心思和气力投进去了，量的积累终会引起质的飞跃。学习从不亏人，学习成就人生，更好的学习成就更好的人生。这三年间的刻苦学习，使郑炜打下了坚实的专业基础，为他后来搞科研、做事业积累下了一生的本钱。

课 外 生 活

77级是艰苦又快乐的一代。刚进校的时候，生活条件非常艰苦。

当时，我国还处于计划经济体制下，粮食和肉类都是凭票供应。每月初，学校按定量发给学生们粗粮票和细粮票，由学生们自己安排使用。郑炜记得很清楚，一共32斤，粗粮22斤，主要是玉米面、高粱米、大楂子、小米等；细粮只有10斤，2斤大米，8斤白面。粗粮多，细粮少，大米更少，平均下来，每周只能吃上一顿大米饭。大部分时候，同学吃的都是红高粱米饭，这种米做出来的饭很硬，北方的同学还好，能够适应；南方的同学可就不行了，吃了以后普遍胃不舒服，胃里有灼热的感觉。郑炜就适应不了，一吃高粱米饭就胃不舒服，但没办法，只能硬着头皮吃。

主食不好，蔬菜和副食也好不到哪里去。当时，哈尔滨入冬后基本就是窖藏的大白菜、土豆、萝卜或者腌制的酸菜，别的菜种类很少。所以，他们的一日三餐十分单调。早、晚餐主食是玉米面窝头、玉米面发糕和高粱米粥、小米粥、大楂子粥，就着小咸菜和豆腐乳；午餐主食是红高粱米饭、馒头或大米饭，菜是炒白菜、土豆或萝卜。当然，每周四中午是个例外，这是学校食堂供应肉菜的日子。因为每人每月有四张肉票，所以每周可以凭票吃一顿肉菜。当时是周三中午吃包子，周四中午吃熘肉片，别的时段是没有肉菜的。郑炜最爱吃的肉菜是熘肉片和酸菜白肉，尤其熘肉片的味道，他至今回想起来都不由自主地咽口水。每到周四，大家都一反常态，暗暗祈祷老师不要拖堂，早点下课。因为去晚了的话，肉菜就卖光了。下课的铃声一响，学生们几乎是连跑带颠地涌向食堂。冲得快的总该排上了吧？不好意思，此时肉菜窗口已是人山人海，上午没有课的同学和下课下得早的同学早已等候多时了。

当时吃得不好，保障条件也不行，饭堂里放置饭盆碗筷的架子和柜子很少，根本不够用。所以，多数学生通常都是将饭盆放在一个用毛巾做的饭兜里，挂在食堂的架子上。另外，桌椅的数量也不够，很多学生都是站着吃。尽管食堂的保障条件不尽如人意，但它依然是学生们最向往的地方。每到饭点儿，饥肠辘辘的学生们几乎都是飞奔着涌向食堂，尤其在周四中午改善伙食的时候。

刚开始的时候，除了不适应东北的粗粮外，对东北的气候，尤其是哈尔滨的冬天，郑炜也感到很不适应。哈尔滨的冬天很冷，零下三十多摄氏度，半米多的积雪，冰天雪地，而且持续的时间很长，有时候都5月份了，天气依然很冷。很多南方的学生都适应不了，一到冬天，呼吸不顺畅，不少南方同学都患上了慢性鼻炎。郑炜就是在哈工大读书期间，落下了鼻炎的病根。

虽然都是学生，但大家的经济条件却不尽相同。有一些同学是带薪读书的，虽然只有三四十元的月工资，但在大家心目中已经是富得流油的小土豪了。有些同学则需根据家庭收入水平，申请助学金。入学后，辅导员赵彤老师就对他们班同学的家庭情况进行了摸底调查，以此作为评定助学金等级的参考。助学金分为五等。因为郑炜家九口人，人口多，收入少，比较贫困，班长王大明向辅导员赵彤老师反映，就给他评了一等，每月有二十元钱的助学金。这二十元钱虽然不多，但也够他一个月的基本开销了，这解除了郑炜在生活上很大的后顾之忧，他非常感激赵老师。但是其他的想法，比如想下个馆子解解馋，想买个时兴的录音机，甚至于想回趟老家，基本上也就只能想想了。哈尔滨和四川往返的火车票对他而言，可不是一个小数目呢，他舍不得花这个钱。整个大学四年，郑炜只在大二寒假时回家过了一次春节。

再说住的情况。当时的学生宿舍比较破旧，有的墙壁有污渍、墙皮脱落，有的门窗损坏。刚从地方调到学校负责后勤工作的刘德本副校长检查新生接待工作时对宿舍状况很不满意，立即安排后勤处整修粉刷，要给新生一个崭新的面貌。到报到时宿舍修缮尚未完工，提前报到的同学还被安排在机械楼的教室里临时住了几天。

郑炜他们住的宿舍是典型的筒子楼，一个宽敞的走廊，两边都是房间，靠中间的位置有一个公用厕所和洗漱室。其他时段还好，但早起时大家就扎堆儿了，还得排队洗脸刷牙上厕所。另外，当年楼内是没有热水供应的，想用开水的话，就得带着暖水瓶到地下室的开水房去打。每人都有一个暖水瓶，每天打水是必不可少的任务。为了节约人力，通常是大家轮着来，今天你帮我打，明天我帮你打，犯不着每人天天都跑。当时也没有空调和电风扇，到了冬天冷得很，最冷的那段时间，裹着厚厚的棉被也感觉很冷；到了夏天，又热得厉害，翻来覆去地睡不着。

当时一宿舍对面是汽车电器厂，生产汽车喇叭，白天经常做喇叭出厂的性能检测实验，“滴滴”的喇叭声吵得学生无法休息，严重影响了一宿舍学生的学习和生活。学生向学校反映，学校与厂方多次交涉，但无果。

最终，郑炜他们在喇叭"嘀嘀"的嘈杂声中度过了四年。

吃得不好，住得简陋，玩得也很单调。当时不像现在，学校里课余活动很少，课后大家至多就在楼前的操场空地上打打排球，很少有其他活动。每周末，学校倒是会发放免费的电影票，通常一个班六七张的样子，同学们轮着领取。郑炜性格内向，又潜心学习，多半时候都把票让出去了，每个学期他只有在开学之初和期末考试完才会去看一场电影。

后来，随着改革开放的不断深入，学校的文化氛围渐渐地有了改善，流行歌曲逐渐进入校园，尤其是以邓丽君为代表的歌手的作品开始在校园内广泛流行。听流行歌曲和校园歌曲成为学生们学习之余放松的主要方式。砖头块的录音机也成为听歌和学外语的必备品。当时同学们用的基本上都是日本"三洋"和"松下"的小型盒式录音机。郑炜也省钱买了一台较便宜的松下录音机，这在当时也是很大一笔开支，着实让他心疼了好一阵子。跳交际舞也逐渐成为时髦。班上的李北辰、陈慧莲、胡晶、聂伯勋、王大明、张浩等同学尤其喜欢跳舞，每个周末的晚上都会聚到班级小教室，挪开桌子跳起来。

不过，这种个性化的娱乐方式很少能把全班人都聚齐，像郑炜就从不去跳舞。唯一一种大家都愿意参加且从不缺席的活动，就是每年一次的班级郊游。郊游的地点很固定，都是去松花江太阳岛，一起打水漂，野营聚餐。虽然四年都是这个地方，但大家从来都不觉得厌倦，每次都玩儿得很开心。

除了娱乐活动，班上也经常组织大家参加一些公益劳动，有时是在学校里搞卫生，或者是帮食堂到菜窖搬运冬储大白菜。尤其搬菜这活儿，可以说是当时东北地区高校的标配了，每一个从那个年代过来的大学生，都有过搬菜的经历。

情深谊长

回忆起大学四年的生活，除了收获了学业，收获了成长，郑炜感到最幸福的就是收获了纯洁而真挚的同学情谊。

刚入学的时候，他自忖是小地方来的，见过的世面少，心里多少有点儿自卑，不太主动和别人交流，显得比较闷。但大一在学校实习工厂实习期间，一个偶然的机会，他不仅得了个“锤子”的外号，还逐渐打开了心扉，和大家玩到一块儿去了。

当时，参加学校的金工实习，实习中除了车、铣、刨、磨、镗、铸、锻、焊等工种都要实习外，最艰苦的要数钳工实习了。为了锻炼钳工基本功，硬是要把一个铁块锉成一个铁榔头。四川人管榔头叫“锤子”。郑炜就总是“锤子”“锤子”地叫，把一些同学逗乐了。因为，在我国的有些地方，“锤子”是个贬义词，带有骂人的意思。一些调皮的同学逗他，故意不喊他的名字，喊“锤子”。这个说，哎，锤子，给我递一下扳手。那个说，锤子，你看到我锉好的榔头了吗？郑炜知道后，就努力地练习改口，可有些时候“锤子”还是脱口而出。一来二去，班上的同学都知道了，甚至连女同学也开玩笑地喊他“锤子”。大家就这样相互逗贫，在斗嘴的过程中，同学们反而拉近了彼此的距离，越处越融洽，嘻嘻哈哈，快快乐乐，一边劳动，一边逗贫。时间久了，郑炜“锤子”的外号也叫出名了。多年以后，大家还都能回忆起这段难忘的实习经历。郑炜至今仍保留着那把值得纪念的锤子。

郑炜为人谦虚低调，又吃苦耐劳，遇有劳动二话不说，从来都是抢在前干在先。像打扫宿舍卫生、打开水这种事情，在宿舍里他是干得最多的。别看他平日里不吭声，感觉是一个慢热的人，可谁要是有事儿找到他了，他想方设法也要帮助人家。这种母亲传给他的乐善好施的基因，在郑炜身上打下了极深的烙印，伴随了他人生的每一步。所以，他在班上的人缘非常好，同学们提起他来从没二话。

郑炜和舍友们的关系尤其要好。谁要是有什么好吃的，都是拿出来一起分享。有时候郑炜不在，人家还会把他的那份儿特意留出来。郑炜也是一样，每次家里寄来腊肉腊肠，都不藏着掖着，拿出来和舍友们一起分享。后来，每逢同学聚会时，大家都会说起郑炜家的腊肉腊肠，说那个味道真是太美了，再也没吃过那么好吃的腊肉。王大明、聂伯勋、李乃俊三个是哈尔滨本地人，赶上周末或者假期，有时会带郑炜等几位同学回家吃饭。特别是李乃俊，每个学期都带郑炜回家几次。大一和大三的两个春节，郑炜都是在李乃俊家里过的。李乃俊的父母非常热情，倾其所有地照顾郑炜，唯恐招待不周。

大二寒假时，郑炜破天荒地要回家过年，他买了一些东北特产带给家人，由于东西多，一个人搬不上火车。王大明、聂伯勋、李乃俊、高凤阳、孙永俭等几个同学主动帮忙，将郑炜、李北辰、孙小萍等几位回家过年的同学一起送到了火车站。时值春节前夕，回家过年的人很多，铁路运力紧张，一票难求，车厢里已挤得水泄不通，人满为患。送站的几位同学，好不容易帮他们把行李送上了火车，车却启动了，而聂伯勋、李乃俊同学还没有下火车。同学们很过意不去，一个劲儿地向他们两个表达歉意，又担心他们怎么回去。聂伯勋毫不在意，笑着说，我以前就是铁路局的，我还能丢了，你们放心吧，这是老天爷有意让我多送你们一程呢。同学们非常感动，大家有说有笑，在拥挤的车厢中聊了一路。特快列车第一站到长春，聂伯勋他们才下了车，找到长春火车站的值班人员，安排他们上了另一趟火车才返回哈尔滨。后来每当说起这件事儿，郑炜和同学们都非常感激聂伯勋、李乃俊等同学。

大三寒假时，郑炜和李小宁等同学没有回家，王瑞柯等同学要准备报考研究生也提前返校。这天傍晚，他正躺在床上看书，忽然听到隔壁宿舍王瑞柯和几个同学聚餐后突然胃疼，而且大量吐血。他赶忙跑过去询问，发现王瑞柯神情痛苦，脸色蜡黄，豆大的汗珠冒了一身。郑炜估计他是得了什么急性病，赶忙找当时的团支部书记李小宁商量，张罗着送王瑞柯去校医院。校医院的大夫见病情严重，让转到哈市第一医院治疗。当时天色已晚，冰天雪地，病人已无法行走，他们两人赶紧联系转院和救护车。但救护车迟迟联系不到，为此，他们到临近一宿舍的专家大院找到张真副校长，请他帮助解决。张真副校长很关心，立即打电话让校车队派车，同时联系哈市第一医院安排救治。他们俩陪着王瑞柯到哈市弟一医院急诊，由于病房紧张，没有床位，前三天都是在走廊加床住下。医院诊断可能是胃黏膜出血，但当时病况非常严重，住院十几天仍不见好转，血色素很低，每天输血也一直不见好转，人已非常虚弱，上厕所都必须由人搀扶着。当时多数同学没有返校，主要是郑炜和李小宁在医院昼夜轮流陪护。后来返校同学多了，许多同学也相继到医院看望，主要由郑炜和班长王建平等人在医院陪护。当时，医院的条件很差，病人没有陪床一说，连一个坐的凳子也没有，白天还好，起码不会太困；到了晚上就不行了，陪护病人的家属不能在病房里待着，只能待在病房外的走廊里。当时正是寒冬时节，走廊里冷得要命，陪护的同学根本没法休息，实在是困得受不了，就把棉大衣一裹，半躺在病房楼道宽大的窗台上眯一会儿。非常感谢学校对王瑞柯同学病情的重视，尽最大努力从医疗费上保证王瑞柯同学的救治。连续多天救治，尽管不断补液输血，但血色素指标不见回升，医院感觉有隐性失血病灶，似乎难以治愈，几次发出病危通知。当看到王瑞柯痛苦的表情，大家都非常担心，但又无能为力。直到主治医生采取多种措施，加上王瑞柯同学的父母亲及妹妹也赶到医院护理。在学校和医院的持续努力之下，王瑞柯的病情逐步好转直至恢复。王瑞柯及其家人一说起这个事儿，都对郑炜和同学们感激万分。

当 班 干 部

郑炜记得很清楚，液压专业英语班入学第一任班长是王大明，团支书是王瑞柯，党小组组长是孙明；第二任班长是梁光荣，团支书是李小宁；第三任班长是王建平，团支书还是李小宁，第三年第二学期期末，郑炜接任团支部书记；第四任班长是王建平，郑炜任团支部书记。

大学第一年，郑炜的状态真真儿是两耳不闻窗外事、一心只读专业书，把全部心思和精力都投到学习当中了，既没有当过班干部，也没有做过学生工作。

据他自己讲，主要有三个方面的原因：第一，他自觉基础知识还不够扎实，学习成绩也很一般，想把精力都用到学习上，根本就无心当什么班干部；第二，他性格偏内向，不太爱说话，也不善于与人主动交流，而当班干部，起码得善于沟通，他觉得自己不适合，干不了；第三，他自认是小地方来的，见过的世面少，在处理一些问题方面，远不如老三届的大哥大姐们和大城市的同学们练达，即便当上了班干部，怕也干不好。

不过，虽然不是班干部，但郑炜对班上的活动是很积极很主动的，打扫教室、参加各种集体活动从不推脱，从来都是尽其所能、不辞辛苦，能多干一点儿就多干一点儿，所以同学们对他的印象都很好。

大学生活转入第二年团支部改选，郑炜当选组织委员。进入大学第三年下学期，李小宁被选入系团总支担任委员，班级团支部改选，郑炜被选为团支部书记。为了减轻家里的经济负担，郑炜希望早点参加工作，并不打算考研，客观上也有时间，于是就接受了大家的推举。他是个责任心很强的人，接任团支部书记后，各项工作都很尽心尽力，得到了老师和同学们的充分肯定。

1981年8月，77级学生开始毕业实习。全班到北京冶金液压机械厂实习，郑炜毕业设计课题组还到北京起重机厂和北京自动化研究所参观学习。

实习期间，他主要做了两件事情。

一是带头学、带头干。他们的实习目的是结合生产实践，搜集与各自毕业设计题目相关的素材和资料。主要内容有两个方面：一个是理论学习，请工厂里的工程师做讲解，看资料，看图纸，包括液压系统图、装配图、零件图、加工图、说明书等，充分了解液压系统的特点、液压元件的特点以及加工工艺等；另一方面是深入车间现场观摩学习，听工人师傅讲解液压系统实操知识和技能，拆解液压元件，了解关键件的结构特点，详细记录整理相关资料。郑炜认真地向工程师和工人师傅们学习，遇到不懂不会的问题就主动请教。他态度端正，学风严谨，人也谦虚，知识掌握得也比较扎实，有时为了一个参数与师傅们反复探讨，不解决问题决不罢休。通过一个月的实习，他对液压传动的原理、应用、优缺点等，有了直观深入的了解，知识水平和动手能力都有了很大的提高，也更加热爱液压专业了。

二是作为团支部书记，与班长一道协助带队老师，抓好班级同学的实习管理工作。每天做好沟通协调，按时召集同学上下班，维护学校和班级形象，督促大家遵守工厂纪律，注意安全操作和风险防范。一个月下来，同学们不仅圆满地完成了实习任务，而且没有出任何事故。他们的实习表现，受到了工程师和工人师傅们的普遍称赞，说他们是历届实习学生中表现最好的，能吃苦，守纪律，会干活，文明、勤快、懂礼貌、集体观念强。工厂对郑炜给予了较高的评价，带队老师对他的组织能力和实习表现也非常满意。

为期一个月的实习结束后，带队老师将郑炜的工作表现向系里做了翔实的汇报。这个年轻人踏实的工作作风、认真负责的工作态度、钻研的治学精神和诚实待人的素养，受到教研室领导的关注。

实习归来后，郑炜开始精心准备自己的毕业设计了。他的毕业设计课题是“平衡阀及起重机液压平衡回路设计”，指导老师是马六成老师。郑炜广泛查找与题目相关的专业资料，收集各种应用数据，经充分论证，提出对传统平衡阀结构进行改进，设计成子母阀结构的新型平衡阀，改进了阀的性能。起初，郑炜对这个思路到底行不行得通，心里也没底儿。当他向马老师汇报了思路后，马老师却对他设计子母阀结构的创意大加赞赏，说思路新颖，有所创新，鼓励他就沿着这个思路去搞。并且，在具体的研究过程中，每当他带着难题来请教时，马老师都不厌其烦地予以认真指导。审阅论文时，马老师格外严格，大到结构段落、逻辑关系，小到文字标点，只要有错误，都会指出来。郑炜前后修改了三遍才过关。答辩的老师对这篇论文也给予了很高的评价，从此对这个年轻人更加刮目相看。这件事也在郑炜心中留下了极为深刻的印象，他总是说："哈工大老师们严格的言传身教和潜移默化的影响，为我后来在天津大学的教学和科研工作打下了坚实的基础，使我获益终生。"

通过实习、毕业设计，在大学头三年一直很低调、存在感很低的郑炜，似乎忽然有了一定知名度。教研室老师和同学们对他的印象都很好，觉得这个学生有很多优点。责任心强，交代他的大事小情，他都很重视，能一丝不苟地抓好落实。并且，他考虑问题很周到，办事能力也很突出，做任何事都是有板有眼、有章有法的，甭管多难的问题，都能想到妥善的解决之道，会创造性地开展工作，落实标准很高。另外，他的专业基础很扎实，做学问的态度也很端正严谨，并且敢于直面棘手难题、敢于迎难而上的治学态度是非常难能可贵的。所以，大家都觉得这个学生是一个值得培养的好苗子，综合能力很强，留在学校发展会很有潜力。

这天，教研室曾祥荣主任忽然点名找他谈话。虽说平日里偶尔能碰见曾主任，但一对一面谈还是头一次，也不知道主任要和他说些什么，郑炜的心里有些忐忑，坐着也是局促不安的样子。

曾主任问他，毕业后打算做什么工作啊？关于这个问题，郑炜当然是有过思考的。他说，我的父母都是老师，叔叔是成都工学院的教授，当老师也是我的夙愿，毕业后我想回四川的高校任教。曾主任笑眯眯地说，喜欢当老师就好，不过当老师不一定非要回四川嘛，我现在代表学校征求你的意见，鉴于你在大学期间的优良表现，学校打算让你留校工作，给系主任许耀铭教授当助手，不知你愿不愿意呀？

郑炜简直不敢相信自己的耳朵，他做梦都想当大学老师，这段时间正发愁能不能分配到大学任教呢，万万没想到喜从天降，忽然间就天遂人愿了，而且要他的居然还是母校。所以，他想都没想，忙不迭地答应下来，“愿意，我非常愿意留在母校当老师。”曾主任见他答应了也很高兴，不过毕业分配是人生大事，一次抉择关乎一生命运 ，毕竟一旦留校任教了，这辈子基本上就要扎根哈尔滨了，所以他建议郑炜还是要征求一下父母的意见。

谈话结束后，郑炜抑制不住兴奋的心情，马上给家里写信，将学校的意见和自己准备留校的想法告知父母。他满心欢喜，心想父母得知他留校的消息后，一定会很开心，一定会为他感到骄傲。

岂料……

毕业分配

几天后接到父母的回信时，郑炜却傻了眼。父亲和母亲坚决不同意儿子留校。为啥呢？主要的考虑有三个：

第一个，他们觉得哈尔滨的气候太过寒冷了，不适宜儿子长期居住。没有到过北方的南方人，对哈尔滨动辄零下30多摄氏度的严寒有一种天然的恐惧。在老两口的意识里，哈尔滨就是一座冰天雪地、北风劲吹的城市。儿子在那边每天都穿得跟《林海雪原》里的杨子荣似的。并且，因为受不了当地的严寒，儿子的确已经得了慢性鼻炎，常年忍受着鼻塞、流鼻涕的痛苦。这要是在哈尔滨扎了根，过上一辈子，不定还会添出什么新的毛病呢？

第二个，他们觉得哈尔滨的物质条件实在太过艰苦了。粮食、蔬菜、水果的品种都太单一了，要大米没大米，要蔬菜没蔬菜，天天都是苞米面、土豆、大白菜，到了冬天就是腌白菜。儿子留在那里，虽然是有事业了，但是生活质量肯定高不了。

第三个，他们也有私心，想把这个长子留在身边，将来既可以为老郑家顶门立户，也可以就近赡养他们。

虽然无异于晴天霹雳，但父母之命不好违拗，郑炜只得将他们的态度告诉曾主任。曾主任听了，也很诧异，但他爱才心切，不肯轻言放弃，又协调系里领导，提出了一个解决办法：让郑炜将毕业设计的工作往前赶，腾出时间，由学校提供费用，回一趟云阳老家，去做父母的思想工作。郑炜听后，久久不敢相信自己的耳朵，他太感动了，学校为了留他，破天荒地开了先例，拿出了这么大的诚意，他想，不管怎样，我都要留校。

然后，郑炜就给家里拍了电报，告诉父母近日就会赶回云阳。大学四年间，他只在二年级寒假时回过一次家。每到假期放假时，看着同学们兴高采烈离校返乡的背影，他都非常羡慕，想回家的感觉尤为强烈。可是一想到价格不菲的往返路费，满腔热情就像被针扎破的气球一样，顿时泄得一干二净。现在，他终于可以踏上梦寐以求的归乡之路了，只是回家的初衷却变成了游说父母。想到这里，他不禁苦涩地摇了摇头。

这天，郑炜正在赶写毕业论文，曾主任忽然派人来找他。到了教研室，主任将一封电报递到了他的手上说，这是你家里发来的电报。郑炜不免有些惶惑，不都说了要回去嘛，怎么还发电报？接过来一看，他的头“嗡”一下就大了，电报正文虽然只有六个字，但每个字都像石头一样重重地击在了他的心上，上面写着：“不留校，川云贵。”

他预料到父母会反对，只是万万没想到他们的决心如此之大，不仅坚决不同意他留校，而且还把毕业分配去向的顺序都排好了：优先选四川；回不了四川，就去云南；如果云南都去不了，那贵州也可以；总之，就是不能留哈尔滨。“这这这……”郑炜急得心头发紧，连话都说不出来了。曾主任显然已经深思熟虑过了，他说，照这情形，你即便回去了，恐怕也很难说服他们。毕业分配是人生大事，父母的意见也不能全然不顾。如果父母不同意，你以后也不能全身心地投入工作。我和几位领导研究过了，从对你父母负责、对你负责的角度考虑，决定让你放弃留校。事到如今，已无转圜，郑炜十分沮丧，也只好接受这个决定了。

紧接着，曾主任又提出，希望听听郑炜对其他同学留校的意见，看哪位同学适合留校。当时，班上想留校的同学大有人在，黑龙江籍的十多个同学都想留校。郑炜从公心出发，结合平时的了解，向曾主任逐个分析了他所了解的几个黑龙江同学的情况，最后，向曾主任推荐了由中同学。由中同学是哈尔滨人，在校生考上的大学，虽然年龄较小，但学习成绩较好，为人稳重、认真负责、做事有板有眼，而且善于沟通交流。郑炜觉得他留校很合适。没想到，后来曾主任还真就采纳了他的建议，让由中留了校。由中留校一年后，拿到了去加拿大留学的名额，毕业后就留在了那边，发展得很好。

大好的机会就这样从手中溜走了，郑炜的分配去向又成了一团迷雾。正当他迷茫焦虑之际，曾主任又找他谈话了，问他有什么打算。郑炜这次没有太多的奢望，也不好意思向主任提太多要求，只是说："父命难违，最好还是回四川，如果有得选的话，还是想去大学里当老师。"

听了郑炜的话，曾主任点了点头，以你的专业基础、勤奋好学和踏实肯干，不论到哪个单位工作，发展都不会差；但以我对你的了解，你的确更适合到高校里当老师，教教书，做学问，搞科研，发展会更顺畅些。这次分配的单位里，高校名额不少，成都的大学、北京的大学、天津的大学都有，但我个人建议你去天津大学。为什么呢？天津大学隶属教育部，是全国著名的高校，化工、机械、精密仪器等专业的水准在全国都是一流水平，综合实力非常强。同时，科学研究工作不可能单打独斗，需要联合与协作，所以一个学校的综合实力和基础条件对教师的后续发展是非常重要的。并且，天津大学的机械系虽然设有液压教研室，但本身没有液压专业，液压教研室的老师都是机械转行的，师资力量不强，你是液压科班出身，去了以后很快就能上手，容易做出成绩。听到这里，郑炜已是频频点头。曾主任接着说道，天津是三大直辖市之一，距离首都北京又近，发展现状和前景都会很好；另外，天津位处华北地区，是个海滨城市，气候要比哈尔滨暖和太多了，选择这里，既符合了父母不让你留哈的要求，也对你的身体健康好。所以呀，综合考虑，我建议你去天津大学。

直到这时，年轻的郑炜还没转过弯儿来，他说，他还是顾忌父母的想法，毕竟父母希望他能回四川，可是四川这次要人的大学都不够理想，他一时也拿不定主意。他并不知道，当时他们专业的毕业分配名额及单位已经下到教研室了，只是还没有公布而已。教研室掌控着毕业生的分配大权，曾主任很惜才，这时找他谈话，实际上是想提携他，让他优先选择去向单位。

曾主任拍了拍他的肩膀说："父母的想法当然要重视，但也不能一味地盲从，他们当然想让你留在身边，但我相信他们更希望你能有个好的发展。咱们学校隶属国防科委系统，之前的毕业生都是分到国防系统，这次能拿到分配天大的名额，可以说是开了毕业生分往教育部系统的先河。"

曾主任的这番话入情入理，简直说到郑炜心坎里了。他拿定了最终的主意："主任，我听您的，去天津大学。"

曾主任还对他以后开展工作给予了指点："年轻人到一个新单位，首先要谦逊、踏实、低调，做任何事都不要太计较，要舍得付出；第二，第一印象很重要，要努力踢好头三脚，打好职业基础；第三，要虚心向老教师学习，虚心向他人学习，过好教学关；第四，科研要早介入，不可单打独斗，选好团队，组好班子，团结协作很重要。"这些指点，对郑炜在天津大学的工作发挥了很好的指引作用，殷殷之情令郑炜至今铭感五内。

毕业分配开始了，当其他同学还在焦虑中等待时，郑炜已是胸有成竹。若干年后，他对笔者说道："非常感谢曾教授对我的点拨和指导，帮助我认清了自己的特点，找准了定位，正确地确立了职业发展方向。曾教授的指点让我少走了很多弯路，我到天津大学工作后所取得的成就，与他的悉心指导有直接的关系。曾教授是引领我走上大学教学与科研生涯的引路人和启蒙导师，他严谨的治学态度和提携后辈的师德精神，我永远铭记在心。"或许，哈工大"规格严格，功夫到家"的校训就是这样点点滴滴、润物无声地不断得以传承的！

告别哈工大

四年大学生活倏忽即逝，离别的时候终究还是到了。

当辅导员老师代表教研室宣读完毕业分配方案后，大家都很激动，彼此祝贺，相互勉励。相知相伴了四年，而今大家在人生的十字路口分道扬镳，各有各的去向，有去企业的，有去高校的，有去科研院所的，有去国防基地的；各有各的心情，有的高兴，有的沮丧，有的坦然……但有一点却是共同的，离别的伤感笼罩着每一个人的心头。同学们你一言我一语地回忆起了四年大学生活的点点滴滴。就连郑炜这种平时不怎么爱说话的同学，这时也说了很多很多的感想。

一个时代有一个时代的产物，一个时代有一个时代的人物。共和国77级大学生是从2 000多万人当中突围而出的一个群体，相较于现在的大学生，他们的经历更为坎坷，命运也更为传奇。他们，是艰苦而快乐的一代人，是求知若渴的一代人，是独立思考的一代人，是永怀感恩之心的一代人，是一个意味深长、浓墨重彩的历史符号，是一个国家与民族的时代记忆。

作为一个在特殊历史时期产生的特殊群体，他们的经历和道路是不可复制的，但其经验和精神却是可以传承的。因为深知学习机会来之不易，加之服膺“书山有路勤为径，学海无涯苦作舟”的古训，77级学生可以说是惜时如命，挑灯夜读，这在当时是十分普遍的现象。他们当中的绝大部分人在入校前已有相当的社会生活经历，因此普遍能独立思考，不大愿意随声附和，内心颇有几分“天下英雄舍我其谁”的狂傲；但同时，他们也很清楚，自己无非是同辈中的幸运儿，个人的努力固然重要，但时代的机遇更为重要。假如没有恢复高考，就没有他们的今天与未来。这是他们那一代人的心声。另外，这级学生的成才率也很高，后来大多成了各行各业的翘楚乃至砥柱，被称为“77级现象”。

郑炜就是77级的典型代表之一。当然，这时的他距离今天的成就还远着呢，他只是一个即将毕业离校的学生。今年的冬天似乎比往年走得要晚一些，雪花寂静无声地飘落，郑炜一个人静静地走着，走在满是积雪的校园，走在回忆深邃的路上。放眼周遭，尽管到处仍是白雪皑皑、银装素裹，但哈工大的校园依旧生机勃勃，坚持晨练的跑步者，匆匆赶往教室上课的老师，结伴去上课的学生……主楼、电机楼、机械楼也似乎还是当年入学时的样子，一点儿都没有变老变旧。凡目之所及，都是回忆的触点。冰城虽冷，留给他的记忆却是温暖的。这里有放飞青春、自由翱翔的时光，有为人师表、传道解惑的恩师，有朝夕相处、彼此陪伴的挚友……往事就好像一幕幕电影，在脑海里循环播放、挥散不去。

时光荏苒，岁月匆匆，他与哈工大已经相伴整整四年了。入学时，觉得四年何其漫长，现在回头看，却不过就弹指一挥间而已。

这四年间，他收获了学业，学到了知识，从一个双脚沾满泥土的知识青年，变成了一位液压专业的青年学人。得益于个人的勤奋努力，得益于同学的热忱帮助，得益于哈工大老师们的授道解惑，他打下了坚实的理论基础和专业技能，也养成了“规格严格，功夫到家”的治学作风。后来，他在科研领域取得的种种成就，追根溯源，都是因为大学时期基础打得好打得牢。若干年后，当郑炜面对笔者的采访时，由衷地说道：“我特别感恩哈工大的基础课学习、基本功训练和严谨作风的培养，正如开学典礼上李瑞校长所讲，哈工大非常重视“三基”教育与培养。参加工作后我真切地体会到，最有用的知识是基础知识，最有用的技能是扎实的基本功，最有用的方法是严谨的治学方法，最实用的能力是自学钻研的能力。工作中遇到的大量技术问题都要利用基础知识、基本技能去解决，而要想在日新月异的技术发展潮流中不落伍，还得利用原有的基础知识和基本功去钻研新的知识、开拓新的领域、创造新的技能。”

这四年间，他收获了情谊，舍友、同学、老师、领导，一路所遇，皆是良人。难忘与舍友王大明、聂伯勋、李乃俊、张浩、黄德欢、由中、高凤阳等朝夕相处的日子；难忘和黄德欢、高凤阳、李乃俊等一起解樊映川、基米多维奇习题集的时光；难忘与孙明、梁光荣、王建平、李小宁、王瑞柯、李北辰、高凤阳、胡静等讨论工作的场景；难忘在李乃俊家过春节时吃过的年夜饭；难忘哈尔滨同学给予的特别帮助；难忘与同学们课间一起打排球、晨练跑步、运动会同场竞技的场景；难忘马六成老师对自己毕业设计的悉心指导；难忘曾祥荣教授的提携、点拨与关照。郑炜自己是这么说的：“这四年是我人生重要的成长时期，是我增长知识和进入专业掌握技术的阶段。它留下了刻苦学习与艰苦生活的岁月，留下了与同学们共同度过的大学生活的欢乐时光，也留下了许多深刻的回忆。与哈工大结下一生的不解之缘，与同学们形成终身的同窗友谊，与老师们建立了深厚的师生情谊。这些缘分和情谊是我一生的财富，值得我一生怀念。"

这四年间，他收获了成长，由毛头小伙子成长为成熟稳重的青年。哈工大不仅教会他知识，给了他智慧和力量；也帮助他树立了奋发有为的人生观、价值观，培养了他勤于思考、笃于实干的精神态度。尤其是'规格严格，功夫到家'的校训和"八百壮士"精神，更是浸入了他的血脉、渗入了他的骨髓，成为他一生奉行的圭臬。"我们不仅得到了老师传授的科学知识，更难得的是他们言传身教，潜移默化地让我们学会做事的态度、做人的原则和生活的真谛。尤其哈工大'规格严格，功夫到家'的校训，已成为我做事和生活的行为准则，使我能自豪地说我是'哈工大人'！"郑炜如是说。

每个人的记忆都是一座沙城，时间腐蚀着一切建筑，你步步回头，但是却只能往前走。回首过往，郑炜感悟的是一段美好的记忆，一段难忘的经历；放眼未来，他拥有的是一种平和的心态，一种前进的动力。明天是否会更好，他不清楚，唯一可以确定的：明天，又是新的开始！

再见了，哈工大！

5

从学生工作开始

天大机械系开展“建设文明宿舍，创建优秀班级”活动的经验做法引起了天津市教委的高度重视和认可。市教委组织全市各大高校的团委书记和负责学生工作的副书记、辅导员到天大机械系参观见学后，在全市教育系统全面展开“建设文明宿舍”活动。

冰城到滨城

1982年春节前夕，郑炜告别学习生活了四年的冰城哈尔滨，一路南下来到了海滨城市天津。

是的，他并没有像大多数同学那样毕业后先回家看看，而是选择了直接到天大报到。倒不是天大催着他入职，也不是他不想家不想亲人，而是因为现在二弟和三弟都在上大学，家里的经济负担很重，这往来的路费虽不算多，却也不算少，还是能省则省吧！再说了，提前报到，也能提前熟悉环境、提前进入状态。郑炜这样安慰自己。

犹记得那是一个下雪天，出了火车站，他辗转来到了位于天津市南开区卫津路92号的天津大学。站在学校的大门前，仰望着学校大门上方“天津大学”四个大字，郑炜的心情无比激动。从哈尔滨到天津，从一座校门到另一座校门，从大学生到大学老师，这条路他走了四年，现在人生新的篇章已经呈现在了眼前，就等着他翻开它，写下第一章第一行了。广阔天地，大有可为，未来可期，不负韶华。天津，你好！天津大学，我来了！

和哈工大一样，天津大学也是一所拥有悠久历史的名校，其前身是中国第一所现代大学、始建于1895年的北洋大学，首任督办是晚清著名的政治家、企业家、洋务派代表人物盛宣怀。学校几经变革，校名历北洋大学堂（1896）、北洋大学校（1912）、国立北洋大学（1913）、国立北平大学第二工学院（1928）等，终于1945年抗日战争胜利后复名为“北洋大学”。中华人民共和国成立初，大学即属教育部直管。1951年，北洋大学与河北工学院[①]合并为天津大学。

来之前，郑炜已经做了功课，了解了一些天津大学的基本情况。他尤其喜欢天大的校训“实事求是”，这是原北洋大学校长、著名法学家、革命烈士赵天麟[②]总结提出的，意在勉励师生以实事求是的精神，对待科学文化知识，端正学风。郑炜认为，这和哈工大的校训“规格严格，功夫到家”有异曲同工之妙，“规格严格”就是“实事求是”，“实事求是”就是“规格严格”，做到了“规格严格”“实事求是”，“功夫”也就必然能“到家”。

入职后，他的关系落到了机械工程系。该系的历史十分悠久，是北洋大学最初设立的4个学科之一，也是中国最早设立的机械工程学科。1951年，北洋大学机械系与河北工学院机械系合并，奠定了天津大学机

---

① 河北工业大学前身为创办于1903年的北洋工艺学堂，之后相继更名为直隶高等工业学堂、直隶高等工业学校、直隶公立工业专门学校、河北省立工业专门学校、河北省立工业学院、河北省立工学院、河北工学院，1951年与北洋大学合并为天津大学，1958年恢复重建，1962年与天津工学院合并为新的天津工学院，1971年复名河北工学院，1995年定名为河北工业大学。

② 赵天麟生于1886年，是天津市最早建立的官立中学堂（现为天津三中）首届毕业生；后考入北洋大学堂法律系，并成为北洋大学堂首批派往美国的留学生。1909年毕业于美国哈佛大学法律科，获法律博士学位。回国后，任北洋大学法律兼理财学教员。1914年，他被任命为国立北洋大学校长。1934年，出任天津耀华中学校长。1938年，被日本特务枪杀，时年52岁。

械系的基础。翌年4月，南开大学和津沽大学①的机械系也并入了天大机械系。因此，天大机械系的历史底蕴、师资力量和科研水平在全国都是首屈一指的。

当年，机械工程系共接收了6名毕业生，除了郑炜是外系统（国防科工委系统）、外校分配来的，其余5人都是天大的本科毕业生。

天大素来重视对新入职老师的岗前培训。他们几个刚入职，学校没有将他们几个的关系落到教研室，而是要求他们过“基础关”，全部下到工厂实习，为期半年。这半年里，他们下到车间，与工人们朝夕相处、一同劳动，从最基础的车、铣、刨、磨、铸、锻、焊、钳等工作干起，对照大学所学知识，勤学苦练实操技能。郑炜牢记曾主任“干工作要踢开头三脚”的嘱咐，实实在在地学习锻炼，遇到急难险重的工作，从来都是一马当先抢着干；加之他态度诚恳端正，能虚心向车间领导和工人们学习，因此工厂方面对他的评价很高。

半年过后，系里又让他们到机械制图教研室做助教，练习制图基本功。机械制图是机械类及相关专业学生的重要基础课，对机械类学生建立设备与零件学习的空间概念非常重要，因而需要进行大量的制图练习，且有着严格的制图规范和评判标准，因此这门课程也是最考验学生耐心和机械类学生基本功的一门课程。

既然是做助教，只要协助授课老师做好教学保障就可以了，其中最主要的工作就是批改学生们的制图作业。但郑炜为了确保批改质量，真正帮助学生们提高，坚持每天和学生们一起听课，自己先把老师的授课内容学懂弄通了，然后再对照课堂内容认真批改作业。有的助教只评判

① 津沽大学，为1921年创立于天主教献县教区的教会大学，前身是天津工商学院，为现河北大学前身，是20世纪上半期国内顶端的私立大学，同时也是中国第二所天主教教会学校。

对错，郑炜则不然，不仅会指出作业中的错处，还会分析这个学生出错的原因究竟是粗心还是没听懂，并有针对性地在作业后面批注上注意事项和改进方法。他负责的班级有30多名学生，每个学生的作业他都会一页一页、一个图形一个图形、一段线条一段线条、一个字一个字地仔细批改，即使加班熬夜也要把全部作业都认真改完，并分析总结，将具有共性的错误及时反馈给主讲老师，在下一堂课上集体解答。老师和学生们对他的印象很不错，都觉得他是一个肯吃苦、肯钻研、敬业负责的好老师。

与此同时，系领导也逐渐注意到了这个踏实肯干的年轻人，有心进一步考验他，就在当年8月安排郑炜兼任82级锻压专业的班主任。既要当助教，又要做班主任，郑炜肩上的担子更重了，他能兼顾过来吗？

锻压班主任

谋定方能后动，纲举才可目张。82级的辅导员是82级辅导员，在年级工作组的统一部署下，郑炜先是做了大量的调研和思考。他一直在想，大学班主任的定位究竟是什么，只有把这个首要问题搞清楚了，才能有的放矢地干好工作。经过反复思考，他将大学班主任的角色总结成了三个词语。

第一个，引路人。做好班级建设，引导学生自我管理，自我教育。大学的班级毕竟和中学的班级不同，中学的班级建设以班主任为主，大学的班级建设则应以学生和学生干部为主。作为大学班主任，应是引路人，把班干部选拔好、培养好、运用好，在此基础上要充分调动他们领导班级建设的积极性，挖掘他们的潜能，集思广益，群策群力，引领学生自我教育，自我管理，共同把班集体建设好。郑炜觉得，现在的大学生和他们那个年代的大学生差别很大。他们从校园进入校园，独立生活能力、自理能力、相互关心与包容的能力、心理承受能力和自我调节能力都很欠缺，没有下过乡插过队，社会阅历、社会经验缺乏，世界观、人生观、价值观还未形成。很多学生对前途没有明确的目标，一切都显得迷茫，尤其当遇到困难、挫折和不幸时，很容易惆怅、失落、迷茫，甚至走极端做傻事。这时班主任就必须当好引路人，为他们指明方向，引领他们渡过难关、战胜挫折、走出逆境。

第二个，家长。如果将班级比作一个大家庭，班主任就是一家之长。但这个“家长”可比寻常的“家长”难当多了：一方面，这个“家长”要兼具严父与慈母两种角色。“严父”就是要严格管理。寻常父母培养的是孩子，而高校培养的是优秀人才，要培养出德智体美劳全面发展、深受社会欢迎的人才，没有一套严格的规章制度和管理措施是很难做到的。这些制度和措施要想落到实处，少不了班主任的日常检查和督促，这就需要班主任要切实严起来。“慈母”就是要以情带“兵”。大学生虽然自觉是个大人了，但思想和心智还不是很成熟，具有半成熟、半成人的心理特点，有时容易情绪化，偶尔也会做出一些幼稚的事情。遇到这种情况，刚性的约束通常就不管用了，而且容易起到火上浇油的反作用。这时就需要班主任像母亲一样，俯下身子，真心实意地做思想工作，用爱心、细心和耐心处处给予他们正确的引导。

第三个，朋友。班主任要做学生生活中的朋友。而要做到这一点，必须以平等的态度，以班集体中普通一员的身份，与同学生们进行交往，交心谈心，互相学习，互相帮助。当学生需要帮助时，你助他们一臂之力；当学生需要温暖时，你献一份爱心；当学生取得成绩时，你由衷地为他们感到高兴；当学生遇到挫折时，你给他们安慰和鼓励……只有真正走进学生的生活圈，才能了解他们的喜怒哀乐，才能真正赢得他们的信任，才能真正地和他们成为朋友。学生们才会对你讲真话、诉真情，遇到什么问题和困难，才会第一个想到你。

有了这个认识，再结合大一新生的特点，郑炜就理出了自己的工作思路。对大一新生来说，什么最重要？完成从中学生到大学生的角色转换最重要。这些新生正处于一个自觉性和幼稚性、独立性和依赖性复杂交织的特殊时期，能不能在入学头一年头一个学期，建立集体观念、适应集体生活、学会妥善处理同学关系、学会与孤独正确相处、有效调整学习方式等，直接决定了他们未来四年的学习生活是否顺利有成效。

但这些工作都是一些经常性和基础性的工作，不仅内容繁杂琐碎，而且需要天天做日日做，持之以恒，一以贯之。要想出成果、见成效，工作就必须得做细做实做久。

郑炜就是这么做的。开学后，他花了大量的时间，经常深入宿舍、教室，有时也利用体育场、图书馆等场所，随时随地与班上的学生们一对一谈心、交朋友，教育引导他们要珍惜大学时光，珍惜同窗之情，做好调整与规划，抓好学习，走好人生路。通过反复的谈心谈话，他不仅具体准确地掌握了每名学生的基本信息、性格特点、兴趣爱好以及家庭情况等，而且也消除了师生间的隔阂感，与学生们打成一片，关系处得十分融洽，为下一步有针对性地开展工作打下了坚实的基础。

他先是抓实组织建设，选配了一支认真负责、得力精干的班干部队伍，充分调动他们的积极性，并面对面、手把手地做好传帮带，坚持每周一次班委会交流工作，从工作方式、工作方法、工作作风方面不断加强指导，提高他们干工作、带班级的能力与素质。并从班干部中全面了解学生的思想动态。

一次班干部会上，一名班委反映说，一位陕西籍的刘同学最近情绪低落，心事重重，好像家中出了事情。会后，郑炜与班长白桂才一道找来刘同学了解情况，原来刘同学的父亲最近诊断患了肝硬化，治病花了许多钱，家里没能像原来那样按时给他寄生活费，他的生活费成了问题，这给他造成很大的困扰和心理压力，所以成天愁眉不展。了解情况后，郑炜一面安排班干部帮助刘同学放下思想包袱，大家共同帮助他克服眼前的困难，一面向学校汇报，帮助刘同学申请困难补助，提高助学金等级，学校很快批准了郑炜的报告，解决了刘同学生活上的后顾之忧，使他很快平复了情绪，安心学习。

在思想教育上，郑炜坚持开展经常性随机谈话，针对学生们关心的热点、焦点、难点问题，及时进行解答和教育，引导他们全面分析问题、科学化解矛盾。

在宿舍建设方面，他坚持每天至少去学生宿舍两次，早上去检查起床情况，晚上去检查就寝情况，督促学生们按规定时间作息，养成良好的作息习惯；进而通过开展先进宿舍评比活动，督促引导学生们主动自觉地搞好宿舍卫生，建立人人为集体、集体为人人的观念，营造干净整洁、舒心气爽的生活环境，养成讲卫生、爱劳动、讲团结的作风和习惯。

在学习上，历届锻压专业的学生中，专业思想问题最为突出。社会上许多人对锻压专业不了解，错误地将锻压误解为就是"打铁"的，很多学生受此影响，也认为锻压就是"打铁"的。打铁又不是新鲜事，中国已打了几千年。打铁要啥理论，文盲不照样打吗？觉得学锻压专业低人一等，没有出息，以后没有前途。学习目的不明确，有的得过且过，有的混日子。针对这种现状，郑炜在入学之初就研究解决学生的专业思想问题。但这些问题三言两语很难说清楚，普通说教也难以奏效，他就一方面联系专业教研室给学生做专业介绍，介绍现代锻压的新知识、新装备和应用的新领域，组织大家参观实验室；另一方面带领学生们到锻件厂、汽车厂参观。当学生们看到几十、上百吨的钢锭像泥团一样被成千上万吨的压力机压扁时，看到成形的产品从高速自动成形机中“嗖嗖嗖”连续射出时，一个个惊呼不已。这种身临其境的感知使他们深刻地意识到自己认知的狭窄和力量的渺小，心里服了，观念变了，当今锻压竟是这么“惊天动地”，多姿多彩。回到课堂上翻开书本，他们有了新的发现，锻压还真不简单，理论还蛮深。解决了专业思想问题，就好比给学生们插上了飞翔的翅膀，他们可以轻装上路了。

在学风建设上，郑炜坚持不打招呼地抽查上课出勤率和作业完成情况，坚持定期与任课老师们沟通交流，详细了解学生的课堂表现和学习成绩，在不影响学生学习和休息的前提下，坚持每周召开一次班会，教育学生树立牢固的专业思想，热爱专业、学好专业；引导他们定好学习目标，一个月一小进，一学期一大进；开展学习方法和经验交流活动，表扬先进，鞭策后进，并让成绩好的同学与成绩差的同学结成帮扶对子。

在日常管理上，一方面教育学生们自觉遵守学校各项规章制度，不断增强集体责任感和荣誉感，切实养成自尊、自爱、自律、自强的优良品格；另一方面，严格落实学校各项管理规定，对发现的问题苗头及时指出，对违反规章制度的现象及时批评纠正，宽严相济，刚柔并施，确保不让一个学生掉队。

82级入学之初，刚好赶上了轰轰烈烈的“引滦入津”工程。历史上天津的水资源一直是比较丰富的，中华人民共和国成立初期全天津的城市用水和农业用水汲用海河水就能满足。但随着城市版图的不断扩张和工农业生产以及海河上游水利建设的持续发展，天津的水资源逐渐由丰到缺。进入20世纪70年代，海河流域出现了持续干旱，使天津市面临着较为严重的水荒。党中央、国务院对此高度重视，决策兴建“引滦入津”工程，将滦河[①]水引入天津市，造福天津人民，解决制约天津发展的瓶颈难题。

1982年5月11日，“引滦入津”工程正式动工。天津市委、市政府号召全市党政机关、企事业单位、各大高校和社会团体踊跃投身工程建设，确保实现1983年“七月完工、八月试水、九月验收、十一通水”的预定目标。天津大学迅速响应，组织全校师生和员工分批轮流参与工程建设。机械系选派郑炜协助系里副总指挥，具体负责工程的组织指挥和人员队伍管理事宜。

郑炜与全系900余名师生一干就是一个月。杨家坪插队时参与修水库的经历，曾经吃过的苦受过的累，让郑炜胸有成竹，毫不怵头。他上一线，打头阵，挑石担沙，推车抬筐，与大家同劳动、共甘苦；定规划、控进度，确保工程建设科学有序推进；抓管理、促安全，不仅顺利地完成了建设任务，而且没有出过一起事故，受到了学校的称赞。

在一年的班主任工作中，郑炜可以说是起早贪黑、废寝忘食。每天早上，当学生们还在沉睡的时候，他就起床了，挨个宿舍敲门，喊学生们起床；白天不仅要有选择性地跟堂，实地观察学生们的课堂表现，有时还要抓住课间的机会，与授课老师沟通交流，了

---

① 滦河古称濡水，发源于河北省丰宁县，在内蒙古境内有黑风河、吐力根河（吐里根河）汇入后称大滦河，至隆化县会小滦河后称滦河。河流蜿蜒于峡谷之间，至潘家口越长城，入冀东平原，流经迁西县、迁安市、卢龙县、滦县、昌黎县、至乐亭县南兜网铺注入渤海。河流全长888千米，流域面积44 750平方千米。

解学生们的学习情况；到了晚上，检查完就寝情况，还要回到办公室写工作日志，总结今天的工作情况，安排明天的工作内容，日复一日，月复一月……

当然，这一年的努力和付出并没有白费。82级锻压专业的角色转换完成得比较顺利，班级纪律好、学风好，学生们的集体观念和刻苦意识都很强，一年下来无一人挂科。系领导对郑炜的工作态度和工作方法很认可，决定给他压一副更大的担子——担任83级新生专职辅导员。

新生辅导员

1983年8月，郑炜走马上任，成为机械系83级新生专职辅导员。

他创造了两个纪录。

第一，他是机械系历史上第一个非党员辅导员。专职辅导员从事学生思想教育和行为管理工作，是大学生思想政治工作的骨干力量。做别人的思想政治工作，当然自身首先要在政治上过硬，所以这一职位从来都是由党员担任。别看郑炜一路走来一路优秀，但直到现在，他居然还不是党员。改革开放之初，大学对发展学生党员标准掌握很严，指标很少。郑炜在哈工大读书期间，全班四年仅发展一名党员。他年龄小，前三年又不是主要学生干部，成绩也仅居于中上游，这有限的名额自然轮不到他的头上。他到天大刚一年多一点儿，心思全部投入到了工作上，也没琢磨这事儿。等到系里要用他当辅导员时，才发现他还是团员。按理说，是不该用非党员任辅导员的，但这个年轻人的确很优秀，工作态度端正、作风严谨，而且头脑灵活、方法多，很适合做辅导员工作。经过反复研究，系里最终决定，抓紧发展郑炜为预备党员，让他以预备党员身份做辅导员工作。

第二，他所带的年级是机械系有史以来学生数量最多的一届，全年级共9个班273人。管这么多的学生，一共有几个辅导员呢？就两个。一个是他，另一个是天大新留校的女老师小赵，他负主责，小赵老师给他当助手。两个人，一男一女，要管近300名学生，郑炜心头的压力之大，可想而知。

郑炜和小赵老师在新生入学前做了大量的准备工作，经常在一起研究抓建思路和办法。依照去年做班主任工作所获得的经验，郑炜提出首先要抓好新生对几个转变的适应：一是适应环境的变化。许多学生长这么大，从未远离过故乡和父母亲人。进入大学，到了陌生的环境，他们普遍会感到不适应，尤其是思乡思亲之情较为严重。二是适应独立的生活。从前，他们生活的大部分事务，父母亲人都包办了，衣服脏了有人洗，肚子饿了有人做饭，被子也不用叠。现在上了大学，开始独立生活了，什么都要自己干了，很多学生却不具备这样的能力。三是适应同学关系的转变。很多学生中学时代都是走读，与其他同学相处的时间仅限于在校时间，彼此的关系也仅限于学习与玩乐，很少涉及生活；进入大学就不同了，不仅要在一起学习，还要在一起生活，各人有各人的性格，各人有各人的优缺点，往往会产生一些纠纷甚至矛盾。四是适应学习方式的转变。中学时代是填鸭式教学，老师在后面跟着赶着，学生们普遍已经习惯了被动学习。但大学就不同了，老师很少会直接督促学生，主要靠学生们自己用心、自主学习。一些学生对这种转变很不适应，无形中放松了对自己的要求，玩游戏、聚会、迟到、旷课、课上做与学习无关的事情等现象普遍存在，成绩自然发生下滑，甚至出现挂科、挂多科的现象。

头一个月的适应期尤为重要，这个月要是能安全度过，往后就好说了。所以，新生尚未入校前，郑炜和小赵老师就提前做工作了。他们仔细研究每一个学生的档案，了解他们的基本情况，包括地域省份、家庭背景、年龄大小、成绩优劣、兴趣爱好、是否担任过班干部等，然后根据城乡搭配、地域搭配、成绩搭配的原则，提前分好班、分好宿舍、预选了班干部；在此基础上召集班主任们开会，商量开学典礼、入学教育、学校参观、老师见面、专业介绍等具体细节，确定了后续工作的步骤和方法。

开学后，郑炜和小赵老师忙得不可开交。他们通过召开座谈会、深入宿舍等方式，与273名学生面对面逐一交流，倾听他们的想法，了解他们的情况；帮助困难的同学申请助学金；帮助各班班主任选出班干部，建立辅导员、班主任、班长、团支部书记组成的年级工作组；安排专业老师、高年级同学与新生座谈交流，传授学习经验和学习方法；组织各类集体文娱活动，为新生们尽快互相熟悉创造条件……

因为工作做得细做得实，第一个月很顺利，一点儿问题都没出，系里十分满意。郑炜以为总算能松口气了。没想到，第二个月刚开了个头，就出了件大事儿了。

一个星期日的上午，郑炜和往常一样，在办公室里加班。忽然，有两个学生气喘吁吁地推开门，惊慌失措地喊道："郑老师，不好了，李建清出事了！李建清出事了！"郑炜赶紧让他们讲一下具体情况，李建清到底怎么了。这两个学生说，周五下课后，天津本地的同学都回家了，宿舍里就剩他俩和李建清三个外地学生了，当他们吃完晚饭回到宿舍时，发现李建清已经睡下了，就没去打扰他；周六早上出门上自习前，李建清仍旧在睡，等他们晚上回到宿舍后，发现他还在睡，当时还挺纳闷儿："这人白天干吗了，怎么这么累？"但也没多想；周日早上，他们吃完早饭回到宿舍，发现李建清居然还睡着，就去叫他，可是怎么都叫不醒，这才知道李建清出事儿了。

郑炜听完，大吃一惊，十多天前他刚和李建清谈过话，细想起来，李建清当时除了情绪不佳外，也没啥异样啊！虽然有些惊慌，但他的反应很迅速，边打120急救电话，请急救中心速派救护车到学校抢救；又分别给系领导和校团委、校学生工作部、保卫处等打电话，报告李建清的情况；同时跟着两个学生急忙赶到了宿舍。

果然，李建清沉沉地睡着，任他怎么推搡、怎么呼喊，都一动不动，伸手探到鼻子下，发现仍有微弱的呼吸，郑炜多少松了一口气，应该还有救。他仔细翻了一下李建清的床铺，在被褥下面发现了一个空的安眠药瓶。坏了，这孩子八成吞服了安眠药。

不一会儿的工夫，急救车就来了。郑炜协助医务人员将李建清抬上救护车，一同赶往最近的天津医科大学总医院。与此同时，学校领导的电话已经打到了医科大学领导那里，恳请医院尽一切办法抢救李建清。紧张的抢救工作从上午一直持续到晚上，医生给李建清洗胃、输液、做心脏复苏……把所有的办法都尝试遍了，但由于服药时间太久，最终还是没能抢救过来。当晚零时，医生正式宣告李建清已经失去了生命体征。一直守在李建清身旁的郑炜听了，久久不敢相信自己的耳朵。一条年轻的生命就这么说没就没了，巨大的悲伤笼罩着他。那种难以言表的痛心疾首直至今日他都记忆犹新。

不一会儿，医生就让护士来料理后事了。郑炜没有让她们上手，而是亲自为李建清擦净身上的污物，换上了干净的衣服。护士们默默地看着他做完这一切，走上前来，准备将李建清的尸身推往太平间。郑炜又把她们拦住了，学生的最后一程，还是让他这个老师来送吧！

从急救室到太平间，要穿过一条大马路。路灯大多黑着，只有零星的几盏散发着微弱的光芒，四下里黑黢黢的，静谧无声，连一只猫影都没有。生平第一次和死人近距离相处的郑炜不由头皮一阵阵发麻。不过几百米的距离，可事后他回忆起来，却觉得那条路长得要命。

到了太平间，工作人员打开一扇门。郑炜推着李建清，从两排停放的尸体间穿过，将李建清的尸身放到了一张预留好的停尸床上。他最后看了一眼李建清的脸庞，那是一张仍未脱稚气的脸，就在几天前，这张年轻的面庞还鲜活地出现在教室里、食堂中、操场上和他的眼眸里……可现在，这张脸和他的主人就要永远地告别这个世界了。他长叹了一口气，在迷蒙的泪眼中，将白布盖在了这张脸上。永别了，李建清，愿你在天堂里阳光开朗、不再孤独、不再悲伤、不再纠结、不再有烦恼。

当天晚上，郑炜失眠了，不是害怕，而是有个疑问一直萦绕在他的脑海里，纠缠得他睡不着。他翻来覆去，就是想不明白，十多天前他还与李建清谈过话，印象是性格偏内向，不太爱讲话，有一点忧郁，但并没有发现明显的异常。一个背负着家庭甚至整个家族厚望的年轻学子，寒窗苦读十多年，付出无限艰辛，终于考上了梦寐以求的大学，未来可期，光明的前途就在前方不远处向他招手，可他偏偏在大好人生刚刚开端的时候，选择以这样的方式结束自己的生命，这是为什么啊？

第二天，他看到了同事们翻出来的李建清的遗书，其中写道：我家是农村的，家里很穷，我的生活和他们不一样……我说话，同学们听不懂，我做事，同学们不满意，他们好像都看不起我……学习上与同学们差距很大，我的学号排在最后，入学成绩肯定是最差的，很多课也听不明白，我很难赶上他们……看完后，郑炜心痛得要死。傻孩子，难道就是为了这些事儿吗?

李建清的父母很快赶到学校。校方对李建清自杀一事进行了详细调查，逐渐还原了这场悲剧的来龙去脉：

李建清来自河南新县的农村，家中比较贫困，但这孩子从小刻苦努力，成绩一直很好。可是，就在高三那一年，因为压力过大，他患上了严重的抑郁症，经常失眠，最终未能考上大学。他本已产生强烈的厌学情绪，不想再复读了，迫于父母的压力，不得不硬着头皮复读。这一次，他考上了天津大学。

故事进行到这里，还是很不错的，山窝窝里飞出了金凤凰，考上了全国名校。但入读天大后，他的学号被排在了班上的最后一名，这个性格有些自闭的孩子就觉得自己的成绩是班里最差的，其他同学的成绩都比他强。其实，学号排序与成绩高低完全没有关系。并且，因为之前的基础的确不够扎实，加上大学上大班课，确实存在有些课程理解不了、跟不上进度的情况。李建清又感受到了巨大的压力，抑郁症复发，一直睡眠不好，私下里靠吃安眠药维持睡眠。

他的方言口音较重，有些调皮的学生故意学他说话，还讲给其他同学听。他们宿舍里城里的孩子比较多，李建清的生活阅历、见识与这些同学相比，的确相形见绌。他的内心本就很自卑，因此越发自闭，看谁都觉得人家看不起他，总是游离于宿舍集体之外，独来独往，闷不作声。他越是这样，别人越是不愿接近他，同学关系很一般，即便同宿舍同学之间，也是形同陌路，很少聊天交流，基本上是各干各的。要不然，也不至于他都吞药两天了，舍友们才想起来关心他。

学习跟不上，人际关系不融洽，让李建清心中的焦虑剧增，满腔郁闷无处宣泄，最终走向了极端。

首倡建设文明宿舍

新生入校还不到两个月，就自杀身亡了，这件事震惊了整个学校乃至天津市高校系统。如何杜绝类似事情，郑炜做了很深刻的思考。痛定思痛，他总结了新时代大学新生的几个特点。

一是普遍生活自理能力差。家里啥都不让他们干，只是让他们集中全部心力学习、考大学。这些学生在初高中时代基本上过的是衣来伸手饭来张口的日子，一切都由家长包办得妥妥当当，缺乏基本的生活知识和生活技能。上了大学后，家长不在身边，老师也不管了，就自己放羊了，作息没有规律，生活自由随意，宿舍脏乱差。

二是普遍以自我为中心。习惯了接受家人的关爱和照顾，却缺少对别人的关心与关爱。和同学产生了矛盾，很少能主动从自身找问题，都觉得是对方的错。

三是抗挫折能力差。整个中学时代，都是在老师的鼓励和家人的宠溺中度过的，生活中很少遇到什么困难，也缺乏克服困难的意识和能力，抗挫折、抗打击的能力普遍较弱，稍微遇到点儿问题，就觉得天地昏暗、日月无光了。

四是缺乏互助精神。大学的同学关系，理应是学习上互相帮助、生活上互相照顾、情感上互相关爱的良性关系。但很多大学生就是没有这种互助精神，看见同学遇到了困难，躲得远远的。

五是缺乏集体观念。一切以自我为中心，而且总是由内向外地有一种优越感，看谁都不如自己，处处争强好胜、表现自己；善于单打独斗，不善于团结合作，觉得集体是对个性的抹杀，是一种负担。

针对新生的现状，郑炜提出："立德树人，应以学生为主体，以班级为基础，以宿舍为单元；引导学生自我管理、自我服务、自我教育、自我改变、自我提高；塑造新型人格，改变精神面貌，从改变生活习惯开始，从自己做起，从身边小事做起，从宿舍文明做起，从班风建设做起。"

立足于此，他和小赵老师商量后，重新调整了工作思路，提出了新的工作目标和工作方法。

工作目标主要有六个方面：加强思想政治工作，帮助学生们树立正确的世界观、人生观、价值观、荣辱观；帮助学生们养成良好的道德品质和自尊、自爱、自律、自强的优良品格；加强集体主义教育，让学生们树立集体观念和团体意识，建立起相互关爱、团结融洽的同学关系；加强挫折教育和心理健康教育，增强学生克服困难、经受考验、承受挫折的能力；帮助学生们提高思想认识和精神境界，引导他们自我服务、自我管理、自我教育，提高综合能力；解决好综合适应问题，帮助学生处理好学习、生活、成才、交友、健康等方面的具体问题。

在具体方法上做到：一是将思想政治教育与日常行为管理相结合，将学习、生活、娱乐、作息作为一个整体，综合考虑；二是在思想工作中坚持做到五抓结合：即抓苗头，抓倾向，抓规律，抓骨干，抓后进，并贯彻工作始终；三是在日常行为管理中，要以班级为基础，以宿舍为单元，坚持四看找问题：团体看氛围（班级、宿舍），学习看劲头（出勤、自习、作业），生活看秩序（宿舍、教室卫生与作息），活动看气氛（年级、班级、宿舍等集体活动）；四是抓好典型，以点带面。深入班级和宿舍，不断摸索学生工作的规律和特点，调查研究，总结经验，检查评比，宣传推广。

郑炜还创新了一个工作抓手，在83级中深入开展"建设文明宿舍，创建优秀班级"活动，倡导改变精神面貌从改变生活习惯开始，号召大家从自己做起，从身边小事做起，从宿舍文明做起，从班风建设做起，养成良好的生活习惯，锻造良好的精神风貌。首先从改变学生宿舍面貌入手，开展"我的宿舍我改造"活动。他们买来涂料、刷子等工具，组织学生重新粉刷老旧的宿舍墙面。新生们入校后第一次参加这样的劳动，而且是粉刷自己的宿舍，都非常兴奋，热情很高，争先恐后。一天时间内，全部宿舍粉刷一新。有的宿舍还买来鲜花、绿植装点美化。大家看着新粉刷的宿舍，都很享受自己的劳动成果，一个个脸上写满了自豪感和成就感。抓住这一契机，郑炜他们开展了系列活动，并由辅导员、班主任、班干部组成年级督导组，参与督导执行。

这一系列活动的内容主要有：一是坚持一日生活制度，早晨按时起床，组织集体出操，跑步，晚上到点儿准时就寝。二是狠抓宿舍卫生，排定值日表，学生们轮流值日，在卫生标准上要做到：被褥叠放规整，物品摆放整齐，地面干净，窗户明亮。三是整顿学习作风和学习秩序，一方面严厉整治迟到、旷课、不交作业等现象，另一方面将学生按宿舍编成互助小组，相互提醒出勤，相互检查作业，相互督促学习，互助情况要记录在制式的表格上。郑炜与各班班主任、班干部组成督导组，坚持每日深入宿舍，检查宿舍卫生和作息情况，查阅互助记录，每周召开年级大会，讲评一周情况，抓典型，树先进，授红旗，传经验。

措施是好的，可刚开始执行的时候，学生们大多不理解，存在较强的抵触情绪，工作难度很大。难点恰恰不在抓学习方面，而是在生活习惯的养成上。很多学生早上赖床，起不来，晚上夜猫子，不睡觉，如果说多了，有的学生便会有不悦的表情。一些学生比较懒惰，衣服穿脏了不洗，攒好久才洗一次。郑炜就协调系里，给每个宿舍楼配备一台洗衣机。

督导组花了很长的时间、下了很大的力气，不辞辛苦，不畏抵触，反复抓习惯的养成。最初的日子里，郑炜早上六点就起床了，从来没在半夜十二点以前睡过觉。经过几个月的坚持，学生们还真就习惯了，83级的精神面貌发生了巨大的变化：学生们都能自觉遵守生活制度，早上按时起床出操，晚上按时熄灯就寝，再也不用老师们督促了；以前遇到集体活动能推就推、能躲就躲，现在只要是集体活动，都很积极很主动，踊跃参加，唯恐落后，同学之间的关系也很和睦；迟到、旷课、课上打瞌睡、看闲书、玩游戏的明显减少了，学风大为改进，成绩也普遍有明显的提高；思想更活跃了，要求进步，报名参加积极分子党课学习班的同学增多了。最可喜的是宿舍卫生状况得到了根本性的改善，随手打开任何一间83级学生的宿舍，被褥叠放得规规矩矩，物品摆放得整整齐齐，窗户明亮洁净，地板纤尘不染，这一点与其他年级宿舍普遍的脏乱差形成了鲜明的对比。

学校、系里对机械系83级的可喜变化既惊讶又欣慰。当年底，学校分批组织全校师生到机械系83级“文明宿舍”参观学习，随即在全校范围内推广了郑炜他们的经验做法。1984年初，天津大学修订了《学生工作手册》，将开展文明宿舍建设列为加强大学生精神文明建设、提高大学生综合素质的主要内容之一。不仅如此，天大机械系开展"建设文明宿舍，创建优秀班级"活动的经验做法引起了天津市教委的高度重视和认可。市教委组织全市各大高校的团委书记和负责学生工作的副书记、辅导员到天大机械系参观见学后，在全市教育系统全面展开"建设文明宿舍"活动。这项活动后来走出了天津、走向了全国，一直延续至今，在全国高校教育系统都产生了深远的影响。

当时，全国高校的课余活动普遍很单一，校方认为大学生的主要任务是学习，不支持学生们搞纯娱乐的社团活动。郑炜则不同，认为人的成长发展应该是全面的，赞同学生们搞各种兴趣的社团活动。机械系83级一些爱好音乐的学生自发成立了一个北洋乐团（后更名为"天津大学北洋艺术团"），经常一起在"地下"排练、组织活动。郑炜知道后，找来乐团创始人即团长——焊接专业的刘乃刚同学了解情况，首先肯定了他们发挥同学专长，组织成立乐团的活动，年级工作组支持建立乐团，鼓励他们将乐团从"地下"转移到"地上"，在阳光下正常开展活动，将爱好音乐的同学都组织起来，丰富同学的课余生活。但希望他和乐团的成员要处理好排练与学习的关系，不要因为乐团练习而耽误学习。同时召开年级工作组会议，要求各班都要积极支持乐团的活动，遇到乐团活动需要请假的情形，只要不与学习和重要的集体活动冲突，一般能批假的就尽量批假。平时，郑炜还会找他们了解乐团的活动和乐团成员的学习情况，给他们一些指导意见，帮他们解决一些具体困难。同时，郑炜向学校团委和宣传部汇报，希望将北洋乐团纳入学校学生工作和宣传工作统一管理，使其能规范有序健康发展。后来，学校宣传部和团委安排专人具体指导，并将学校的大礼堂每周借给他们两次作为练习场地。几年以后，天津大学北洋艺术团发展成为在全国高校中都很有影响力的文艺社团。

一花引来百花开。北洋乐团的成立，在全校掀起了一股社团热。后来，以海棠诗社、博识读书会等为代表的一大批优质社团如雨后春笋般在天津大学陆续建立起来。当时的郑炜恐怕怎么都不会想到，北洋乐团——这个由二十来名学生搭起的“草台班子”，居然会在日后成为蜚声海内外的中国高校顶尖学生艺术社团——天津大学北洋艺术团，不仅登上了全国春晚的舞台，而且在国际上屡获大奖，成为中国高校学生艺术团体的一张靓丽名片。

有好的，也有差的。有一段时间，学校接连发生了好几起打架事件，机械系的一些学生与外系的学生斗殴，甚至发生了伤人的事件。郑炜发现，有几个83级的学生每次斗殴都有份，他隐隐觉得这背后的事情可能不简单，就做了深入的调查。

这一调查，果不其然，事情比他预想得还要严重。这几个学生自发成立了一个所谓的“挫楞”协会，以“打抱不平”为名，行好勇斗狠之实，到处“拔创”。最要命的是，“挫楞”协会组织架构非常严密，不仅有会长，还有联络部长、宣传部长、作战部长、保障部长等，而且每次打架分工非常细致，有负责侦察的，有负责勘测场地的，有负责探风报信的，还有负责包抄堵截的。

这还了得，不能再放任下去了。郑炜马上向系里和学校团委报告了这一情况，建议采取果断措施，解散这个“挫楞协会”。消息传出来，就惹怒了“挫楞协会”，这几个调皮小子怪郑炜多管闲事，扬言要收拾他，给他一个教训。

一天晚上九点多钟，郑炜还在办公室加班，有个学生急匆匆地来找他：郑老师郑老师，某某他们约了建筑系的几个同学，在哪里哪里打群架，您快去看看吧！郑炜听了，心说你这个傻小子，我还不知道你就是"挫楞"协会的嘛，你们这是设局想收拾我啊！他故意装出着急的样子，好，我知道了，你先去替老师看着，我马上就到。学生走后，郑炜是又好气又好笑。

事后，郑炜和小赵老师对这些学生的情况逐一进行了分析，发现他们当中的大多数人是因为高考后过度放松，玩儿野了，心思还没有收回来，没有放到学习上。还有一部分纯粹是不想学了，加之父母又不在身边，他们聚在一起，在"哥们儿义气""行侠仗义"等方面找到了共同话题，于是就成立了以打抱不平为名、行好勇斗狠之实的"挫棱"协会。郑炜觉得，这个苗头很不好，可不能任由其滋长，必须坚决采取措施，解散这个协会，把孩子们从歧途上拉回来。他争取到校团委和学工部的支持，把"挫棱"协会几个主要成员的家长都找来，多方协力做工作，最终解散了这个"挫棱"协会。他的果断，不仅及时阻止了"挫楞"协会滑向犯罪的深渊，也挽救了这几个调皮的学生。后来，这些学生都发展得很不错，涌现出了好几位企业老总。

6

扎扎实实搞科研

30年来，郑炜参加完成科研项目80多项，合同总金额达3 000余万元，获得石油部、农业部、北京市政府、天津市政府等科技奖励9项，获发明专利16项，实用新型专利40多项，撰写科技论文30多篇，参加编写教材2部。

两让考研名额的豁达人

时间进入1984年，眨眼间，郑炜已经在天津大学度过了两年的时光。这两年间，交叉做了很多工作，为过基础关，在实习工厂熟悉金工实习全流程，做过制图课的助课工作，当过班主任，做过学生工作辅导员，忙得不可开交。但通过这两年的实践，他也靠自己的勤奋刻苦和聪明能干，在系里站稳了脚跟，赢得了领导、同事和同学们的高度认可与尊重。不过，做学生工作并非郑炜的本愿，他还是想早日能走到教学科研的第一线。按当时学校规定，工作满两年就有资格报考研究生，所以，这一年开春后，他就开始准备考研了。

当年，81级辅导员、82级辅导员、83级辅导员郑炜三人都工作满两年，都具有报考研究生的资格。81级学生已经进入高年级，报考没有问题。82级辅导员和郑炜也要报考，如果三个辅导员都同时走掉，对学生工作会产生较大影响。因此，系里希望82级辅导员和郑炜两人分两年报考。这天，他正在复习，系分管学生工作的党总支副书记和团总支书记一起找他谈话。两位书记开宗明义，今年系里给你们这批辅导员只有两个考研名额，你和82级辅导员只能一人报考。按理说两个人工作都干得很出色（82级机制乙班被评为全国先进班级），但系里从工作考虑，不能两个低年级的辅导员都报考，希望郑炜能晚一年报考，将今年考研的名额让给82级辅导员。理由有三条："第一，如果你们两个人都去考研，都要花大量的时间复习，必然会影响系里的学生工作秩序，所以只能分批报考；第二，82级的学生已经大二了，基本适应了学校的大学生活；而你带的是83级新生，临时更换辅导员，对新生适应大学生活不利；并且，83级有很多正在开展的大项活动，比如创建文明宿舍、集体出操等，此外还有以北洋乐团和"挫楞"协会这一正一反为代表的社团活动，工作不宜断档；第三，82级辅导员虽然是78级，但年龄要比你大一些，你晚读一年也影响不大，希望你发扬风格，让82级辅导员先考。"

说实话，郑炜和辅导员们的关系都不错，82级辅导员更是他尊敬佩服的大哥，大家平时工作中都是无话不说，互相帮助，互相补台的好伙伴。在工作方面，82级辅导员也给予83级不少帮助，传授不少82级辅导员工作的心得体会与工作经验，使他们在83级的工作中少走了很多弯路。听了领导的意见，尽管心里多少有些失落，但仔细一想，领导说得很有道理，同时出于对82级辅导员的敬重和对平时工作支持的感激，郑炜欣然答应了系里领导的安排。

当年，82级辅导员顺利地考上了研究生。转年，郑炜又开始着手备战考研了。没想到，这次又出现一个竞争者，不是别人，正是他的副手小赵老师。小赵老师是天大的本科毕业生，当年读大学期间曾任天津大学学生会的秘书长，学习成绩好，工作能力强，今年她也向系里申请考研。一个年级的两个辅导员，同时都要复习准备报考研究生，这是不现实的，这对学生工作会造成很大影响。而且，当时全天津市高校都在开展“创建文明宿舍”活动，作为这一活动策源地的天津大学机械系83年级自然应该拿出更严要求、更高标准，所以系里不希望此项活动的首倡者郑炜在这个时候去复习考研，但郑炜已经在去年礼让过一次了，今年再让郑炜礼让，领导实在也开不了这个口。干脆，系领导就让他们两人自己协商。

领导这一决定，反而让郑炜犯难了。郑炜寻思，搭档小赵老师，工作能力强，两年来不辞劳苦，尽心尽力，两人配合得很好，83级的工作能有今天的面貌和局面，她功不可没；其次，小赵老师学习成绩好，很早就开始复习准备了，她当年考上的概率可能要比自己大；最后，小赵老师报考的愿望十分强烈，毕竟还是个女同志，也理应女士优先。所以，郑炜就主动提出来自己推迟一年报考，让小赵老师先考，并主动承担了辅导员的大部分工作，为小赵老师提供更多的复习时间。系领导对他的高风格给予高度赞扬，小赵老师也非常感激他的相让。这一年，小赵老师也顺利地考上了研究生。

到了1985年下半年，考虑郑炜明年要报考研究生的实际情况，系里安排新留校的研究生李义丹老师[①]接替郑炜的辅导员工作，郑炜就回到液压教研室一边熟悉教研室业务，一边复习准备明年3月的研究生入学考试。郑炜又一次准备考研了。不过，当时招收研究生的名额还是非常少的，能有机会和资格参加考试是一回事儿，但能不能考上是另一回事儿。

① 曾任天津大学党委副书记，现任南开大学党委副书记。

1985年底，因工作表现突出，郑炜被提拔为教研室副主任。转年，也就是1986年，他又被推选为党支部书记，还兼管研究生思想政治工作。这一年，郑炜年仅29岁。在全校所有77级青年教师中，他是最早走上教研室领导岗位的一个。

教研室的工作非常繁忙，郑炜几乎每天都要加班到晚上七八点才回到教工单身宿舍。他只能利用晚上的时间进行复习，熬到半夜两三点是常有的事情。那个时候，整个教师单身宿舍楼就数他的窗口灯光熄灭得最晚。在复习报考研究生期间，又发生了一件差点要了他命的事情。为了教研室能拿到科研项目，郑炜白天要跑工厂，只能利用晚上的时间复习考研，熬到夜里一两点睡觉是常有的事情。那个时候，整个教师宿舍楼就数他的窗口熄灯最晚。由于身体长期透支，抵抗力下降，在距离考试不到一个月的时候，他得了重感冒，吃了一周的药也不见好转。为了使身体尽快恢复，他决定到校医院去打针输液。大夫给他开了青霉素。刚做完皮试，郑炜就晕倒在了注射室门口。医生护士忙乎了快半个小时，才把他抢救过来。郑炜回忆说，在将醒未醒之际，他蒙蒙胧胧觉得自己似乎悬浮在身体的上空，而且隐约能看见医生护士忙碌的身影，看见自己躺在病床上不能动弹，往日的劳累与疲惫全都消失不见，他感到前所未有的轻松与畅快。苏醒的瞬间，他又感觉自己像自由落体一样，直直地落了下来，与床相接的一瞬似乎被狠狠重击了一下，醒来后头脑昏沉，浑身酸疼。这种感受他至今记忆犹新。

苦心人，天不负。经过半年多的复习，1986年他如愿地考取了在职研究生。

助推教研室科研“破冰”

刚考上研究生，郑炜就找阎祥安主任深入地交流沟通了一次思想。

他到天大工作已经四年多了，1982年的头半年，先是在实习工厂实习，后来又到机械制图教研室做助教；下半年，任82级锻压专业班主任，一直干到1983年7月；然后转任机械系83级新生专职辅导员；辅导员又做了两年多，一直到1985年11月才回到液压教研室；然后就是考研究生。算下来，这四年多里头，还没有真正从事过专业和科研呢。一个没有成果的科研人员算什么科研人员！如今考上了研究生，就该做点儿名实相副的事情了，因此这时的郑炜憋着一股劲儿呢，很有点儿时不我待的意思，想尽快在科研上做出些实实在在的成绩。

当他了解了教研室近些年的科研情况后，这份想做事儿的心思就更加强烈了。为啥呢？因为，天大的液压教研室已经有近10年的时间没有拿到一个科研课题了。正如当年哈工大曾祥荣主任所说的那样，天大机械工程系原本没有液压教研室，只有机制教研室的液压组，后来课程改革加强液压教学才成立了液压教研室，而且老师都是从机械系跨专业转过来的，没有一个是液压专业科班出身，整个队伍的专业基础不是很扎实，科研能力薄弱。因此，虽然成立了多年，但全教研室科研成果很少，在系内地位不高，在国内液压研究领域更是籍籍无名。事情往往是这样，因为不行、干不了，所以就不想干；可越是不想干，越没有机会锻炼与提高，长此以往，就形成了恶性循环。郑炜偏不信这些，事在人为，别人能干的，咱们背靠天津大学的名声和招牌，为什么干不了？！

他找教研室阎祥安主任商谈，正是为此而来。

听他说明来意后，阎主任自然是很开心的，教研室就缺这种敢于迎难而上、攻坚克难的人。他问郑炜，你刚回教研室，不优先考虑评职称的事情，怎么反倒首先想起做科研了？郑炜说，我还年轻，评职称不着急，我就是不甘心咱们教研室的现状，想做点实实在在的事情，真真正正搞点儿成绩出来；再说了，没有科研成果，教研室就没有地位，大家评职称也没有成果支撑。阎主任会心地点了点头，确实如此啊，那你准备怎么做呢？

郑炜就谈起了自己的想法：他计划用半年的时间做社会调查，跑一跑天津市与液压有关的工厂企业，看看他们有什么科研题目和技术需求，而后选几个方向争取寻求合作。阎主任听他这么说，心里越发对他刮目相看了。当时评职称都需要项目和论文，说句实在的，那时写论文说难也难，但说容易也容易，讨巧的办法是做理论研究，当时最讨巧的是搞计算机仿真和模拟，由于那时计算机普及率不高，计算机编程的水平也普遍较低，仿真和模拟是较新的方法，翻翻书，找找资料，选一个方向，计算机上埋头搞上三个月到半年，连教研室的门都不用出，就可以搞定一篇论文了。但郑炜显然不是为了出成果而出成果，他的科研是与实践紧密相连的，是要着力解决实际难题的，是要推进生产技术水平上层次上台阶的。这是个实干型的人！年轻人志向高远，勇气可嘉，值得鼓励，但他也不忘提醒郑炜："小郑，这可不是像你想的那么简单，这可是个苦差事啊，也许你付出了辛苦也不一定能有回报，你要有心理准备啊！"

放心吧，主任，我有心理准备，我也会随时向您请教。

打这以后，他找来电话簿，从黄页中将液压行业的相关厂家，以及可能用到液压设备和机电液压结合的企业一一记录下来，然后分区分行业列表排序，只要研究生这边没课，郑炜就骑着一辆大"二八"，去企业做调查。在半年的时间内，他把全市几十个行业，近百家与液压及液压设备有关的厂矿企业都跑遍了。这是一个长长的名单，有天津市电冰箱厂、天津汽车公司、大发汽车厂、夏利汽车厂、天津市液压件厂、天津市高压泵阀厂、天津市液压密封件厂、天津第一机床厂、第二机床厂、第六机床厂、天津轻工机械厂、天津拖拉机厂、天津工程机械厂，以及一些轻工企业、家电企业等……

绝大多数企业都能热情地接待他，毕竟天津大学的招牌在天津还是很响亮的。但也有少数企业让他吃了闭门羹。有的厂长、经理拿架子，约了半天就是不肯见。郑炜不在乎，你不见，我就去门口等；一次等不到，我就等两次等三次，直到你肯见我为止。有时候，等着等着变天了，刮风下雨了，能进传达室，他就进传达室；还有的时候，等得太久，肚子饿了，就随便买点儿吃的垫吧垫吧。

功夫不负有心人。跑了大半年，郑炜不仅对天津范围内的液压及液压设备企业情况了如指掌，还真就跑成了一个项目。

老一辈的天津人都知道，20世纪80年代，天津有一个电冰箱的国民品牌——可耐牌电冰箱。可耐冰箱的广告语"可耐可耐，人见人爱”，在当时的天津可谓妇孺皆知，甚至在全国都有一定的知名度。家里能拥有一台可耐冰箱，在当时可是一件很有面子的事情。天津闺女出嫁时，陪嫁的嫁妆里必不可少的一个物件就是可耐冰箱。

但很多人不知道，这个品牌其实是个舶来品，是时任市经委主任、后来任市委书记的张立昌同志，代表市里去法国，买的一个倒闭的电冰箱厂的设备和生产线，在此基础上建立起来的品牌。年深日久，原来的设备多数已经老化，加之我们的工人技术水平低，对设备不熟悉，生产出来的产品性能不稳定，经常出现质量问题。由于当时高档家电物资极度匮乏，彩电、冰箱、自行车、手表等均属稀有商品，国内都是凭票供应，不管质量好坏，能买上已经是非常幸运的了。所以，即便如此，天津人民对这个天津品牌的热爱是由衷的，作为天津人也是感到自豪的。

可耐冰箱厂距离天津大学很远，骑自行车有近一个半小时的车程。郑炜前后跑了几十趟，终于从可耐冰箱厂拿到了第一个科研项目——冰箱发泡机液压系统改造。这是天津大学液压教研室近10年来拿到的头一个项目，所以郑炜至今都清楚地记得时间，1987年2月。

冰箱不仅要可以制冷，更重要的是要保温。冰箱的保温是靠在冰箱的壁板内注入一种发泡塑料——硬质聚氨酯泡沫塑料为芯材，阻断热量的传递，实现恒温运行。发泡工艺段是冰箱保温的关键工艺段，而能否实现这一目标，主要取决于两个因素，一是看聚氨酯泡沫塑料本身的发泡工艺过程能否保证其材料性能，二是聚氨酯泡沫塑料注入壁板的工艺过程，要保证壁板的聚氨酯泡沫塑料芯材注满、厚度符合要求以保证最终性能。冰箱发泡生产线用到的设备绝大多数都是液压设备。

可耐冰箱厂发泡生产线工艺段遇到的问题主要表现在两个方面：一个是保温性能不达标；另一个是冰箱壁出现凸凹变形，产品外观不合格。种种迹象都表明是冰箱的发泡机液压系统有问题。但究竟是什么问题，厂里自己的技术人员研究了很久，还请了很多外单位的专家会诊，但都没有彻底解决问题。厂里见郑炜十分热心，很有诚意，而且是天大的专家，就抱着试一试的态度，把这个难题交给了他。

争取到这个攻关项目后，郑炜仔细研究了冰箱发泡机液压系统的图纸和参数，查阅资料、比对数据，弄清要求和各自的相互关系，还深入生产现场仔细研究生产设备、与工人师傅座谈、观察了解作业情况、记录不同时间参数波动与产品质量的对应关系，终于找到了问题的症结，主要出现在向壁板内注入聚氨酯泡沫塑料芯材这个过程中。原因是液压元件老化或磨损，导致发泡机设备的压力、流量、速度、温度、时间等参数不稳定，波动较大，参数间关系不匹配。因此，不是壁板聚氨酯泡沫塑料注入量不足，出现边缘注不满，就是注入量过多，导致外壳起鼓变形。

找准了原因，解决的办法就有了。郑炜带着教研室的老师们深入工厂车间，拆解、清洗全部系统，更换、修复已经磨损老化的元件，又重新校准了各元件的工作参数，并帮助可耐厂重新制定了生产流程，修订了《操作手册》。调整完一试，问题果然迎刃而解。前后历时两个多月，就解决了困扰厂家许久的技术难题。

第一战就旗开得胜，打开了局面。可耐冰箱厂从此对天大液压教研室、对郑炜刮目相看，陆陆续续交给他们很多项目，如对冰箱门体箱体发泡机生产线、冰箱复合彩板辊压生产线、横梁自动生产线、油液再生净化装置、315吨压力机、210克注塑机、冰箱压缩机检测设备、比例阀、比例泵、伺服阀、高压柱塞泵等的维修与升级改造。郑炜带着教研室再接再厉，佳讯频传，将这些技术难题一一攻克，使可耐冰箱的质量大幅提高，性能趋于优良稳定。冰箱的销量逐年攀升，不仅打入了全国十大品牌，还在1989年拿到了德国莱比锡博览会的国际金奖。

液压教研室也因此打了一个漂亮的翻身仗，在系里、校里的地位迅速提升。有了项目，大家不仅增加了收入，有了搞科研的经费，而且评职称也有了成果。全教研室搞科研、做实绩的氛围日益浓厚。郑炜做科研的信心进一步增强了，在教研室中的威信、地位和话语权也大大增加。

柱塞泵配流副油膜研究

郑炜的研究生课题是“轴向柱塞泵配流副油膜研究”。

柱塞泵是液压系统的一个重要元件，因其具有压力高、功率大、结构紧凑、流量调节方便等优点，被广泛应用在机械、电子、冶金、工程机械、交通运输、军事器械、航空、船舶等需要高压、大流量和流量需要调节的场合。

读研究生之前，一个偶然的机会，郑炜在深入天津高压泵阀厂调研时，听厂方说起，该厂生产的高压柱塞泵的配流副在工作中经常被“烧坏”，他们一直都没有找到好的解决办法。回来后，郑炜查阅了一些资料，又做了更广范围的调研，发现这个问题实际上是当时我国高压柱塞泵产品中普遍存在的一个难题。

斜盘式轴向柱塞泵由泵主体与变量机构两部分组成。它是采用电机带动缸体旋转，配流盘配油，变量头变量。泵主体由泵体、缸体、柱塞、配流盘、滑靴、斜盘和传动轴等组成。工作时，各滑靴连着缸体内的柱塞，滑靴紧贴斜盘，缸体紧贴配流盘，斜盘和配流盘不动，传动轴带动缸体、柱塞和滑靴一同紧贴斜盘旋转，在旋转的同时，滑靴强制带着柱塞在缸体中做往复运动，使柱塞、缸体与配流盘组成的密封工作腔容积发生变化，实现柱塞泵的吸油与排油，从而向系统连续输出高压油。

轴向柱塞泵一共有三大摩擦副，分别是柱塞与缸体、滑靴与斜盘和缸体与配流盘，其中最关键的摩擦副是配流盘与缸体摩擦副和斜盘与滑靴摩擦副。该泵的最大特点是，滑靴与斜盘、缸体与配流盘这两对高速运动副均采用静压力平衡结构设计(即静压轴承结构)，在相对滑动的两金属表面之间强制形成牢固的油膜，将高速运动的两金属面用油膜隔开，使滑动的金属面得到充分的流体润滑和冷却，防止相对滑动的两对摩擦副因摩擦发热而损坏。所以，它们的润滑与摩擦特性决定着柱塞泵的工作性能和使用寿命。

轴向柱塞泵使用过程中，最常见的问题就是配流副的磨损和“烧盘”问题。

现在，只要是学液压专业的都知道，配流副磨损和烧盘是因为油膜出了问题。但在当时，这却是个全新的课题，无论是理论还是实验，都处于该领域的前沿。不是没人发现这个问题，只是这个问题受当时的理论研究与仪器测试条件所限，其理论和实验的难度及工作量都相当大，所以研究不深，没有彻底搞清其理论机理和运行的实际状况。

但天性喜欢啃硬骨头的郑炜偏偏盯上了这个课题。考上研究生后，他就向导师提出，要选定“轴向柱塞泵配流副油膜研究”为研究生课题。导师在吃惊、惊喜之余，不忘提醒他，这个课题的难度很大，工作量也很大，只怕他在短短两年半的研究生学习期间内完不成，影响正常毕业，建议他选一个相对简单点儿的课题。但郑炜就是有股子咬定青山不放松的劲头，他坚持要选这一课题，因为他觉得能解决实际应用问题的课题才有意义。当然，可能失败的结果他也考虑到了，但他想了，失败就失败，大不了延迟毕业嘛，他就是希望能啃下这块硬骨头。

他告诉导师，自己的决心已定，并说自己早在入学前两个多月就已经开始学习这一课题所需的基础理论——有限元分析知识了。有限元分析，是利用数学近似的方法，对真实物理系统进行模拟。导师见他如此有决心，且有充分准备，就鼓励并预祝他课题顺利，早出成果，解决这一生产实践中的难题。

研究生开学后，郑炜正式开始了自己的研究。他使用有限元分析方法，对高压作用下轴向柱塞泵的前泵体、中泵体、配流盘、缸体等的变形，进行了精确的有限元分析；对高压作用下配流副变形对配流盘与缸体油膜动态形成及油膜厚度变化的影响，和对滑靴与斜盘油膜形成及油膜厚度变化的影响， 进行了流体有限元分析。有限元分析有两个关键环节，一个是建模，另一个是计算。这两个都不是他独立所能完成的，所以他就请天津大学流体力学教研室的两位力学计算专家——沈明和李林安老师协助，完成了流体与固体的力学建模；又利用学校计算中心的大型计算机，在计算中心老师的帮助下，用四个多月的时间完成了全部计算工作。通过有限元分析，郑炜成功找出了影响元件和流体油膜变化的因素，并对症下药地提出：通过采取针对性地改进缸体、配流盘、滑靴等的结构设计，改变摩擦副配对材料，提高材料强度，应用陶瓷涂层等措施，可以极大地改善配流副的润滑条件，实现全油膜润滑，解决配流副的“烧盘”问题，提高配流副使用寿命。

理论研究结束，转入实验验证。在这一阶段，最困难的当属对配流副油膜进行动态测试。因为，实验的方案构想、测试方法都是全新的，当时放眼国内外没有任何相关的研究资料可供借鉴，而且也缺乏专门的检测仪器。这可怎么办呢？这时他想到天大的精密仪器专业在全国都是数一数二的，于是就请教学校精密仪器专业的检测仪器和传感器专家郑义忠教授团队协助，看看能不能找到解决的办法。郑义忠教授团队对试验方案、采用何种类型的传感器、何种测试仪器进行了仔细分析研究，最终决定：专门为这个课题研究开发“微位移传感器及测试仪”，名字叫作“电容式微位移动态检测仪”。

但这个仪器和传感器当时在国内是空白，不是那么好造。由于油膜的厚度仅在几个μm[①]到三十几个μm之间，数量值微小，且实验环境中有高压电、大功率电机等强电磁、强静电物质干扰，其难度可想而知，研制过程漫长不说，而且很可能失败。郑炜问郑义忠教授大概多久能完成研制，他们对视了一眼，良久才说道，保守估计得一年。郑炜沉默了，一年才造一台机器，而且还未必能成；如果搞不成，这个课题就失败了；不仅失败了，而且由于耽误了时间，再换新的课题几乎是不可能的，他就无法如期毕业了。明智的做法显然是就此放弃这个课题，另择一新的课题研究。专家们都望着他，等着他说出放弃的话。但郑炜最终果断地说道：“那我们开始吧！”

这就是一场豪赌！

好在他赌赢了，大半年过后，在郑义忠教授团队的努力下，电容式微位移动态检测仪及传感器研制成功了！

然后，就进入了试验阶段。郑炜读的是在职研究生，他还兼着教研室的党政职务，此外还要跑工厂联系合作项目，而且与冰箱厂的合作

---

① μm是微米的英文缩写，长度单位，1μm相当于1 mm的千分之一。

项目已经在进行之中。因此大多数时候，他只能利用晚上的时间开展试验。每天晚上加班到12点以后是常态，在关键时期，加班到两三点也是有的。苦不苦？他一点儿都不觉得苦，从小到大他是苦出来的，挑过煤，编过草袋子，搓过草绳子，下过乡，种过地，上过水库工地……这点儿苦，算什么！再说了，没有吃苦耐劳的精神，哪能做得了科研？

仪器是研制好了，但试验过程并没有预想的那么顺利。这套仪器是专为试验赶制的定制机，由于时间紧，安全性和稳定性都不太完善，每次测试之前，都要花费近一个小时做校正等准备工作。为了连续记录同一环境条件下，不同工况的动态参数对比数据，试验时间曾有过长达近14个小时，从早上8点一直进行到晚上10点多钟。这还是在不出问题的前提下。有时，试验进行到一半，仪器就发热不能正常工作，甚至发生仪器元件烧坏需送回精仪系检查维修。还有的时候，测试数据出现异样，这时就得停下来，寻找和排除异常原因，然后重新开始试验，就这样测测停停、停停测测地来回反复，后来，郑炜他们摸索出了规律，也找到了应急的办法，他们每隔4小时就关闭仪器，冷却20分钟，以保证元件不至于因为过热，或外部环境长时间干扰而产生零点漂移①。

还有一次意外事故，几乎就要了郑炜的命。那天，他正要开机，手刚接触到仪器，全身瞬间麻木，一下子就倒了下去，双膝直接跪在了水泥地上。然后，他就觉得一股刺痛由手臂飞速窜至心脏，心脏一阵阵的刺痛，整个大脑一片空白。直到十多分钟后，他才艰难地从地上爬了起来，觉得膝盖好疼，掀起裤子一看，两个膝盖都已经瘀青了。这是由于

① 当放大电路输入信号为零（即没有交流电输入）时，由于受温度变化，电源电压不稳等因素的影响，使静态工作点发生变化，并被逐级放大和传输，导致电路输出端电压偏离原固定值而上下漂动的现象。

他被电击倒地的速度极快，膝盖与地面剧烈撞击所致。

痛定思痛，郑炜非常后怕，万幸的是在他倒地的一瞬间，手和仪器脱开了，否则他就牺牲在试验上了。这次意外他也得到了教训，打这以后，每次试验前，他都会用电笔把所有的仪器和设备检测一番，确认安全后才开始。

经过半年多的时间，试验取得了圆满成功，结果表明：改进泵的油膜形成条件得到明显改善，配流副干摩擦的状况减少了30%。

然后，他写成了长达11万余字的硕士研究生论文。这个文字量要比许多同学的论文多出一倍有余。论文评审大获成功。郑炜的导师是这么评价的：“研究思路清晰，方法路径正确，理论分析翔实，计算数据准确，结构设计合理，试验方案新颖，测试数据可靠，在理论分析、结构设计、实验方法上均有创新，研究所得结论对改进柱塞泵配流副寿命有较大指导意义，是一篇高水平论文。” 评审专家之一、我国著名的机械工程专家、全国机制专业教学指导委员会副主任委员刘又武教授，盛赞郑炜的论文已经达到了博士论文的水平。老先生起了爱才之心，专门找到液压教研室阎祥安主任，请他转告郑炜，让郑炜读他的在职博士研究生，继续从事这个课题的研究。

但郑炜当时想，念博士出成果，需要投入更大的精力深入钻研，而教研室的科研工作刚刚起步，多数项目都是以自己为主开展的，如果这时集中精力去读博，很可能教研室的科研事业又将半途而止，所以，就婉拒了刘老先生的邀请。

学校里的领导、老师们一见他就竖大拇指，称赞他所取得的研究成果。但郑炜却总是呵呵一笑，这哪儿是我一个人的功劳，这完全得益于天津大学齐全的学科和配套的设备资源，得益于力学教研室、计算中心、精密仪器教研室等老师和专家们的全力支持与配合；否则，没有学校给我做后盾，没有其他专业老师和专家们的支持与帮助，这个课题是不可能按期完成的。这是天津大学综合实力的体现，是学校的成绩，是属于大家的成绩！

1989年初，郑炜结束了研究生学习，顺利毕业。

通过研究生课题研究，郑炜又再次想起母校哈工大曾祥荣教授在毕业分配时对他说的话："一个学校的综合实力和基础条件好坏，对教师的后续发展非常重要。"实践证明曾教授的分析多么准确，对郑炜后来的顺利发展是多么重要。

钻井平台液压故障诊断

研究生毕业后不久，郑炜又遇到了一个较难的课题，帮助胜利油田修复“贝克六号”钻井平台液压系统故障。

“贝克六号”是购自美国的二手设备，是当时国内最大的海上钻井平台。平台自投入使用以来，虽然小毛病不断，却也一直未曾出过什么大的故障。但不出则已，一出惊人，1989年初，“贝克六号”在黄海海域作业，当完成一个作业区的作业后，需要下降到海平面，收回四个支腿，由拖船拖至另一作业区作业。平台升降是匀速运动，有着固定的速度。但就在这天，平台在下降过程中，突然超速下降，然后只听“砰”的一声巨响，一阵剧震过后，骤然停止了下降。一些正在平台上宿舍里休息的工人，竟然直接从床上被震到了地上，其震动之烈可想而知。

当时，在场的人们都以为海上发生了地震，要不然怎么会有这么大的烈度。事后一检查，才知道不是地震，而是平台发生了重大事故。平台升降采用的是液压升降系统，每个支腿上制造有齿条，有一套液压马达带有齿轮组成齿轮齿条传动系统，下降时四套系统以统一参数同步下降。事发当天，其中一条支腿上的液压系统发生了故障，所以才出现了超速下降的严重事故。几千吨重的海上巨无霸直落一米多，冲击力相当之大，直接把一条支腿升降齿条上的齿打坏一个。

齿轮齿条系统坏了，平台求升不得、求降不能。这个大家伙是当时全国最大最先进的钻井平台，停工一天，损失高达百万人民币。所以，这次事故几乎可以说是共和国海上石油生产史上重大安全生产事故之一。胜利油田方面非常紧张，先后邀请了上海707船舶研究所、上海交大、大连造船厂、北京自动化研究所、天津液压研究所、天津高压泵阀厂等全国二十多家单位的权威专家到平台上会诊。专家是一拨接一拨地来，可是每拨专家来了之后，查看一番，都未能拿出解决方案。修复齿轮齿条系统的齿比较好办，照猫画虎做一个，或焊接修复就行。关键是液压系统，如此庞大的液压系统，里面的元件有上百个之多，系统管路里面看不见摸不着，谁也说不好究竟是哪里出了问题。“贝克六号”一停就是近一年，给油田和国家造成了巨大损失。

胜利油田科技处和天津大学科技处有长期的合作关系，但这次事故发生以后，并没有首先想到请天津大学的专家。为啥呢？因为当时天大的液压教研室在全国液压领域还排不上名次。油田方面觉得，那么多顶级液压专家都搞不定的问题，天大就更解决不了啦。后来抱着试试看的心态，他们向天大科技处发函，邀请天大的机械和液压专家到平台会诊。

天大科技处接函后，十分重视，安排了两名专家，一位就是液压教研室的副主任郑炜，另一位就是他的硕士研究生导师、液压机械领域的专家禤有雄先生。

学校为什么会将如此复杂且重大的任务交给还只是讲师的郑炜和他的导师呢？因为就在1988年，郑炜和他的导师刚好圆满地完成了渤海石油公司大型浮吊船液压系统的故障诊断与排除任务。当时，渤海石油公司租用天津港108号大型浮吊船①的锚机系统发生了故障，锚放到海里后提不上来，也是趴了窝。当时全国仅有两艘千吨大型浮吊船，上海港和天津港各一艘。渤海石油公司找到天大科技处，科技处就让郑炜的导师褶有雄和郑炜去处理这个故障诊断课题。经过实地勘察，他们发现是锚机提升液压系统的关键元件——子母叶片液压马达出了问题。他们对症下药，将子母叶片液压马达拆解、清洗，修复了内部磨损的子母叶片和控制阀，成功地解决了浮吊船的锚机提升液压系统故障问题，为油田方面挽回了一大笔损失。科技处觉得他们有处理油田大型液压系统故障的成功经验，所以这次还是点了他们的将。

有经验归有经验，但说实话，郑炜和褶教授心里多少有点儿犯怵。因为，他们也从未处理过超大型海上设备的故障，上面的液压系统可能前所未有的复杂，去了能不能解决，他们心里其实也没底儿。

到达油田后，郑炜他们乘坐直升机赶到了钻井平台。这是他人生中第一次见到海上钻井平台。从飞机上看，“贝克六号”就像一个漂浮在茫茫大海上的火柴盒，非常渺小。然而，等飞机落在停机坪上，他们下来一看，好家伙，真是一个庞然大物，比一个标准的足球场还大，上面密密麻麻安装着数不清的设备，走近一看，每一台设备都要比陆地上的同类设备大了很多。平台的四角各有1根直径2米多的圆柱

---

① 浮吊船又称起重船吊，是载有起重机的浮动平台，起重量一般从数百吨至数千吨，可以在港口内将货物移至任何需要的地方，或是靠泊，或是移到锚地使货物转船。

子，圆立柱腿外面带有近1米宽的齿条，与平台上液压马达输出轴上的齿轮组成齿轮齿条传动系统，液压马达带动齿轮旋转实现平台上升下降。此外，上面宿舍、厨房、卫生间等生活设施一应俱全，俨然就是一座已开发的岛屿。

碧水蓝天，海鸥翔集，如斯美景，郑炜却无心欣赏。一落地，他们就开始了紧张工作。先是请平台总工程师介绍基本情况，拿来全套英文资料，熟悉平台液压系统的构造、性能、参数等；粗略了解一番后，又立即召集工人们座谈，详细了解事发当天的作业环境和作业情况，以及平时的操作、维护、保养等情况。之后的两天，他和禤教授又在总工程师的陪同下，详细勘察作业现场，各部位的设备安装、机械布置、管道连接，以及损坏零件断口形状等现状，反复查看总控液压系统与各立柱支腿液压系统的逻辑关系，搞清了各支腿连接管路之间的组成和布置情况。前后三天多，通过座谈调研、阅读图纸、现场勘查，他们心里有谱了，紧皱的眉头也舒展开了。

巧合的是，钻井平台使用的液压系统，几乎与郑炜在哈工大时所写毕业论文《平衡阀及起重机液压平衡回路设计》中所研究的液压系统原理一模一样，基本的原理和构造如出一辙，无非就是实际系统更复杂一些，元件多了一些、设备大了一些而已。那篇毕业论文，郑炜拿了优秀，对这个回路的工作原理、每一个元件的作用与构造、各元件中零部件的加工精度及彼此间的配合关系，乃至单个元件可能发生的所有故障、整个系统可能发生的耦合故障等，差不多可以说是烂熟于心，而且他对平衡阀的结构设计还有所创新。所以，他很快就判断出了故障产生的可能原因，想出了解决之道。

第五天，他们拿出了解决方案。方案全面分析了平台液压系统的工作原理、各元件在各自系统的功用以及导致设备产生故障的可能诱因等，指出液压系统平衡回路失效，导致各支腿回路速度不均，是造成此次事故的直接原因。鉴于此，他们提出对液压系统中的所有元件进行彻底拆解和清洗，其中的关键元件设备则需要运回天津大学液压实验室，该拆解的拆解，该清洗的清洗，该维修的维修，重新恢复出厂设定参数。周密的理论分析和翔实的解决办法，赢得了在场平台领导和技术专家们的一致认可。油田方面当场表态，如果天大液压教研室能够修复液压系统，一次性支付他们20万元服务费用。现在看20万元确实不多,但在当时却是一笔相当大的收入。郑炜倒是没拍胸脯，但他的话说得很有底气：我们天大有信心也有能力完成这个任务！

事故处理方案随即达成：天津大学负责修缮恢复液压系统及相关元件，大连造船厂负责修复损坏的齿轮齿条传动系统。

而后，郑炜和禤教授就将平衡阀、溢流阀等关键液压元件运回了天大。他们对元件进行了细致研究，找到了具体的原因。原来，因为这套设备是国外的产品，说明书等资料全都是用外文写成的，工人们学不了也懒得学，对保养知识掌握不到位，平日里保养也不到位，平衡阀上的一个重要的阻力孔，直径只有0.8毫米，被油污堵住了，造成平衡阀的平衡功能失效，液压平衡系统发生故障，最终导致平台超速下降事故发生。另外，还有一些液压元件因为长期磨损产生了泄漏，也对系统运行的稳定性和保压产生不良影响。所以，他组织人力，将带回的元件逐一拆解和清洗，需要修复的就修复，并在实验台上校正恢复了液压阀的性能和工作参数。

一个多月后，他们带着修缮一新的元件，又回到了平台。这时，大连造船厂负责的齿轮齿条传动系统也修好了。平台方面将设备安装到位。接下来，就到了关键一步——试车调试。

就理论和技术而言，郑炜是自信的，这套系统出的就是这个问题，按他的办法整改，应该是没问题的。但实验和实践虽一字之差却有天壤之别，那么多的元件和管路，万一还有别的毛病呢，万一别的毛病导致试车不成功呢？如果液压系统只是不运转，继续趴窝，那还是小问题，一次不运转，还可以再调再试，怕就怕乱运转，造成二次事故发生，其结果和影响将是极其严重的。

试车当天，郑炜表面上波澜不惊，自信没有任何问题，但他内心依然很紧张。尽管前期准备已经做得很到位了，也多次修改调试大纲，但到现场仍然忐忑不安。他们反复查验现场，检查安装情况，复核元件设定参数，制定详细周密的调试运行方案与步骤，还拟制了发生各种意外情况的应急预案；各支腿传动系统现场都安排了观察员，规定每一步都要各岗人员与中控对讲联系确认无误后才能实施下一步骤……但能不能行，会不会出意外，这个谁都不敢打包票。

当郑炜向中控操作工程师下达“开始试车”口令后，他的手心紧张得直冒汗。工程师按下了启动按钮，沉默了一年多的“海上巨兽”终于又开始咆哮起来，所有工作人员依照预先分工，认真检查各观察点的各类仪表数据，各观察点所有数据均显示正常，空载启动成功。

但这仅仅是第一步，关键是接下来的系统加压调试环节。

郑炜深吸一口气，向工程师下达了“开始系统加压调试”的指令。工程师转动旋钮，只见仪表盘上的压力值一点一点地升高，所有人都紧张得大气不敢出。当压力值升到工作点压力的一半时，郑炜下令暂停，命令各支腿观察员对液压系统各点情况再做一遍检查；确认无误后，才下达了“继续加载”的指令，启动上升继续。随着压力值一点点逼近工作点压力，液压系统马达的轰鸣声也越来越大，人们面对面站着，都听不清对方说的是什么。终于，压力值达到了工作点位，只听支腿处的齿轮齿条发出啮合的吱吱声，平台缓缓地向上提升，毫无窒碍……上升确认无误，郑炜悬着的心总算落下来一半。

当然，匀速上升还不能证明系统就完全没问题了，关键的是要看下降是否平稳匀速。

一是下降过程中，下降的速度要稳定均匀，不得出现断续起停和超速下降，二是停车后依靠蓄能器保压能支撑各支腿不沉降，这两条是平衡回路性能恢复的关键指标。郑炜随即向中控工程师下达“平台下降”指令，工程师启动下降按钮，平台开始缓缓地向海面降落。大家的心又提到了嗓子眼儿，一些在场的工人紧紧地抓住身旁的东西，生怕再像上次一样，被震飞了。1毫米，1厘米，运行平稳，平台向海面缓缓降落。郑炜的额头也冒出了细密的汗珠，成败在此一举了。

平台刚下降10厘米，郑炜下令停车，让各支腿观察员做好标记，观察各支腿支撑的沉降情况。支撑15分钟、30分钟、1小时过去了，各支腿沉降全部符合技术要求，大家悬着的心终于放下了，郑炜心里的大石块也落地了。此时，他对胜利已经是胸有成竹，一切都是按照原来的预期进行的。他再次下达了平台继续下降的启动指令，平台一点儿一点儿地下降，距离海面越来越近，10米，5米，3米，1米……终于，这个庞然大物稳稳地落在了海面上。

“贝克六号”钻井平台液压升降系统的故障成功解决了！

至此，在海上趴了一年多的“贝克六号”钻井平台又恢复了活力。现场欢呼声一片。油田领导走到郑炜身边，与他握手表示祝贺，不住地称赞他胆大心细业务精。郑炜暗吁一口气，这其中的忐忑与煎熬，也许只有自己知道吧！

“贝克六号”钻井平台液压系统故障诊断与故障排除，不仅恢复了采油生产，停止了每天产生的巨大损失，更重要的是，为中国海洋石油开采和相关设备的维修保养积累了宝贵经验。第二年，胜利油田获得石油部石油装备科技进步三等奖。

得益于郑炜的带领，液压教研室一举终结了连续十多年没有科研项目的历史，一跃进入全校科研项目较多的教研室行列。当时，教研室80%以上的科研项目，都是他跑来的。从项目谈判到技术方案，从总体设计到图纸绘制，从客户对接到项目验收，许多都是他一力担纲。

对项目的提成分配，郑炜也从没有因为自己贡献大而多得。就在这一年，他还从个人的科研经费里拿出一笔钱，给教研室13位老师家中各安装了一部电话，并一次性为每户预缴了两年的电话费，以方便对外联系。当时，电话属于稀缺物资，安装一部电话要5 000元。此外，他还拨给每位老师10 000元经费，资助他们搞科研、写论文。此举轰动了全校。当时，高校职称晋升的名额很少，竞争非常激烈。液压教研室的许多老师因为拿不到科研项目，或是没有经费做研究，写不出论文，没有晋升职称的资格。科研项目的经费从来都是归负责人个人支配，出成果后的收益也归负责人个人所有。郑炜用个人的经费为大家谋福利，这在天大是前所未有的，赢得了大家的高度称赞。

油田注水系统效率攻关

天大，郑炜，液压专家……随着一次次成功，随着对教研室的一次次贡献，郑炜的名气，越来越响亮；与天大的联系，越来越紧密……

1990年初，以郑炜为首的液压教研室又接了一个重大科研课题，帮助天津大港油田改进注水泵站系统的性能，提高注水泵站系统的效率。

注水泵站系统是一套向地下油层注水的泵站系统。油田经过长时间的开采，通常会出现产量下降甚至停止喷射的状况。究其原因，主要有两个方面：一方面，随着油面的下降，油层压力也不断下降；另一方面，原油大量脱气，导致黏度增加，增大了开采难度。为了弥补原油采出后所造成的地下亏空，保持或提高油层压力，实现油田高产稳产，并获得较高的采收率，这时就需要使用注水泵站系统对油田进行注水。将一定量的水注入油井，一来，抬高了油面，维持或者增加了油层压力；二来，稀释了原油，减小了其黏度。这种办法俗称以水赶油，学名叫作注水采油增产技术。

油田注水系统是一个大规模复杂流体网络系统。一套注水泵站系统通常由三柱塞泵、球形稳压器、调压阀、截止阀、过滤器、电控系统、管网系统等大大小小几十台设备组成，运行后可连续不断地向地下油层注水，故而能耗比较高。据统计，注水泵站系统的能耗几乎占到了油田全部能耗的近50%。大港油田遇到的问题是，注水泵站系统在运行时剧烈震动，不仅能耗大，工作效率低，而且注水泵站管网系统经常被震坏，严重影响了原油开采。在自身尝试解决失败后，油田管理局科技处面向全国发布课题招标，希望有关科研单位能够帮助他们解决这个问题。

郑炜得知后，对这个课题表现出了浓厚的兴趣。自回到教研室以来，他虽然带着大家做了很多项目，但这些项目大多是一些应用型课题，比如可耐电冰箱发泡机液压系统改造、渤海石油公司大型浮吊船锚机液压系统故障诊断与排除、“贝克六号”钻井平台液压马达升降系统故障诊断与排除等，都属于液压技术的具体应用，而非科研攻关。他非常渴望能有机会做一些研究型课题。大港油田发布的这个课题，刚好就符合了他的这种愿望。所以，他通过天大科技处，主动联系上了大港油田科技处，希望能承担这个课题的研究任务。

通过与大港油田科技处和机动处座谈，并到相关生产单位注水泵站现场调研，郑炜与教研室的同事很快提出了项目的可行性及研究方案论证报告，经过油田科技处组织的项目专家组评审，顺利通过了专家组的答辩，1990年初，大港油田正式将这个课题委托给了天大液压教研室。郑炜随即带领教研室的老师们，对油田的注水泵站系统展开了细致研究。

他们首先对注水系统效率、能耗、振动、寿命等进行了深入调研，在分析电动机、注水泵、注水管网、调节系统等各分系统工作现状的基础上，建立了注水系统各基本单元及管网系统的数学模型，生成一个注水泵站管网系统的仿真模型，运用计算机仿真技术①，模拟研究注水泵站系统的结构和运行环境，得出一个系统的节能优化模型。并通过反复测试实际系统参数，修改仿真计算，不断对系统模型进行校正改进，最终得到一个优化的节能系统的模型。而后，根据最终的仿真结果，拿出了注水泵站系统综合改进方案，对实际注水泵站系统实施改造。改进是改进了，但效果究竟怎么样，还得经过实验的检验，要反复测试、比对原注水泵站系统和改进后的注水泵站系统的运行状况，根据实测结果不断调整修正。

油田的注水泵站大多设置在人迹稀少的野外，这就决定了大部分的实验工作需要在野外环境下展开。野外的自然条件十分恶劣，夏季高温酷暑，蚊虫叮咬；冬季冰天雪地，寒风刺骨，让郑炜他们吃了不少苦头。另外，由于是在野外工作，食宿条件非常有限，大家经常是吃也吃不好，睡也睡不香，遇到刮风下雨降雪等天气，都没个躲的地方。

但这些苦在郑炜的眼里都不算什么，搞科研的，如果连这点儿苦都吃不了，是出不了什么成果的。他最担心的不是环境的恶劣，而是实验的安全。研究现场往往是几十台测试仪器和几十个传感器摆了一地，电线像蜘蛛网一样密集，随便哪根细线因为老化或者破损而漏电，都可能造成意外事故的发生，轻则损毁设备，重则伤人亡人。

果不其然，有一天真的发生了意外，受害者不是别人，正是郑炜自己。那天实验期间，一个测试点的管道突然破裂，里面的高压水从破口喷射而出，顷刻间就流了一地。一些测试设备当时就被泡在了水里。郑

① 计算机仿真技术是以相似原理、信息技术、系统技术及相应领域的专业技术为基础，以计算机和各种物理效应设备为工具，利用系统模型对实际的或设想的系统进行实验研究的一门综合性技术。

炜怕烧坏仪器，赶忙上前抢搬设备，没承想，手刚搭到设备上，就觉得全身发麻，心脏一阵阵刺痛，紧接着眼前一黑，就栽倒在地上。原来，那台设备的电线刚好有破损的地方，他触电了。好在事先安排守在电闸旁边的同事眼疾手快，果断断开了总闸。当大家将郑炜搀扶起来，他的全身已经湿透了，胳膊也摔破了皮。这是郑炜在科研工作中第二次遭受电击。他捂着心脏休息了好半天，才慢慢缓了过来。

功夫不负有心人，经过近4年的集智攻关，郑炜和他的团队成功地找到了油田注水泵站系统运行故障的主要成因。

一是元件方面，主要元件设计不够科学，性能参数没有达到设计的技术指标，主要表现为：三柱塞高压注水泵的振动噪声大，压力脉动大，这也是产生振动的主要原因；球形稳压器的稳压效果不够理想，没有达到有效减小压力脉动、抑制振动的效果；调节阀的结构也极易使阀芯产生振动。

二是管网方面，管网系统整体设计布局不是很合理，导致运行时机械振动加大，主要表现为：泵间的距离极易诱发共振；主管与支管的布局、变向、变径等匹配不合理，以及采用法兰安装都极易带来管路附加损失和附加振动；管网内壁防腐涂层被破坏，锈蚀严重，带来管路附加损失；管网布局导致产生液体耦合振动，进一步加剧了系统的振动和能耗。

在此基础上，他们对一些关键元件如三柱塞泵、球形稳压器、调节阀等进行了改进设计，重新调整优化了系统布局，避免产生液体耦合振动，改进管道法兰连接为焊接连接，提高管道内壁防腐涂层质量，实施分区注水等，有效减少了设备元件和系统的振动，降低了系统设备的故障率，提高了注水泵站管网系统效率，圆满地完成了这个课题的研究任务。

该课题研究不仅申请了两项国家专利，而且还获得了1993年度中国石油天然气总公司（即原石油部）科技进步三等奖。

郑炜这一辈子干过很多很多的工作，下过乡种过地，做过学生工作，当过教研室领导，下过海经过商，当过老板，还从事过公益性的社团活动。但在所有的工作当中，他最钟爱的莫过于做科研了。他这一生最引以为傲的，既不是创办公司的商业成就，也不是身兼几个社团会长的名誉加持，而是三十年（1987—2017）如一日地坚持搞科研，做项目。需要指出的是，这三十年间的科研项目他几乎都是兼职完成的，前期一边攻读在职研究生，兼着教研室副主任和支部书记职务，中间兼任校办企业的总经理、董事长，后期一边自己办企业、兼着哈工大天津校友会副会长兼秘书长、会长的职务，那么忙、那么苦，都不曾放弃过科研，足可见他内心深处对科研的那份赤诚与执着了。

三十年来，郑炜参加完成科研项目80多项，合同总金额达3 000余万元，获得石油部、农业部、北京市政府、天津市政府等科技奖励9项，获发明专利16项，实用新型专利40多项，撰写科技论文30多篇，参加编写教材2部。尽管目前他身患癌症，但他仍未停歇，他将以另一种形式——建设“共享科技智库”继续着他所热爱的科技事业。

7

校企的探索积淀

不过，那时的他真心觉得，办校企就是为了完成学校交办的任务，这只是他人生中一段小小的插曲而已，在不久的将来他还是要回到教学和科研的老本行上来。当然，他无论如何也不会想到，这个“不久的将来”居然是8年以后的事情了……

受命办合资企业

改革开放初期，国家各项事业百废待举，政府财政不是很充裕，所以当时高校教职员工的工资待遇水平是很一般的。为了有效缓解这个矛盾，切实改善广大高校教职员工的生活水平，国家从政策层面上鼓励高校发展第三产业，通过自办校企创收。当时人们称之为“办三产”或者“搞三产”。从20世纪80年代起，“搞三产”的浪潮在全国各地高校普遍兴起。天津大学也不例外，最多的时候平均每个系都办有2～3家企业，全校有80多家公司。像其中的天大天财公司做得比较成功，规模也很大，在全国校企当中也是赫赫有名的。

1990年初，一名校友主动联系学校，说有一名港商对进军内地市场很有兴趣，想与天大合作，成立一家合资企业；如果学校也有意向的话，可选派代表赴深圳，与港商面对面磋商合作事宜。天大把这个项目交给了机械系。系领导经过研究，觉得郑炜比较合适，就点了他的将，让他与分管科研与创收的副主任一道前往深圳，与港商面谈。

这次会谈进行得比较顺利。港商提议，双方共同出资成立一家合资企业，专门做科研成果转让的业务。他认为，内地对科研成果的市场需求很大，而天大机械系经过几十年的发展和积淀，在科研方面成果丰硕，应该走科研成果转让创收的路子，将研发的成果推广出去，转让给有需求的单位和企业。他的这个想法，与天大机械系一直以来孜孜以求的目标是相一致的。所以，双方很快就达成了合作意向：成立名为"天津五洲高新技术市场发展有限公司"的合资公司，港方出资25万元港币，挂名董事长；天大方面出资25万元人民币，负责具体经营，总经理的人选也由天大选任。

"办三产"在当时的高校是一件美差，很多人靠着办校企名利双收。所以，这件事儿刚刚敲定，就有几个人盯上了这个位置。学校和系里对总经理的人选十分重视，先后数次召开专门会议研究人选，最终决定由郑炜出任这一职务。

领导们觉得郑炜对这个任命不会有异议，如此美差多少人求都求不来，而今落到了他郑炜头上，他岂有不高兴、不接受的道理。没想到，第一次找郑炜谈话，就被郑炜拒绝了。郑炜说，我就是一个教书匠，一没有经商的头脑，二也不擅长和生意人打交道，我就想待在教研室，本本分分搞科研，扎扎实实抓教学，总经理我干不来，系里还是另请高明吧！起初，校方以为他在谦让，没想到他是来真的，一连谈了三次，就是不肯接受。嘿，还真是个怪脾气！系里见他执意不肯，就想另择他人了。谁知校领导还就认准了郑炜，搬出了大阵仗，由天大机械系党总支书记和学校"三产办"主任一起找郑炜谈话。

二位领导开诚布公地对郑炜讲了四条选择他出任的理由。

第一条，公司兼具资本主义性质与社会主义性质，合资方是香港企业，学校必须得选派一个政治上绝对可靠的人来当这个总经理。你是教研室支部书记，政治立场一贯坚定，政治表现一贯突出，在实习工厂实习、制图教研室助课、当班主任、做辅导员、回教研室搞科研等，都是脚踏实地，身先士卒，工作兢兢业业，圆满完成各阶段任务，充分体现了一名党员干部的思想觉悟和政治担当，学校上下有口皆碑。政治上，你是可靠的。

第二条，这家公司是做高新技术成果转化的，总经理如果不懂技术、技术水平不高，是不行的。你到液压教研室工作不过短短三四年，就为教研室承揽了大量的科研项目，并且带着老师们攻坚克难，突破了一个又一个技术难题，取得了一项又一项科研成果，硬是把一个籍籍无名的教研室变成了学校里数一数二的明星教研室。这一点，学校的领导和老师们同样有目共睹，大家对你的能力水平十分认可。

第三条，你不仅能吃苦耐劳、认干肯干，而且头脑灵活、能够创造性地开展工作。现在学校的三产形势远不如前些年了，就拿系办的另外两家公司来说吧，连年亏损，系里没得到他们的帮衬，反倒要输血帮助他们维持生计。现在这家是合资企业，港商要注资25万港币，有这么大一个企业赞助，如果还是办不好，系里颜面何存，学校颜面何存？！用你，是高度信任你，是寄厚望于你，指望着你开拓创新、打开局面呢！

最后一条，也是最重要的一条，你大公无私，没有私心。这些年你带着老师们做了不少项目，赚了不少钱。说句实在的，如果不是你辛辛苦苦地跑项目、做项目，这些可能都无从谈起。你功劳最大，付出最多，理应多拿一些。可你呢，不仅和大家平均分享项目收益，还用自己的科研经费给老师们装电话、缴话费，资助老师们搞研究、写论文。你是真的没有私心啊，所以学校和系里用你是放心的，你干不出那些损公肥私的事情来。

领导们把这四条理由一摆，郑炜就不好再说什么了，这是学校领导对他的器重与信任，他纵有千般理由，也得服从大局了。不过，他并不想放弃教学和科研的老本行，内心深处他始终认为自己是一个知识分子、是一个科研工作者、是一名老师，教学和科研才是他的本职和主业。所以，他提了一个小小的要求，不脱离教学和科研，保留教研室的职务，兼职出任总经理。

对他的这些个人要求，学校都同意了。

郑炜是这样的一种人，不想干的事情推脱归推脱，但这事儿如果真的压到了他的肩上，他骨子里那种认真劲儿就冒出来了。刚刚答应完领导，他就义无反顾地投入到了公司的组建当中。20世纪90年代办合资企业还是个新生事物，国家审查非常严格。万事开头难，就拿注册审批这事儿来说吧，环节特别多，手续特别繁杂，要几十个部门审批、签字、盖章。郑炜他们足足跑了4个多月，才办完了全部手续。

1991年3月，天津五洲高新技术市场发展有限公司正式挂牌成立。用郑炜自己的话说，从这一刻起，他就走上了一条最早的产、学、研、商融合发展的道路。然而，事情不过刚刚开了个头，就偏离了预期轨道：学校拿不出25万元启动资金。港商在投入了5万港币开办费后，看到学校没有注资，态度就变得暧昧起来，没再追加后续的20万港币。

这可如何是好呢？郑炜并没有因此而灰心丧气，他这辈子最讨厌的就是半途而废，既然已经答应了学校和系里，就是撑，他也要撑下去。那5万港币，他一分没动，转而求助合作过的渤海油田，借来10万元，付了房租，置办了办公用具，开始了艰难的创业之路。

不过，那时的他真心觉得，办校企就是为了完成学校交办的任务，这只是他人生中一段小小的插曲而已，在不久的将来他还是要回到教学和科研的老本行上去的。当然，他无论如何也不会想到，这个“不久的将来”居然是八年以后的事情了……

三年的艰苦探索

身处技术爆炸时代的我们，理所当然地认为将科研成果转化为市场效益是再寻常不过的事情了，这种做法在我们这个年代比比皆是。但在20世纪90年代初，整个国民经济还是以计划经济为主，市场的分量和作用远没有今天这么重这么大。一方面，当时的生产力水平不发达，机械产品的种类十分有限，市场对产品的要求不高，因而作为供给方的企业工厂也就缺乏升级产品、改进工艺的动力，科研是科研，市场是市场，二者的特点十分明显，科研成果的转化率并不高；另一方面，当时信息网络建设不过刚刚开个头，手机刚进入中国，电视、计算机等也未普及，人们主要还是通过报纸和广播等传统媒体接收信息，了解外面的世界，所以那个时候信息资讯还是很闭塞的，加之交通不便，企业很少会主动跑到高校寻求科研成果。

在这种社情下做成果转让，等是没有出路的，只能主动出击。郑炜最初想到的办法就是上门推广，搞推销，跑业务。可是如果没有中间人介绍，直接登门的话，一是很容易吃闭门羹，二是彼此不了解，太过唐突，成功率不高。所以，他就想到了动用在各机关和企事业单位的校友关系，请校友们帮忙介绍、引荐联系相关企业。

最初的半年里，总经理郑炜和其他业务员一样，跑天津、去河北、奔山东，经常出差，早出晚归、栉风沐雨，背着又厚又重的科研成果资料，穿过大街小巷，出没在大大小小的机构和厂矿企业，和各种各样的人打交道，真是说破了嘴，跑断了腿。可是，辛苦的付出并没有换来回报，几个月过去了，连一项技术成果都没能卖出去。

这可如何是好呢？思路决定出路，郑炜就想，是不是一开始把事情想得太容易了？公司不开张，活都活不下去，当务之急是创收，让公司运转起来，活下去。所以，应该先做一些收入快的业务。那么，问题来了，什么业务收入快呢？当然是卖产品了，直接进货，加价卖给第三方，赚差价。什么产品好卖又比较容易上手呢？经过调研，郑炜发现电子产品比较好卖，而且紧靠着北京中关村这个大供货市场，比较容易搞。

的确，当时电子产品贸易方兴未艾，天津市政府机关和企事业单位对电子产品尤其是办公电脑的需求量还是比较大的，当时，许多公司也是走这个路子。但是，新的问题又来了，以五洲公司当时的实力，根本不可能拿到品牌电脑的经销代理权。灵活的郑炜就萌生了组装电脑卖的想法。他说干就干，在学校附近的鞍山西道科技一条街租了一间门面，做起了组装电脑的生意。每逢周末，他就带着业务员到北京中关村电脑零配件批发市场进货，运回主板、内存条、显卡、声卡、显示器、机箱、键盘、鼠标……回店里组装好了，再卖给相关客户。他们从最初的286[①]组装到386、486……后来干脆就跟着客户的需求走，客户需要什么，他们就组装什么。靠着组装电脑撑起摊子后，公司又增加了打印机、扫描仪、复印机、手写笔等产品，甚至还拿到了汉王手写笔的天津代理权。虽然很辛苦，利润也很微薄，但起码有收益了，能维持公司的运转了，活下去的目标初步实现。

就这么干了一年，郑炜一合计，长期下去也不是个办法，一来，组装电脑赚的都是辛苦钱，而且坦白地说，这活儿技术含量不高，准入门槛很低，稍微懂点儿电脑知识的人都能做，市场竞争非常激烈，利润很薄；二来，再说科研成果转让这个主业，这一年多虽说也转让出去那么两三项，但收益远没有预想的那么高。那个年代，科研成果根本卖不上价钱，有限的转让金额中近七成给了出成果的老师，学校留成15%，公司只剩下10%～15%的毛利，扣除跑业务的差旅费，基本等于白干。

不行，还是得变！

郑炜就想了，当初自己带着教研室的老师们给相关企业做技术支持和技术服务，在这方面有经验有技术有人才，而且几年下来积攒了不少合作资源；既然靠科研成果转让和卖产品很难打开局面，何不回归老本行，发动教研室的老师们齐上阵，继续做技术支持和技术服务呢？如此一来，一是再也不用担心客户源了；二是收益起码要比现在强太多了；三是让老师们参与进来，不仅能增加他们的收入，同时公司也能减少一些雇工，节约人力成本；四是在提供技术支持和服务的同时，可以顺道输出技术成果和产品贸易，岂非一举四得？！

教研室里的老师们对此当然是欢迎的。于是，郑炜就把他们发动起

① iAPX 286是英特尔公司在20世纪80年代初生产的一款x86系列CPU。装配有这种CPU的电脑被时人称为“286电脑”。“386电脑”“486电脑”“586电脑”依此类推。

来，将教研室和公司拧成了一股绳，开始了新的尝试。

想的是一回事儿，可真到了实践环节，发现又是另外一回事儿。一方面，老师们的主业是教学和科研，他们不会也无法将主要精力投入到公司业务上，开拓业务主要还是靠自己。人工成本是降了，但工作效率并没有提高；另一方面，业务量的确是上去了，而且也的确赚了一些钱，可是这些钱大多进了老师的腰包，公司的收益还是没上去。那怎么办呢？郑炜就和老师们商量，先以大局为重，降低个人提成比例，提高公司留成比例，节约出来的资金投到发展运营上。创业维艰，大河有水小河才能满，这个道理老师们都懂，并且他们对郑炜的为人一向很认可，尽管他是总经理，是公司实际的掌门人，但他不仅没有多拿一分钱，而且他参与的项目其实要比老师们拿得少。所以，郑炜提出来后，大家都能理解，也都同意这么办。经此调整后，公司的经营状况改善不少，逐渐上了轨道，不仅没用学校投入一分钱，而且每年都能超额完成向系里上缴创收指标。相较而言，系里另外两家公司每年都完不成规定的上缴额度。所以，学校和系里对五洲公司的运营状况总体还是比较满意的，对郑炜的努力付出和经营策略也是认可的。

从1991年初到1993年底的三年间，郑炜把主要精力都投到了公司的经营上。经商这事儿，他也是大姑娘上轿——头一回，一切都是从零开始，摸索中学习，在实干中总结，在教训中提高。三年间，他几乎每天都是早出晚归，加班加点地干工作。虽说没赚到什么钱，但他赚到了客户、赚到了朋友、赚到了经验，不仅结识了一大批政商界的朋友，而且熟悉了公司经营的所有环节，从信息收集、业务对接到商务谈判，从物资采购、组装电脑到售后服务，从公司管理、内外协调到财务核算、税务把控，他都搞得一清二楚。经商之初，他不脱知识分子的气息，一和客户谈钱就脸红，觉得这是一件很难启齿的事情；但现在，他已经能游刃有余地处理与各类客户的关系了。

三年前，公司草创，举步维艰，屡战屡败，屡败屡战；三年后，公司终于步入了正轨。与此同时，郑炜也找到了新的变革方向。

首先，他觉得应该改组公司，变合资企业为彻底的独资企业。因为实践证明，港商对公司的经营完全没起到什么作用。除了最初投了5万港币外，没再投入一分钱。并且，港商每年还要来天津，检查公司的运营状况，往来的费用全都由公司报销。此外，港商还经常要求学校和公司帮他处理一些内地商务，期间往来的各项费用同样由公司买单。郑炜粗略地算了一笔账，三年下来，公司平均每年要在港商身上花3万多元人民币。这在当时，可是一笔不小的数目呢！经过深思熟虑，郑炜就向系里和学校提议，终止与港商的合作，将合资企业变为天大独资企业。这个想法得到了学校的支持。于是，1994年初公司退还了港商前期投入的5万港币，注销了天津五洲高新技术市场发展有限公司，成立了天大独资的天津大学五洲高新技术发展有限公司。至于新公司的董事长兼总经理，自然非郑炜莫属了。

另外，关于公司的业务方向，郑炜这时也已胸有成竹，有了比较成熟的想法……

戛然而止校企路

郑炜发现，与做科研成果转让和低水准产品贸易相比，做自己的本专业——机械产品加工制造与技术服务其实要更加适宜。一来，自己对专业十分熟悉，可以说是轻车熟路，做业务很容易上手；二来，潜在市场很庞大，需求客户数量惊人，足够养活公司了；三来，这个业务的技术含量还是比较高的，一般人根本够不着，并且利润率其实是比较高的。所以，改头换面后的天津大学五洲高新技术发展有限公司在保留原有业务的基础上，又增加了机械产品加工制造与技术服务业务，走上了一条多样化经营的道路。

事实很快证明，这是一次十分成功的转型。

当时，机械产品加工制造与技术服务的市场需求远比科研成果转让的市场需求大。并且，经过几年商海的磨炼，郑炜已是驾轻就熟，他很快就进入了角色，以更大的热情投入到业务拓展上，亲自跑市场、谈客户、设计方案、交流技术、绘制图纸，亲自把关加工生产、质量检验、售后服务等。功夫不负有心人，一分耕耘一分收获，公司的业务量很快就上来了，不仅实现了活下来的目标，而且活得越来越好了。

但随着合作对象的增加和合作深度的拓展，公司发展的瓶颈日益凸显，主要有三个方面：一是没有大厂房，二是没有精加工的设备，三是不具备组装大型设备的能力。经营之初，郑炜租用了学校的一个实验室和几台机床，作为生产车间。这种体量应付点儿小活儿、低技术要求的活儿还可以，如果遇到大活儿、急活儿以及需要精加工和组装大型设备的活儿，就只能走外协的路子。外协就是交给第三方来办，大头儿当然被人家拿走了，公司只能赚个微薄的差价。外协都解决不了，那就只好放弃了。每当遇到这些活儿，郑炜要么是亲自跑，要么就是四处求爷爷告奶奶找外协方，赚不赚钱、赚多赚少倒在其次，关键是这次办不成，很可能就把这个客户永远地失去了。当时，天津市主要的机械生产厂家，如天津第一机床厂、第二机床厂、第六机床厂、磨床厂、拖拉机厂、轻工机械厂等，都是他的外协伙伴。

一次，公司的大客户——泰国正大集团（由泰籍华人创办的知名跨国企业，又称卜蜂集团。）委托他们开发供大型养鸡场使用的自动化养鸡设备。这套设备当中有一个通风系统，其余的部件公司都能解决，唯独有一个直径1.6m的大型铸造铝合金扇叶，既无力生产，也没有做动平衡的设备。郑炜跑遍了全天津，也没找到能铸造这个大家伙的厂家，就把寻找范围扩大到了河北。一个多月的时间，他开着货车，带着样品，几乎把河北省的石家庄、保定、邯郸、衡水、沧州、青县等地都跑遍了，总算在青县找到了一家愿意合作的厂家。但厂家也不具备百分之百的能力，要求五洲公司帮助解决大型铸造铝合金扇叶的收缩、气孔、夹渣、变形、翘曲等技术难题。郑炜请来机械系铸造教研室的教授，和他一道驻厂攻关，前后用了近三个月时间，历经数十次实验，不断改进设计、模型、工艺、材料及配方，最终攻克了上述技术难题，解决了大型铸铝扇叶的稳定生产问题。但事情还不算完，扇叶的动平衡没法解决。在天津、北京、河北、山东找了很多协作厂家，但这么大直径的谁都解决不了，初期产量不大，也没人愿意投入。这可把郑炜愁坏了，交不了工，就得违约，就得缴纳大笔的违约金，公司可能还会被正大集团追偿。实在是没辙了，他只得想法改装了学校实验室简易的动平衡机，勉强解决了动平衡的问题。好在最后效果还不错，基本满足技术要求，其性能正大集团也很满意，此后他们的通风系统一直交由五洲公司生产，成为五洲公司稳定的收入来源。但当时克服的困难、付出的艰辛、承受的巨大心理压力是外人难以体会的。

经过几年的艰苦探索，公司总算找对了路子，走上了健康有序的运营轨道。但这些产品都是以对外协作生产为主。对这种由多家外协厂家合作生产的项目，郑炜都高度重视，许多重要的产品他都亲自把关，亲临现场检查，处处小心，事事谨慎，严把质量关。所以这么多年来，公司生产的产品从未出过大的质量问题。这也使得郑炜经常琢磨思索，什么时候能有自己的厂房，能有满足生产需要的自己的设备，有一个属于自己的工厂……

这几年间，他也一直没有放弃自己钟爱的科研事业，先后做了“往复式注水泵站系统效率研究”“球形稳压器性能评价改进设计”“黄河淤沙清沙船研制”“锻压机压制过程中飞轮储能系统研制”“夏利汽车喷漆喷头国产化研发”“夏利汽车自动喷漆喷头的优化研制”“夏利汽车散热器温度开关实验台研制”“M10-30 门机可编程序控制变频调速系统开发”“马耳他共和国马耳他港口新、旧船坞船舶液压牵引系统研发”“烟草机械凸轮机构研制”“PIEP-YMW100A自动切管机数控系统国产化"等几十个重要项目，获得天津市"技术创新"产学研联合突出贡献奖，石油部石油装备科技进步三等奖。

展望未来，郑炜信心满满。但这时郑炜又面临人生十字路口的另一次选择。1994年底，机械系筹备领导班子换届。系总支书记找他谈话，想让他离开五洲公司，回系里任分管科研与创收的系副主任。这对许多人来说是难得的发展机遇，可遇不可求。这一步，也许就是以后从政的第一级阶梯。这对于很多人来说，可是一件大好事，是由教学科研转向从政的难得机遇。事实上，郑炜的很多同事先后选择了这条道路，他们中的相当一部分人后来都走上厅局级甚至省部级领导干部的岗位。系领导之所以有这个想法，既是看中了郑炜的能力与潜力，也是为了提携郑炜。

但郑炜却婉拒了总支书记的好意。他的考虑主要有两个方面：一方面，经过四年商海的沉浮与洗礼，他已经完全适应了商场紧张忙碌的节奏和唯实唯真的作风，经商与科研看似风马牛不相及，其实二者的本质是一样的，都是在踏踏实实地做事情，容不得半点儿虚假，而且自己还有自主性，想怎么干自己能说了算。而科研管理则不同，许多时候要落实上级的思路，有些事容不得自己选择。另一方面，公司刚刚上了轨道，正是加速冲刺、大有可为之际，如果自己在这个时候选择了撤退，只怕辛辛苦苦开创出来的大好局面就要付诸东流了。综合考虑之下，他谢绝了领导的好意，选择继续专心做好五洲公司。后来的岁月里，不断有朋友为他放弃千载难逢的这次机会感到惋惜，但郑炜总是呵呵一笑，他说："我从未想过从政当官或是经商发财，我只想用所学的知识和本事，踏踏实实地为社会做一点实事儿，为我所在的团体做一点实事儿，还有就是想为农民兄弟们做一点实事儿，仅此而已。"

1996年初，他干脆辞去了教研室的行政职务，以便集中精力办企业、搞科研。郑炜继续坚持一手办实业、一手搞科研，二者相互促进，业务量逐渐增多，公司实力也逐渐增强。此后的几年间，五洲公司陆续开发了很多产品，许多厂家都成为公司常年的稳定客户，为房建单位开发了建筑工地爬墙提升梯用的减速机，平均每年生产减速机及其配件1 500多台（套），为德国西门子公司不锈钢阀门配套阀体、阀板，为正大集团全国大型自动化养鸡场生产通风系统、喂料系统及配件、大型养猪场设备，为日本名古屋公司配套汽车液压刹车管接头等，公司的发展走上了良性循环之路。

不仅客户数量越来越多，并且，科技成果转让也搭上了公司业务扩张的顺风车，成果转让的数量也逐年攀升，公司效益提升明显，年营收额也从最初的几十万元，发展到100多万、200多万、500多万，逐年上升，稳步提高，经营进入了快速发展期。

公司迈入了加速发展的快车道，不仅在外租赁了大型生产车间，购置了满足各类加工、研发需求的大小设备，建起了独立的生产线，而且办公条件也得到了极大改善，更换了新的更大的办公用房，保障车辆也在最初仅有一辆大发客货两用车的基础上，增加了当时颇为时髦的桑塔纳、捷达轿车，员工也从刚开始时的不足10人，发展到40多人。郑炜梦寐以求的愿景变成了现实。

正当五洲公司芝麻开花节节高之际，一场突如其来的变故降临了。1999年，国家教委开始对高校“办三产”进行全面整顿。政策规定，各大高校只能保留3～4家较大规模的公司，其余公司全部关、停、并、转。五洲公司虽然是上升型企业，但毕竟起步晚、体量小，属于关、停、并、转之列。天大研究决定，将五洲公司并入学校当时最大的企业天大天财公司（当时是上市公司），公司领导班子和员工一同并入。

虽说当初办校企纯属偶然，但八年下来，郑炜发觉自己已经发自心底地爱上了这项事业。在他的心目中，五洲公司就是他的孩子，甚至于他投在这个孩子身上的心力远远超过了投在亲生孩子身上的心力。八年了，他带着这个“孩子”，一步一个脚印地走到了今天，看着他一天天地成长壮大。现在，这个“孩子”忽然就要给别人了，他的心里要多难受有多难受。

不过，难受归难受，平心而论，他觉得国家这么办是对的。高等教育作为公益性事业，应该也必然要以为国家和民族培养人才为核心价值追求。校企不是不可以办，办校企有助于推动产、学、研、商融合发展，但办校企决不能过度、过滥。高校“办三产”的浪潮汹涌了近十四年，全国高校企业的数量急剧膨胀，天津大学当时有近80家公司，但这些公司大多规模小、经营不善，不仅造成了巨大的人力、物力、财力浪费，而且严重干扰了正常的教学科研秩序，既没有达到预期目的，也给国家的科研事业、学校的教学工作和学生的成长成才带来了不可估量的负面影响。

八年一觉校企梦。郑炜自我安慰，办校企非他本愿，原本就是他人生的一个插曲而已，既然已经到了曲终人散的地步，就没有必要再续前缘了。所以，他决定放弃到天大天财公司继续做企业管理的机会，重新回到教研室，继续做教学和科研工作，并且不再担任任何职务。学校和系里尊重了他的选择，同意了他回到教研室工作的请求。

这样，在下海八年后，郑炜又上岸了，暂时……

8 自主创业新天地

当时已经是年底了，天寒地冻，白天还好说，一到了夜晚，车间里简直冷得要命。但郑炜不在乎，在烘烤炉旁铺上一块硬纸板，权作休息之所，放上闹钟，每半小时闹钟响一次，他就起来记录一次数据。

放弃读博自主创业

睽违八年，学校教职人员的知识结构已经发生了很大的变化，高学历的趋势越来越明显，新招入的老师都是博士。形势逼人，郑炜意识到，要想在教学科研领域立足，就必须得攻读博士了。但这一年他已经41岁了，即便他本人有心有力，恐怕也没有导师愿意接收他了。

这时，分管教学的系副主任给了他一个建议，何不去找刘又武教授聊聊，当年你的那篇《轴向柱塞泵配流副油膜研究》令他刮目相看、赞不绝口，人家当时还主动邀请你读他的博士生呢，你现在跟他说说，他也许会同意的。这的确是个路子，可郑炜转念一想，刘教授年近七十，桃李芬芳，门下弟子人才辈出，挑选学生向来严格，据说已不准备带博士了，这事儿能成吗？踌躇一番后，他决定还是硬着头皮去找一趟刘老先生。

没想到，刘老先生听他说完来意后，大喜过望，当场就表了态，如果换作别人，我肯定不招了，但你郑炜想做我的博士生，我乐意之至。没关系，我给学校打申请，再招你这个关门弟子。郑炜高兴坏了，一个劲儿地说谢谢。刘老先生的确对这个事儿很上心，不仅主动找学校商榷，很快就提交了申请，而且还联系两名教授写了推荐信。

学校审批手续已经走完流程，郑炜即将如愿以偿成为刘老先生的关门弟子。

然而就在这段日子里，原先的生意伙伴们接二连三地给郑炜打电话，纷纷劝他"重出江湖"，自己办企业。五洲公司并入天大天财后，原先的业务都停了，这些公司的产品供应一下子断了来源，急得团团转。所以，这些老板们都劝郑炜，老郑啊，现在很多大学老师都在私下里办企业，学校不让办了，你自己可以办一个嘛，我们继续合作，还做原来的业务，帮助我们解决货源问题，这可是双赢的事情。

郑炜在感动之余，也真的动了心。人生能有几个八年，好不容易创下的业绩，就这么丢掉，的确太可惜了。办个企业，对他来说已经不是难事，要客户有客户，要销路有销路，起步是没问题的。但如果读博士的话，肯定没时间经营公司。鱼与熊掌，不可兼得，只能从中择一。可是，刘先生跑前跑后地费了那么大的劲儿，才促成了读博的事情，而且已经办完了审批手续，忽然说不读了，于情于理实在过意不去。

经过一番激烈的思想斗争，他最终还是决定放弃读博，以便能有精力办企业。当时，距离他办完读博审批手续才十多天。郑炜退学的消息震惊了熟悉他的人。他对刘老先生怀有深深的歉意，以至于在很长一段时间内，都无法直面刘老先生。但老先生非常宽容，并无责怪，对他说，小郑，你是个有抱负有追求的人，你放弃读博肯定有你的理由，不管怎样我都支持你，向着你的目标努力吧！"后来每每想起这个事儿，都对刘老先生充满深深的歉疚和无限的敬意。"郑炜几次这样对笔者说。

2000年伊始，郑炜悄无声息地注册成立了天津市精韬科技发展有限公司，从此走上了一边从事教学科研，一边创业经营公司的道路。

当时，整顿“办三产”余波未息，学校并不鼓励老师自办企业。因此，创业之初的郑炜完全是个“地下工作者”，不敢公开，只能利用业余时间搞经营。虽然他已不再担任领导职务，但教研室对他很照顾，将一处大约200多平方米位置偏僻的实验车间，以科研场地的名义租给他。郑炜购置了一些必要的生产设备，将这个实验车间改造成了生产车间，开始了自己的创业之路。

草创之初，郑炜主要还是做五洲公司时的业务，从事产品加工，最主要的生意伙伴还是正大集团。正大集团几乎所有的自动化养鸡场通风系统、养鸡自动线送料系统、自动化养猪场等设备都交给精韬公司来做。此后，公司还为易初莲花、家乐福、大润发、易买得、家乐等大型超市开发配套生产超市设施；为丰田汽车公司、夏利汽车公司、豫泰油料公司、天津农业银行、天津图书馆等客户开发生产各式货架和物流设施。由于订单量多、业务量大、效益很好，公司设备不断增加，员工人数也不断扩充。渐渐地，郑炜私下里开公司的消息就在学校里传开了。但彼时三产整顿已经结束，学校对老师办企业管得不那么严了，郑炜经商的事儿成了公开的秘密。

解决农业面源污染

除了上述合作伙伴，北京市植保站成了又一个找上门来的客户。

北京作为全国政治、文化、科技交流中心，生态环境和蔬菜质量安全问题世人皆关注，农业面源污染①控制逐渐得到方方面面的重视。然而，十多年前的今天，京郊农业面源污染问题和全国很多地区一样异常严重。主要表现为农药污染、植株残体污染、农业污水污染等多种面源污染突出。农药面源污染主要是喷雾器落后、农药利用率低、防治效果差、农民随意配兑农药、打药次数多等。

当时，粉尘施药技术对部分病害防治效果很好，在较长一段时间倍受农民欢迎。但由于粉尘施药不用水，防治不了虫害，农民出于无奈，只好被动使用落后的背负式手动喷雾器喷施水剂农药。据2006年北京市农机鉴定推广站在郊区抽样检测，背负式手动喷雾器合格率为零。即使

① 农业面源污染，是指农村生活和农业生产活动中，溶解的或固体的污染物，如农田中的土粒、氮素、磷素、农药重金属、农村禽畜粪便与生活垃圾等有机或无机物质，从非特定的地域，在降水和径流冲刷作用下，通过农田地表径流、农田排水和地下渗漏，使大量污染物进入受纳水体（如河流、湖泊、水库、海湾等）所引起的污染。

新的合格的喷雾器由于结构原理不合理，农药利用率最高也只有30%，所以至少70%以上的农药形成了农业面源污染源。

长期以来农民施药一直凭经验估计或随意配兑，固体农药普遍用手抓，勺盛、铲子铲，或大概估量；液体农药多用瓶盖量，或随意倒；配兑药液用水也是大概估计。几乎所有配兑农药都没有准确度量，带来的后果一是施药浓度该浓的时候药液药量不够，施药后没有效果或者效果不好，造成农药浪费，形成面源污染，浓度不够不仅杀不死病虫，还人为诱导病虫产生抗药性，增加防治病虫难度；二是施药浓度该稀的时候药液中加农药过量，直接形成浪费和面源污染，甚至成为作物药害、农产品农药残留超标，高剂量农药还刺激病虫快速产生更强的抗药性。所以，凭经验随意兑药几乎都要形成大量农药直接或者间接浪费，造成农药面源污染。事实上，绝大部分随意配兑药液加入的农药不是多就是少，造成农药浪费损失至少达40%以上。

另据调查，北京市植株残体（农作物秸秆）年总量220多万吨，绝大部分随意堆放，特别是蔬菜，生产后的带病虫植株残体随地堆放，风吹雨淋使病虫二次传播，不但加重病虫发生，增加田间用药，腐烂后带农药的残渣污水到处流淌也形成土壤和水体污染。

针对上述农业面源污染的主要问题，2005年北京市在全国率先启动“北京市北运河流域农业面源污染防控”示范项目，北京市农业局局长亲自督导，特别强调实施该项目对首都的重大意义，指定北京市植保站主持，由著名植保专家、副站长郑建秋负责组织实施，力求把项目做扎实，做出实效，由点到面，逐渐扩大到控制肥料污染、畜禽粪便污染等多个领域。

郑建秋深感责任重大，无论如何都要做好。这次，郑建秋又想到了哥哥郑炜，希望他能帮助站里完成这项具有挑战性的任务。弟弟为什么会找到哥哥呢，是单纯地想让哥哥赚这笔钱吗？非也，其实早在1997年，当时郑炜还在天津大学校办企业，就曾为北京顺利开发出了新型电动/手动喷粉器，得到北京市植保站的高度认可。这次，在找哥哥之前，郑建秋已经找了北京的一些大学和科研单位，但由于开发资金有限，农业植保产品利润微薄，没有单位愿意接这个开发项目。实在是没办法了，他才怀着忐忑的心情来找哥哥。说实话，他也很担心哥哥会因为利润太薄而拒绝。没想到，郑炜听完，一口就答应了下来。当时，精韬科技正与正大集团等企业合作得红红火火，年营业额已经做到了几千万，区区一个施药机的研发，在他眼里算不得什么。郑炜之所以想干这个事，还真不是冲着弟弟的面子，而是因为他很早就有为农业、农村、农民做点事儿的想法。这种朴素的想法源于他在云阳农村的生活经历，尽管他家是城镇户口，但从小就生长在农村，在杨家坪上山下乡时对农村和农民又加深了一份情感。农民的纯朴和农村的艰辛给他留下了难以磨灭的印记，他发自肺腑地感到中国最贫穷的是农村，最辛苦的是农民，最脆弱的是农业。所以他一直都渴望有机会为改变农村落后的面貌出点儿力，为农民兄弟做点实事儿。所以，尽管经费很少、利润很薄，甚至可以说是不赚钱，这事他也要做。就是以这件事为起点，后二十年他和公司就与农业、农村、农民结下了不解的缘分。

要解决农药面源污染，最迫切需要开发出既省工、节水、高效，能显著提高农药利用率，又充分体现农业现代化水平的现代化施药机械。郑炜知道他以前为北京开发生产的粉尘施药"喷粉器"，当时很受农民欢迎，为什么后来不用了呢？仔细了解得知，由于粉尘施药不用水，虽然防治病害效果很好，但防治虫害不行，加上蔬菜病、虫种类繁多，粉尘药剂种类毕竟有限，不少病虫害仍然缺乏针对性的粉尘药剂。此外，粉尘药剂价格便宜，推广后农民少用了药，大大减少了农药销售商的收入，导致许多农资店不愿推广销售粉尘药剂，粉尘施药技术就这样渐渐地淡出了市场。

从根本上解决施药技术必须研发全新的现代化施药器械，经搜索查阅国内外资料得知，常温烟雾施药是日本、以色列、美国等农业先进国家设施园艺最新施药技术。较常规喷雾和粉尘施药技术更先进，亩施药液2～4 L，较常规施药节省农药30%～40%，施药不受天气限制，不增加空气湿度，利于病虫防治；施药均匀、扩散性能好，药剂附着沉积率高，尤其适合棚室内高架封行和密蔽匍匐植物的病虫防治；对药剂适应性广，不受农药剂型限制，水剂、油剂、乳剂、可湿性粉剂等常用剂型均可，不损失农药有效成分。这是20世纪80年代末期才兴起的国际施药新技术，很好地解决了园艺作物的病虫防治问题。但机具价格昂贵，不符合我国国情。1996年，南京农业机械化研究所通过“948”项目从日本引进了系列常温烟雾机，经实验研究于1998年设计制造出国产常温烟雾机（3YC-50型）样机，因完全仿日本机型制造，满足不了我国设施园艺的实际生产需要，项目失败。为此，必须另辟蹊径。郑炜开始了原理和结构全新的常温烟雾机研制、试用、改进、完善、升级的迭代历程。

首先，利用空气动力学原理，研制出体积小，质量轻，电机、风机、喷嘴一体化结构，优化导流片及喷嘴出口角度的新型常温烟雾机核心机，较其他机型极大地提高了药液在常温下的雾化效果。采用新型轻体结构，大大减小了机体尺寸和质量，功率小、可移动，初步实现了经济、节能、适用范围广，功率和价格显著低于国外同类产品，克服了国外常温烟雾机笨重（空压机+雾化机）、功率大、使用不便和造价高等缺点。但该机的不足是喷雾距离较短，只有5～8 m。

接着研发第二代机具，使喷雾距离由5～8 m扩大到10～50 m，经田间使用，但仍不能满足50 m以上棚室需要。在此基础上，研制了增加180°转向施药和转向时间间隔可调的自动控制施药机。从机具总体功率、使用性能、产品价格等方面提出了更高要求，确保机具喷施的药剂超微粒子在漂浮与沉积过程中，不受转向操作后空气流动的影响，保证在空中悬浮2小时以上。经多种方案实验对比，最终研制出"BT2000-Ⅲ自动转向微电脑自控常温烟雾机"，具有雾化精度高、喷施时间短、喷施距离大、仰角可调、水平180°转向、喷施时间间隔可调、手动/自动结合等优点，试用后大获好评，并获国家五部委联合颁发的"国家重点新产品证书"。

由于机具施药的沉降特性决定离烟雾机较近和较远的区域药剂雾滴分布不均匀问题，对成型"BT2000-Ⅲ自动转向微电脑自控常温烟雾机"再度进行改进和整体优化，增加自控联动接力风机，使机具施药距离更远，药剂颗粒分布更加均匀，可满足80～120 m长度大型棚室的自控施药要求。

为了更好地发挥该机具的作用，根据设施蔬菜病虫源头控制的实际需要，在第四代机具基础上又增加了臭氧发生器及其控制系统，为机具增添了臭氧棚室和土壤消毒杀菌处理新功能，定型产品为"BT2000-Ⅳ型自控臭氧消毒常温烟雾施药机"，并对操作控制系统和相关配件进行全面优化，把所有控制功能都简化为一键式操作，新增电动行走功能和施药结束自动感应停机功能，使其具有操作"傻瓜化"、控制"自动化"、移动搬运"人性化"，产品定型为

“BT2008-I型自控臭氧消毒常温烟雾施药机”，相关技术与产品相继取得多项国家专利。

成型套机“BT2008-I型自控臭氧消毒常温烟雾施药机”经北京市数百家基地大面积示范应用，防治棚室内主要病虫均达到理想效果，每亩直接节省防治成本600多元，年节省人工成本800多元，减少30%～40%农药用量，配合其他技术使京郊很多基地面貌焕然一新，绿色生产技术水平显著提高。除大面积应用于设施蔬菜取得较理想应用效果外，该套机在京郊食用菌病虫无公害控制中也发挥了重大作用。2007年，以该项产品技术为支撑的“蔬菜安全生产关键控制技术研究与集成应用”获得农业部中华农业科技奖三等奖；“食用菌病虫无公害防治技术研究与推广应用”获得北京市农业技术推广一等奖。

尽管自控臭氧消毒常温烟雾施药套机经历了五代升级更新，具有自控臭氧空气、棚室、土壤消毒、自控喷雾、定时喷雾、自动转向调头双向喷雾、联动接力增距风机等功能，很好地实现不同长度棚室的均匀喷施，对特大型的超长棚室连接接力延伸风机也可满足其使用要求，其综合性能超过了美国、日本、以色列等发达国家机型。但由于机具体积相对较大，现代化水平较高，要求棚室路面必须硬化平整且具有配套的电力条件，比较适合现代蔬菜生产基地和病虫防治专业人员使用，受现时农村基地设施路面、电力条件和菜农观念限制，尽管机具农药利用率很高，防治效果很好，节水省工，傻瓜式一键操作，但还是不能满足设施条件相对较差和一家一户生产者高效施药的需要。

针对我国设施现状和菜农的现实情况，新的超高效背负式常温烟雾施药机成了郑炜团队新的研发目标。通过对国内外各类型常温烟雾机、弥雾机、热力烟雾机的比较研究，2014年又开发生产了“JT 3YCB

1200D-Ⅲ超高效常温烟雾施药套机”，机具形成的最佳烟雾粒子，飘逸时间长短适中，农药利用率达到常温烟雾施药的最高值，特别适合小型温室大棚、弓棚和低矮密闭设施的超高效施药；作业方式更灵活，施药者背负机具可手控或遥控操作，或车载电动控制自动喷施，方向和角度可调，最大限度地保障了药剂的均匀分布，农药利用率较常规施药提高30%以上，达到甚至超过国外常温烟雾施药技术，节省农药40%～60%；施药时每亩药液量3～8 L，不增加空气湿度，不受天气和湿度限制，阴雨雪天、雾霾天都可喷施；任何人施药防治效果都有保障，由棚里向外退行对空喷雾，吹出的药雾能飘浮15 m以上，矮生作物每亩施药只要4～5分钟，高秆作物每亩施药8～10分钟；还配有方便的小型数码发电机电源，可满足任何场所高效施药。还可用于冷库、食用菌和畜禽生产的消毒灭菌、增湿降温等。超高效常温烟雾施药最大限度降低了施药强度，提高了施药效率，不存在效果不好的技术风险，实际操作简单容易，特别适合蔬菜基地、生产大户、家庭农场、蔬菜病虫专防组织等开展超高效施药专业化防治服务。在京津冀被推广用于200多家蔬菜绿色防控示范基地和30多个蔬菜病虫专业化防治服务队，被农民称为蔬菜“东风-41”。《农民日报》《人民日报》《科技日报》等20家媒体做了专题宣传报道，称赞它为绿色喷药“神器”“利器”“新枪”“新装备”…… 希望它真真切切服务农民，造福中国人！

郑炜通过研究开发防治病虫的技术和器械发现,如果不能有效解决农药精准计量的量具配套问题,仍然沿袭菜农随意抓取勾兑农药的方法,那么再先进科学的施药技术与器械,防治病虫实际应用效果也要大打折扣。借助农业面源污染项目的东风，郑炜团队又开始了符合农民水平和经济承受能力的药液配套量具研究。他确定研制配套的农药量具产品必须满足以下几方面要求：一是要保证系列量具度量精准；二是系列量具便于农民使用、保管、不易损坏；三是尽可能将其生产成本控制在较低水平，适合农民购买；四是将生产中农民配兑各种农药的基本知识制成速查卡（板），让农民一查便知，以确保农药配兑准确；五是速度要快。根据这些要求，他们很快完成了精准施药配套量具的研制，制成了包括10毫升、100毫升、500毫升液体农药量杯，0.1～50克固体农药量具以及正确配兑各种浓度药液的速查卡，农药常用缩略符号表，用来配兑药液和保存量具、存放剩余农药的药箱，药勺、清洁刷、防护手套、施药防护服等成套产品，投入使用后受到了各地菜农的普遍欢迎，解决了困扰我国菜农几十年来精准施药计量困难的难题，为保证市民菜篮子安全提供了技术与设施保障。

2007年，郑炜还投资做了一件希望对中国农业蔬菜种植病虫害防治带来革命性改变的大事，可惜最后没能成功。事情的经过是这样的……

2004年底，国际植保大会在北京召开，在大会上北京市植保站郑建秋集20年积累资料撰写的大型专著《现代蔬菜病虫鉴别与防治手册》（全彩版）获得大会特别推荐，受到所有参会专家和学者的关注。该书对我国100多种蔬菜1 300多种蔬菜病虫以全彩的形式进行展现，包括危害症状、病虫种类、鉴别特征、生物学特性、发生条件、危害规律和综合防治技术措施等都做了详细的阐述。郑炜想，如果建立一个农业植保的专业网站，将这部专著的成果放在网站上为全国广大菜农服务该多好呀。既可帮助农民解决病虫识别问题，又可指导农民进行病虫科学预防与防治，有效解决农民因缺乏技术无法识别病虫而滥用农药问题。这样既解决了病虫害发生初期就可通过网络诊断及时进行预防，减少病虫害带来的损失，实现农民增收，又可少用农药，减少农药面源污染，保证全国人民菜篮子的安全。同时，让凝聚了弟弟郑建秋近20年心血的这部专著为农民服务，也了却他多年的心愿。郑炜随即将自己的想法与郑建秋商量，决定建设一个公益的“中国植保3G网”，将全部内容放到“中国植保3G网”上，建设“蔬菜病虫害诊断专家系统”，农民将所发生的病虫害照片发到3G网上，通过专家系统对照片进行图像识别、模糊分析、病虫害特征参量提取、专家库搜索比对、判断、智能分析，提供初步诊断意见，专家人工辅助给出最终防治方案，以及用药的相关指导意见等。郑建秋听了非常高兴，表示全力配合，提供全套原始资料，并提出积极建议和注意事项。说干就干，郑炜随即招聘了8名软件工程师，从2007年到2009年耗时两年半，投资150多万元建成了公益的“中国植保3G网”。2009年建成后，其功能达到设计初衷，但由于受当时客观条件限制，最终没能推广开来。主要原因在于，一是郊区农村当时电讯网络信号不好，很多地方根本没有信号；二是3G网络速度慢，较大的图像在农村，尤其要在田间地头实时上传非常困难，多数地方根本上传不了；三是当时多数手机像素太低，对许多特征模糊的病虫害案例无法进行正确比对判断病例；四是计算机速度太慢，处理一个病虫害案例耗时很长……这个为全国菜农服务的大型公益网络项目就这样无疾而终。

在解决农药喷施直接污染问题的时候，郑炜同时对农业有机废弃物污染问题展开了研究。蔬菜生产中，尤其产品收获过程中丢弃的无商品价值的根、茎、叶蔬菜残体既传播病虫，又形成农业面源污染，全国蔬菜种植面积5 000多万亩，每年产生蔬菜残体可达5亿多吨。这些蔬菜残体往往随地堆放在田间地头或河沟边，经风吹日晒雨淋常滋生蚊虫，带有大量有害生物，如真菌、细菌、病毒，害虫成虫、卵、幼虫、蛹和线虫等，严重影响农田和乡村环境，污染水体，不但加重下茬蔬菜病虫发生情况，增大防治难度，还会显著增加农药用量，加大农业面源污染。

经过调研了解，处理蔬菜残体过去农民普遍是采取高温发酵密闭堆沤，这种密闭堆沤方式受季节和地势限制，农民自己操作很难保障效果；北京市植保站曾实验过用太阳能热水处理农业垃圾，但太阳能热水管在停电以后重新上水极易炸裂，处理后的残体也不好利用，而且处理时间较长；北京市农业局下属其他单位曾实验示范应用过“有机肥+发酵菌+植株残体”高温堆沤，“植株残体粉碎拌发酵菌-装袋密封发酵”，“专门处理车间：残体粉碎+发酵菌-机械翻抛”等多种模式处理，因都需要发酵菌剂，而且发酵时间较长，始终局限在实验应用阶段,没能大范围推广。经过可行性分析研究，郑炜团队设计建造了“太阳能农业废弃物臭氧处理站”，通过太阳能光伏发电制造臭氧，利用臭氧的强氧化特性，对蔬菜残体进行无害化处理后再进行资源化循环利用。即首先利用粉碎机将蔬菜残体粉碎，然后通过传输装置送入太阳能农业废弃物臭氧处理站中，进行高浓度的臭氧循环处理，杀灭其所带病、虫、虫卵后直接作为有机肥还田利用。考虑垃圾处理站的美观和节省占地，将太阳能光伏板安装在垃圾处理站垃圾池的屋顶上，方向和角度依据现场的经纬度确定。其处理容量大，效率高，较适合大型园区、大型农业企业使用。经试用，综合效果较好，得到了使用单位、项目单位和上级领导的肯定，随后，陆续在北京郊区建设了30多座太阳能农业废弃物臭氧处理站。

在太阳能农业废弃物臭氧处理站持续使用中发现，蔬菜残体需要长距离运送，在运送过程中还会造成残体遗撒，扩散传播病虫，同时集中处理存在使用管理不方便，植株残体运输不便等不足，散户生产和小规模基地无法应用。为解决小型园区和分散生产棚室蔬菜残体快速无害处理难题，2014年，北京市农业局项目组向郑炜团队提出了研发“移动式农业垃圾臭氧处理装置”的新要求。

就这样，开发“移动式农业垃圾臭氧处理装置”被列入了郑炜团队的工作日程。很快，他们开发研制出了由移动系统、粉碎系统、进料输送系统、臭氧发生系统、臭氧处理与搅拌消毒系统、电控操作系统等六部分组成的“移动式农业垃圾臭氧处理装置”。其工作原理是将蔬菜残体输入粉碎设备，粉碎后输送入消毒杀菌处理室，臭氧发生系统将产生的高浓度臭氧持续输入处理室，对粉碎的植株残体进行搅拌消毒杀菌处理，处理后的蔬菜残体直接还田做肥料。该装置的优点是能够根据需要将装置移动到田间地头进行蔬菜残体就地处理，省去了蔬菜残体从田间运到集中处理站的运输过程，节省了处理成本。将具有强消毒杀菌功效的臭氧直接用于残体处理，无须额外添加材料，无二次投入、无二次污染、不受条件限制，解决了蔬菜残体病虫源头污染、田园清洁和资源就地循环利用等关键问题。该套装置针对农民设计，结构合理、技术先进、操作简单、使用方便、处理时间短，杀灭病虫效果好，深受农业园区的欢迎，使农业废弃物就地无害化处理真正实现资源化利用。几年来，移动式农业废弃物臭氧处理装置在京郊大型种植园区推广应用了200多台套。

北京市北运河流域农业面源污染防控取得了显著成效。在项目实施期间，督查项目实施的北京市人大农委领导对项目技术成果非常满意，但觉得缺少了农业污水面源污染防控的技术内容，希望借助项目积累的经验，开展农业污水面源污染防控研究。

郑炜在这之前并没有研究过污水的治理，面对全新的任务，郑炜又点头领下了。对他来说，没有什么是不行的，只要足够努力，足够用功，足够坚持，总能在某个点找到突破口。这就是郑炜的特点，这也是他的性格。

于是，郑炜和郑建秋开始着手调研农村污水的基本情况，并取得第一手资料。长期以来，农村的各类污水，如生活污水、农业生产污水、小型畜牧养殖场污水等尚缺乏既有效又便于推广的处理方法，有的采取挖大型渗水窖方式存储，让其自然下渗，有的则随意自然排放，少数将污水、人畜粪便、农业生产废弃物等结合建沼气池发酵处理，大多数污水处于随意的无处理状态。在农村，让农民每年花费较多的费用处理污水显然不行，长期不处理也将会形成潜在持续的面源污染，经过综合分析，针对农村污水的污染源相对单一的特点，他们提出研发日处理10～30立方米的小型农村污水"太阳能臭氧生态污水处理系统"。依据农村污水所处环境位置，通过粗过滤、沉淀、厌氧、好氧、多级沙滤、多级植物生物净化、太阳能臭氧净化系统，污水得到有效处理。经实际应用检验，经过"太阳能臭氧生态污水处理系统"处理后的污水，可达到国家二级再生水标准进行再利用，处理系统具有结构简单、投资少、使用成本低、便于管理，没有后期投入和二次污染等优点，可与农村环境净化美化建设融为一体，打造农村生态小景观，适宜处理农村生活、生产、养殖等小型污水。在两年时间里，为北京市建设小型农村污水"太阳能臭氧生态污水处理系统"示范基地15座。也正是从这次与污水处理的邂逅开始，以后的几年里，郑炜的企业真正走进了大型污水处理工程的专业领域。

在上述核心技术产品的支持下，不但有效控制了北京的农业面源污染，还极大地提高了京郊蔬菜整体绿色生产技术水平，从而实现了对农药肥料面源污染的源头控制、全程控制，蔬菜绿色生产全程控制，蔬菜产品质量显著提升，得到了北京市领导的高度重视。

2009—2015年，北京市政府正式将“北运河流域控制农业面源污染示范”列为政府折子工程项目在京郊全面推广，通过项目打造的一大批减少农药用量控制农业面源污染综合示范基地，引起了社会各界的广泛关注，中央电视台、北京卫视、《人民日报》、《农民日报》、《科技日报》、《农资导报》、《中国食品报》、《中国工商杂志》、新华网、中国科技网等数十家媒体先后报道了300多次，农业部、环保部和北京市政府、北京市人大等部门都给予了充分肯定。2012年胡锦涛主席、2014年韩长赋部长等中央领导，先后视察通州、延庆、昌平的综合示范基地，给予热情鼓励。

2016年、2017年全国食品安全宣传周农业部主题日活动在京郊的项目基地举行，郑炜公司的系列产品在现场展示和演示，成了北京市、区各级领导和媒体观注的亮点。其核心技术产品为技术支撑的“设施蔬菜根结线虫病综合治理技术研究与应用”2014年获得北京市农业技术推广一等奖；“北京农药肥料面源污染综合防控技术研究与应用”2015年获得农业部中华农业科技奖二等奖；“北京现代都市农业安全高效生产技术研究与应用”2015年获得北京大北农科技创新奖一等奖；“北京蔬菜绿色高效生产技术集成与推广应用”获得农业部全国农牧渔业丰收奖农业技术推广成果一等奖。2018年，首都控制农业面源污染绿色生产技术成果，被中科院院士专家团特别邀请为三峡库区沿岸农业面源污染介绍技术和经验，被农业农村部确定向全国推广。

在技术服务和创新方面，长期支持和协助北京市植保站郑建秋负责开展的“机制创新、技术创新、服务创新”的相关工作。2007年开始，支持由郑建秋发起，有中国农大、华中农大、武大、美国加州大学、奥本大学、法国专家义务咨询协会、加拿大援中国农业项目办、北京市科协、中国中央电视台、北京市植保站和精韬科技公司等多方面专家、技术人员自愿加入的公益性民办非企业单位“北京市大兴现代农业技术创新服务中心”，郑炜先后出资近200万元在北京大兴榆垡郭家务村新建2 000亩温室，创立“北京市现代农业技术创新服务综合示范基地”，重点开展病虫专业化服务模式机制探索、攻克韭菜绿色安全生产难题——疑难病虫实验研究、农民田间学校、技术示范培训观摩、技术咨询与服务指导和科普宣传等。郑炜的北京公司协助北京市大兴现代农业技术创新服务中心开展病虫源头控制模式与现代化植保园区建设试点，建立蔬菜病虫全程绿色防控示范基地30多个，示范面积达3万多亩。经实践总结提出以“无病虫育苗、产前消毒、产中科学防控和产后残体无害化处理”为核心的“蔬菜病虫全程绿色防控技术体系”，实现了化学农药用量显著降低，蔬菜产品质量安全合格率显著提高。探索出了开展蔬菜病虫专业化防治服务模式和标准，在全国建立起第一支蔬菜病虫专业化防治服务组织——北京市蔬菜病虫防治飞虎队，积极带动了北京市蔬菜病虫专业化防治服务组织建设的快速发展。2010年10月，在北京第六届世界华商大会上，郑炜对上述相关技术做了专题介绍，得到与会者广泛关注，并受到全国人大原副委员长顾秀莲和司马义·铁力瓦尔地的接见。

2013年，针对蔬菜基地用传统温室育苗环境不可调控，菜苗不整齐，质量无保障，经常发生病虫，冬季和夏季很难正常育苗等问题，他又投资300万元在顺义创建了“太阳能温室周年育苗基地”。在育苗基地建设大型太阳能集热站，地下建设一个2 000立方米的保温储水池和冷水交换池，利用太阳能白天集热，将全年室外太阳的热能以热水方式蓄存到地下热水储存池中，冬季需要时给温室加温；夏季炎热时用凉水池中的凉水给温室降温，必要时再通过水帘增湿降温，实现周年育苗，完全自动控制，有效解决了冬天育苗育不好的问题。北京市各区多方面领导前去参观考察，为首都周年培育无病虫壮苗，提高育苗效率，降低育苗成本树立了学习典范。

在这些项目以外，根据农村农民病虫害防治的实际需要，郑炜还为北京市植保站、北京市农科院、中国农业大学、北京市农业技术推广中心等单位先后研制了精准高效土壤施药施肥枪、节能型陶瓷熏蒸器、小型种苗消毒器、自控恒温浸种机、电动害虫标本收集器、生物农药熏蒸器、专用电动喷雾器、粮食仓储生物农药熏蒸机、脚拉式稳压喷雾器、小型智能施药机、新型生物农药施药机等几十种植保产品，受到合作单位好评。

自学建筑建起厂房

公司刚刚创建，就走上了迅速发展的快车道，订单额度一再刷新。从2001年开始，200多平方米小车间的生产速度就逐渐跟不上订单的增速了。2002年，郑炜咬了咬牙，决定到校外找块地，建起属于自己的大型生产车间。为什么不直接租呢？因为公司草创，账户尚不富余，租正规厂房的成本实在太高，无力承受。所以，他想干脆租一个废旧的大房子，自力更生，自己动手，将其改造成厂房，这样就能节省下一大笔资金了。

接下来的日子，他四处打听、走访，寻找合适的场地，可是一连忙活了几个月，都未能找到满意的地方。后来，有个朋友介绍说，北辰区双口镇有市监狱局所属的一间劳教所，现劳教人员很少，所内许多房子已废弃多年不用，占地面积很大，据说光礼堂就有2 000多平方米，只是那个礼堂现在破烂不堪，大修后是否能用不得而知。郑炜听了很感兴趣，就请这个朋友带着他去看看。

到了现场一看，破烂的程度远远超过了朋友的描述，礼堂早已被一米多高的野草包围了，四下里一片荒凉，连只野狗野猫都没有；大礼堂的房顶是木质的，因为年久失修，已有多处破损坍塌，抬眼就能看到天；四周的门窗早就被人拆光了，墙壁上原有的白灰也已所剩无几，可以直接看到底层的水泥；礼堂早已成为垃圾场，里面堆积有一米多高的垃圾，浊气熏天，臭不可闻；更没有水电，不具有生产生活的任何条件。

朋友看了，也是大吃一惊，这么破怎么修啊？完全修不了嘛，不合适不合适，咱们还是再到别处找找吧！但郑炜却并不这么认为，乍一看的确是太破了，但仔细看看，礼堂的主体架构还在，并且还很坚固，修是可以修的，无非就是麻烦一些、辛苦一些而已；再说了，这么偏这么破，价格肯定不贵。

他说干就干，很快就联系上相关负责人。果不其然，价格很合适，当年10月，郑炜与劳教所一下子就签订了15年的租赁合同，不仅租下了占地2 500平方米的礼堂、近1 000平方米的办公与生活用房，而且还租下了礼堂后面一块3 500多平方米的空地。他计划先修缮大礼堂，将其改造成车间，满足生产急需；待手头资金充裕一些的时候，再在后面那块地上兴建一个和礼堂差不多大的车间，扩大生产规模。

签完合同，郑炜马上着手修缮改造礼堂。干这么大的土木工程，理应请专业人士做规划设计。但郑炜想了想，请专业人士设计费用不低，资金紧张，他舍不得花这笔钱，干脆自己来做设计。人们会问，机械专家干建筑专家的活儿，靠谱吗？能行吗？郑炜相信自己可以。再说了，真要碰到什么解决不了的问题，还可以请教学校建筑系的同事嘛！他从图书馆借来厚厚一摞建筑学的书籍和图样，急补建筑学方面的知识，参照在农村参与建房时的实践经验，一点一点地学起，遇到不懂不会的地方，就向建筑系的老师们求教。

经过一个多月的苦学钻研，他竟绘出了礼堂修缮改造和新建车间的全部设计图样。后来的施工过程证明，他的设计居然是完全正确的，这简直是一个奇迹!

不仅建筑设计没请专家，材料采买也是亲自把关，连施工都没请专业工程队，而是交由北辰当地的一个民工队伍来建，郑炜自任监工。施工的那段时间，他每天天不亮就起床，驱车来到距离学校40多里地外的工地，安排、检查、监理……一盯就是一整天，直到夜幕降临才会回家。

礼堂修复改造的工程量极大，除了地基和主体框架外，其余的一切，如墙壁、地面、屋顶、门窗等，都要重建重装。他们从清理垃圾开始，然后拆除屋顶、拆除墙壁、拆除腐烂的门窗，偌大一个礼堂最后被拆得只剩下承重的几根水泥柱、圈梁、屋脊架和地基；大破之后再大立，先是逐段砌墙、安门窗，然后再做屋顶，做水泥地面和刮白。看着礼堂一天一个样儿，越来越有个车间的样儿，郑炜的心头别提有多美了。创业艰难百战多，战胜艰难的过程虽然很苦，但滋味却无比甜蜜。

经过小半年的施工，到2003年3月底，礼堂终于修缮改建完成，完全具备了开工生产的条件。尽管郑炜原来有一些积蓄，但改造礼堂和新建车间远远不够，他又向朋友借了50万元。通过自己的努力，比预想的节省了不少资金，剩下的资金完全可以投到新建车间上去，郑炜别提有多高兴了。

然而，他万万没有料到，就在这个节骨眼儿上，发生了一个意外事故，给他敲了一个很大的警钟。

这天，他正在教研室与同事商讨一个科研课题，手机响了，接起来一听，是学校实验室车间的一个工人。电话里头，工人的声音都变调了：“郑老师，不好了，小秦出事了，他的胳膊绞到铣床里了！”郑炜听了，当时脑袋嗡嗡作响，拔腿就向车间跑去，边跑边打电话给司机，让他赶紧将车开到车间。

跑到车间门口，铣床边围了不少人，郑炜拨开人群一看，接下来的场景让他终生难忘：小秦紧闭着双眼躺在铣床旁，脸色惨白，一动不动；他的身上、身下的水泥地上，全都是鲜血，现场弥漫着一股浓浓的血腥气；最让他头皮发麻的是小秦的右胳膊已经基本断掉，断口处血流如注，但断露的肩胛骨却白得耀眼，这种对比太令人心悸了。小秦的整只胳膊耷拉着，仅在几块皮的牵拽下，维持着与身体最后的牵连。

郑炜和工人们赶紧将小秦抬上汽车，飞快地向天津骨科医院驶去。他坐在后座，一边抱着小秦，一边给医院的朋友打电话，请尽快帮忙安排手术。他只要一低头就能看到小秦断掉的胳膊和白色的肩胛骨，血水渗透了他的衣裤。郑炜紧张得浑身发抖，还得时不时地呼喊小秦：“小秦，小秦，你一定要挺住啊！”他痛断肝肠却无能为力，只能默默在心里祈求小秦能安然度过此劫。

终于到了医院，院方早已准备就绪，立即将小秦抬上担架车，推往手术室。郑炜一路小跑护送着小秦，不停地拜托医生：“大夫大夫，无论如何请保住他的胳膊，他还年轻呀！”医生职业性地回答：“放心，我们会尽力的！”

手术整整进行了三个多小时。郑炜守在门口，寸步不离。医生出来后，他马上上前问道：“大夫，小秦怎么样了，胳膊保住了吗？”医生摘下口罩，遗憾地摇了摇头：“对不起，郑教授，我们尽力了！我们原本想保住半截胳膊，但他的胳膊是被机器生生扯断的，伤口太严重太复杂，只能全部锯掉了，否则一旦发生感染，恐怕连命都保不住了。”

郑炜听了，心情如同一个人在炎炎夏日突然掉入了冰窖，久久说不出话来。泪水模糊了他的双眼，来自河南农村的小秦太年轻了，上有老母下有幼子，他以后的生活可怎么办呀?

经过调查，事故的经过是这样的：三月的天气还不暖和，小秦是铣床操作工，事发当天他戴着手套操作铣床，结果手套不慎被铣刀绞住，怎么挣都挣不脱，连带着整只胳膊都被卷了进去，当场就被绞断了。其实车间每台设备都有操作规程要求，明文规定工人操作旋转类机床时，禁止戴手套作业，目的就是为了防止这类事故发生。但生产现场管理人员制度落实不到位，导致一部分工人总抱着侥幸心理不执行，最终导致惨剧发生。郑炜在深入开展安全生产隐患大排查大整改之余，也做了深刻检讨，虽说小秦和管理人员都有错，但归根到底是他这个当老板的抓安全生产不到位，小秦出事他是有责任的，他也愿意负这个责任。

一个多月以后，经过精心治疗的小秦康复出院了。他的父母和妻子来工厂谈工伤补偿的事情，想着老板多半会推诿、不认账，估计这事儿不好谈，他们甚至已经做好了大闹一场的准备。没想到，郑炜的态度十分诚恳，明确表示公司负担全部责任，愿意给予小秦经济补偿。当时，国家规定的类似工伤的赔偿标准是18～20万元，对此，小秦的家人也是清楚的，郑炜却提出了25万元的赔偿额度。这一点，大大超过了小秦家人的预期，所以补偿协议很顺利地达成了。郑炜操心小秦一家今后的生活，还建议他们在天津附近开一个零售小店，他表示愿意提供一些力所能及的帮助。但小秦家人综合考虑后，还是决定回河南老家开一个商店。虽说协议达成得很顺利，但小秦家人还是不敢相信这是真的，心里很不踏实。没想到，第二天郑炜就把赔偿金足额地给到了他们手上。小秦的家人很感激，他父亲甚至当场下跪感谢：“郑老板，你是一个大好人，菩萨心肠，感谢您。"

其实，公司里也有人向郑炜建议过，25万元太多了，远远超出国家规定的标准，小秦违反操作规程是实，别说按国家标准来了，即便是低一些，也是合理合法的。但郑炜想，小秦一个农村青年不容易，上有老下有小，这么年轻就残疾了，以后的生活会面临很多困难，能多补偿一些就多补偿一些吧；再说了，他的身体已经受到了伤害，不能再让他和家人们的心理也受到伤害了。

事后，郑炜还和小秦一家保持着经常的联系。后来，他们家又把小秦的弟弟送到工厂里当学徒。郑炜专门安排了手艺精、经验足的老师傅带他。小秦弟弟学成后，一直在郑炜的工厂里工作到结婚后才回到老家。

礼堂改建好后，原先设在学校实验室的车间就关停了，所有设备都要搬迁到礼堂车间去，并且还需要再添置不少设备。按理说，应该购买新设备，但郑炜手头太紧张了，别说新设备了，就连买旧设备的钱也所剩无几。这该如何是好呢？思来想去，他灵光一现，既然破旧的房子能修缮改建，那破旧的设备不也一样嘛，直接买废旧设备，能用的直接用，不能用的就修好了再用，肯定能节省一大笔钱。

当时，很多国营机械工厂倒闭，大量的设备以极低的价格流入全国各地的废旧设备市场。接下来的一年中，郑炜几乎每周末都要带着人去逛二手设备市场，主要以天津本地市场为主，有时也会专程跑到山东、河北等地的市场"淘宝"。别说，这还真是一个路子，一台造价几十万的设备，往往几万元就能搞定。旧设备买来后，他找来各类设备维修的书籍恶补，认真了解这些设备的组成、结构关系、关键零部件、易损件、加工工艺、制造精度要求、材料热处理标准等，亲自指导设备的维修工作。

这些设备中，有的只是锈了，除除锈、点点油，就可以用了；有的有些小毛病，指导工人自己就能修了，有时候郑炜亲自上手；有些问题比较严重，自己人解决不了，就请专业维修技术工人帮忙来修。就这样，他用了一年多的时间，陆陆续续配齐了生产所需的所有主要设备，包括普通机床、程控机床、数控机床、铣床、刨床、磨床、剪床、数控剪床、折弯机、数控折弯机、普通冲床、数控冲床、各式焊机、冲模回转头压力机、旋压机、液压机、C型钢辊压生产线等，大大小小、林林总总有200多台（套）设备。几年下来，他这个当老板的，居然成了公司里的头号设备维修专家，全厂绝大部分设备出了故障，他看一看就知道产生故障的原因是什么，应该怎么修。

除了以旧代新、变废为宝，郑炜还经常结合产品要求，改进生产工艺，设计制造专用机械设备。比如，为了提高一种出口日本的汽车刹车管液压接头的质量和效率，他经过反复研究，指导工人将普通车床改为程控车床，大大提高了生产效率和产品质量。同时，根据液压刹车管接头的加工工艺和质量要求，研发设计了可编程控制钻铣镗一体机，通过复合刀具，将钻、铣、镗工序一次装卡加工完成，使生产效率提高了3倍。他们在为正大集团易初莲花超市生产购物篮时，用的是一种一次只能焊接一个点的点焊机。郑炜大胆革新，反复实验，研制出了一种一次可焊接十五个点的多排点焊机，在大幅提高生产效率和质量的同时，也显著降低了生产成本。自制动平衡机、自动断料、剪板、折弯、特种成型机等近百种工装卡具、磨具，都是他亲自设计，或亲自把关。所以，厂里的工人们提起他来都会竖大拇指，说我们老板不仅仅是老板，还是厂里的总工程师和设备维修工程师呢！

2003年底，新车间开建，长80多米，宽30米，高达7米。和礼堂改建时差不多，为了节约经费，所有的设计都是郑炜自己完成的，所有的原材料也都是他亲自挑选采购的，土木建设承包给了河南一个有施工资质的民工施工队。但这一次，郑炜吸取了年初小秦工伤事故的教训，在合同中明确由施工队全程负责安全生产，由他任施工质量监理。其实，之前他从未接触过施工监理这个行当，到底监理啥，有哪些需要注意的事项，他都是一知半解。但世上无难事，只要肯攀登，不会不要紧，咱可以学嘛！他找来施工监理方面的专业书，闲时从头学起，把每一步每一个阶段的注意事项都标出来、搞清楚；施工时，就对照书本规范严格要求。施工过程中，他就发现这个施工队的资质很值得怀疑，因为他们总是犯一些低级错误，比如地基深度居然挖得不够，水泥沙石配比不合理，钢结构的焊接强度也经常不达标……好在他功课做得足，每次出现问题时都能在第一时间发现，并立即让他们整改。所以，整个工程下来，虽然期间有一些小反复，但并未出现什么大的质量事故。

有前期的礼堂改造当样板，新车间的建设进行得十分顺利，仅仅用了不到4个月的时间，就完成了全部工程，只差最后的验收环节了。谁都没想到，就差这最后一个环节，偏偏就出了事儿，而且出的还是人命。

这天清晨，郑炜正在家中，忽然接到了车间负责人的电话："郑老师，不好了，张老板出事儿了！"郑炜听了，心头一紧，他最怕接的就是这种电话，赶忙追问："张老板怎么了？"对方的回答让他的心情瞬间跌落到了谷底："张老板摔死了！"一路上，郑炜把车开得风驰电掣。公司成立至今，还从未出过一起亡人事故，真希望这一切不是真的！

急匆匆赶到工厂，真是熟悉的场景的啊，新车间外面挤满了人，既有工程队的人，也有厂里的工人。郑炜拨开人群走进里面一看，只见工程队张老板满头满脸都是血，直挺挺地躺在水泥地上。完了！的确是死了。年初小秦被绞断了胳膊，现在张老板又摔死了，一年之内一个重残一个死亡，郑炜既为他们感到心痛，也为自己感到悲伤。他赶紧打电话报警，请派出所来人勘验现场，同时派人联系张老板的家人速来津料理后事。

很快，事故经过就查清了：当天早上天刚蒙蒙亮的时候，下了一阵小雨，工人们还在用早餐，张老板却说他要到工地上看看，检查一下屋顶边缘防水工程的质量。大家都不以为意，依旧各忙各的。结果，张老板在检查防水时，不慎从湿滑的6米多高的屋顶上摔下，导致头部、颈部及内脏多处受伤出血。现场空无一人，直到两个多小时以后才有人发现他，但这时张老板已经没有了生命体征。

经认真调查和法医鉴定，派出所出具了事故调查司法结论："根据施工合同和周围相关知情者了解，本事故是由于死者独自到屋顶检查工程，天刚下过雨，屋顶湿滑，不慎从屋顶摔落致死，与公司无关。"尽管如此，张老板的哥哥带着他母亲和他儿子来到厂里后，并不认可这个结论，不仅不同意火化，而且堵在工厂门口大闹，严重影响了生产秩序。后来，经派出所出面做工作，除了结清施工款外，另外支付张老板家人10万元救助金（协议写成救助金而不是赔偿金，是因为事故的责任方是该老板，与公司无关），才最终平息了这件事。

这件事给郑炜的教训是极为深刻的，安全生产的重要性怎么强调都不过分，任何人、任何事、任何时候都不能掉以轻心，都要严格要求，自觉遵守安全生产规程。打这以后，他一直将安全生产摆在首位，严格执行安全生产制度，尤其是大的施工工程，坚持亲自给大家讲安全要求，检查工作也必检查安全生产和安全措施。此后，他的公司再也没有出现过安全事故。

自力更生建生产线

2001—2008年，沃尔玛、家乐福、易初莲花、大润发、易买得等著名零售商大举进军中国内地，抢滩布局占领市场，大型超市在全国各地如雨后春笋般涌现，郑炜的精韬伟业（天津）环保能源科技发展有限公司（以下简称精韬公司）也成为易初莲花、大润发、易买得等超市的设备指定供应商，业务十分繁忙。超市展示货架生产有一个关键环节——喷塑，即将塑料粉末通过高压静电设备在电场的作用下喷涂到工件表面，形成粉状涂层；而粉状涂层经过高温烘烤后流平固化，塑料颗粒会融化成一层致密的保护涂层，牢牢附着在工件表面。

2004年，精韬公司当时并没有独立的喷塑生产线，因此每到喷涂时，只能通过外协的方式。可是，外协厂家经常出现喷涂质量不稳定，工期不及时的情形，严重影响产品质量和生产进度。一来二去，郑炜也烦了，怎么总出问题呢，实在不行，咱们自己上一条喷涂生产线。他说干就干，在认真研究产品生产需求的基础上，自行设计了前处理生产线和喷塑生产线。前处理生产线由除油、粗水洗、细水洗、酸洗、粗清洗、精清洗、磷化、粗清洗、精清洗等9个工艺段组成，各工艺段由时间程序控制。喷塑生产线由上料、烘干、自动静电喷塑、加热固化、冷却、下料、包装7个工艺段组成。根据工艺和效率要求，主工艺段全长130 m，可自动喷塑7.5 m长的货架，这在当时是天津同行业中最大的喷塑生产线。

以公司当时的设施设备能力和客观条件，并不具备自己制造这些设备的能力。但郑炜这些年已经积累了自己动手、因地制宜、土法上马做事情的丰富经验，为节省资金，他决定先解决前处理生产线技术含量不高的问题，想办法克服困难自己工厂制造，喷涂生产线委托专业厂家设计制造，经过挑选，喷涂生产线委托浙江华兴涂装设备厂（以下简称华兴厂）设计制造。郑炜对厂家提了很明确的要求：第一，喷粉工艺段必须装配瑞士静电喷枪；第二，加温系统必须装配意大利燃油炉；第三，必须在3个月内完成设备的制造与安装。合同金额高达118万元，郑炜很心疼，但再怎么心疼这钱也得花，谁让咱自己造不出来呢！

果不其然，光是前处理生产线的生产制造，就比预想得要难得多。根据郑炜的设计，前处理生产线可处理最长7.5 m的货架，工作槽规格为9 m×2 m×2 m，共9个工作槽，单个槽重近3吨。这样大型的薄板大容器设备他们之前从未焊接制造过，如何选材，如何焊接，如何防止变形，如何防腐，如何翻转（工厂没有吊车，车间里也进不了叉车）……全都是新问题。

但郑炜一点儿都不头疼，他始终认为，办法总比困难多。没有吊车，干脆就在安装现场焊接制造、就地装配，至于中间构件的转运问题，则通过自制临时吊架来解决；还自主设计建造了电动环形移动吊装线，以满足工艺段间工件的输送需求；为了确保工作槽焊接不变形，高薪聘请一流焊工作业，把控关键部位的质量，为保万全，又在现场搭建定型构件，保证设备的焊接变形可控；专门购买市场上一流的新型涂料，确保设备耐强酸、碱的腐蚀……就这样一个难题一个难题地解决，终于在3个月内成功造出了前处理生产线。这条生产线不仅是精韬公司零的突破，更是当时天津所有生产超市设备的厂家中规格最大、工艺最精的前处理生产线。

现在，万事俱备，只等华兴厂的喷塑生产线就位，就可以开工生产了。然而，约定的日期到了，华兴厂却未能按时交货。当时，郑炜的心头就掠过一丝不安，该不会出什么问题了吧？几番催促，一个多月后，华兴厂才陆续地交货安装。果然，在设备安装调试过程中就出问题了，不管怎么调试，设备参数始终都不合格。接下来的三个多月，厂家多次派工程师到设备现场改造、维修，但就是不知道问题究竟出在哪里，怎么都解决不了。最后，工程师干脆一走了之，跑回了浙江，不再搭理他们了。近四个月的停滞，给精韬公司造成了不小的损失。郑炜也急了，给华兴厂发律师函，要求对方尽快派人来解决，否则一切损失由对方负责。但华兴厂就是置之不理。

赔偿问题倒不是最紧要的，眼下最迫切的问题是开工生产的问题，晚一天开工，就多一天的损失。时间已从夏天拖到了冬天，思来想去，不能再这样拖下去了！郑炜咬了咬牙，罢了，我们自己来解决这个问题吧！他先是仔细研究了喷塑生产线的使用说明书，把每一个工艺段的技术要求、设备组成、传感器检测、控制协调等的相互关系，以及所配国外进口设备——瑞士静电喷粉工艺段、意大利燃油炉加温系统的结构和参数等都搞得清清楚楚；然后深入车间对照检查，让工人每隔一小时记录一次各环节的参数，记录出来的数据供他分析。

可是，一连分析了一周的记录数据，仍然没有发现问题所在，也找不出规律，这当然是不可能的，郑炜怀疑可能是数据记录有问题，很可能晚上夜班工人嫌车间冷，没有严格按要求记录各监测点的数据。他决定自己到车间亲自观察记录数据。当时已经是年底了，天寒地冻，白天还好说，一到了夜晚，车间里简直冷得要命。但郑炜不在乎，在烘烤炉旁铺上一块硬纸板，权作休息之所，放上闹钟，每半小时闹钟响一次，他就起来记录一次数据。如是坚持了整整7天，他拿到了准确翔实的第一手数据，录入计算机分析，对比各工艺段10多个参数与产品质量间复杂的关联关系，最终找到了问题所在。

原来，是瑞士静电喷粉工艺段和意大利燃油炉加温系统之间的距离太近了。当静电系统的双喷枪同时工作时，会产生较强的电磁场；电磁场直接影响了意大利燃油炉加温系统的温度传感器，导致温度传感器输出温度信号错误；输出温度信号是错的，燃油炉喷油量输出数据自然也就对不了，最终导致产品不合格。

原因找到了，问题就好解决了。郑炜主动联系意大利厂商咨询，并将分析结果传真给意方。意方答复，完全认同他对于故障原因的分析，并指出从他提供的数据来看，他们选用的燃油炉规格型号也偏小，建议他们将静电喷粉工艺段与燃油炉加温系统两个工艺段的距离加大，以减小电磁干扰的影响，同时更换一个更大规格的燃油炉。郑炜按照意方的建议进行了整改，喷塑生产线果然能正常运行了，并且运行数据一直都很稳定。

本来呢，与华兴厂签订的合同金额为118万元，精韬公司方面先期预付了36万元，设备调试中就遇到了问题，后期华兴厂再未过问此事，郑炜当然也就没有支付尾款。根据意大利方的建议，他只花了10多万元对生产线进行了改造，相当于前后总共花了50多万元，就完成了喷塑生产线的加工制造，节省了一半左右的资金。

这次涂装生产线的独立建造，是对郑炜和精韬公司能力的一次极大考验，也是又一次实践经验的积累。后来，他对许多非他自己专业的问题，也都敢于钻研，敢于打破常规，工厂里许多设备、工艺、材料、模具等方面出现的连专业工程师都解决不了的问题，他都亲自钻研解决。

这就是郑炜，既当董事长、大管家，又当工程师、技术员，遇到不懂不会的问题，他带头调查研究，带头攻坚克难。他总是对员工们说："在实践中才能总结积累经验。所以任何时候有困难都不可怕，只要有敢于尝试的勇气，有不怕困难的决心，有克服困难的信心，就一定能够战胜困难，取得进步！当然，这也需要你客观理性的分析，需要你平时不断地学习、积累和成长。"

遭遇流氓地痞敲诈

从2004年开始，郑炜的精韬公司进入一个飞速发展的阶段，不仅再未出过任何生产事故，而且业务量一年一个台阶，狂飙疾进。特别是到了2008年，国内外大型超市运营商在中国市场的争夺战进入白热化的阶段。精韬公司的生产线几乎是全时候运转，成群结队的货车进进出出，一看生意就极其火爆。没想到，就在这时，他却遭遇了流氓地痞的敲诈。

事情的经过是这样的……

精韬公司旁原先有一个食品作坊，老板姓郝，大概50来岁，长一双吊三角眼，双臂文满了青色的花纹，乍看就不像是什么好人。2002年时，就在郑炜签下劳教所6 000平礼堂及土地15年使用权后不久，这位郝老板也盘下了劳教所300多平方米的旧平房，开了一家生产肉串的小作坊。郑炜后来也是无意中听人说起，此人早年是双口劳教所的一名劳改犯，期满释放后无家可归，就被劳教所安排在所辖农场内种地。但这个人不思悔改，不想着如何勤劳致富，专在歪门邪道上动脑筋，他的作坊不仅没有任何执照和资质证书，而且卫生条件极差。这么做生意当然长久不了，2006年底小作坊就关张了。

郝老板时不时就会到精韬公司里转悠，郑炜有时碰见他，也会打招呼聊上几句。此人经常在冬天找精韬公司借煤，但从未归还过，工厂负责人去索要，没想到郝老板居然说："哎呀，你们吃肉还不让我喝汤了，不过借了你们几十斤煤而已，又不值几个钱，算了啊！"那段时间，工厂里经常会丢一些金属材料，工人们好几次都发现有人半夜翻进院子，将金属件从墙头扔了出去。经分析，估计八成是郝老板所为。有人建议郑炜报警，但他听说此人和北辰区那边的流氓团伙些关联，心想这样的人还是少惹为妙，叮嘱工人们将金属物料或入库上锁或用铁链拴好，并加强值守，做好防范。

2008年5月，郑炜发现已经关张了两年多的小作坊不知何时又开了张，一到晚上就灯火通明，人来人往的，严重扰民。起初，他以为是郝老板重操旧业了，后来才知道并非如此，郝老板将作坊当作了地下赌场，为别人赌博提供场所，他从中抽成渔利；出入赌场的，有相当一部分居然是精韬公司的工人。郑炜想，怪不得有些工人上班时精神恍惚，总是出错呢，原来是熬夜赌博所致。这事可不能等闲视之，影响工作效率倒在其次，万一操作机器时恍惚走神，发生类似小秦那样的工伤事故就麻烦大了。

所以，他亲自找这些工人谈话，并颁布规定：严禁工人参与赌博，一经发现，立即开除。打这以后，工人们就不再去作坊那边赌博了。郝老板原本就是想赚这些工人的血汗钱，从工人口中得知是郑炜断了他的财路，恼羞成怒，当即扬言："等着瞧吧，我非找人修理修理你们老板不可！"工人们就提醒郑炜，郝老板和北辰区流氓团伙头目是把兄弟，您来回路上一定要小心，尤其路过北辰双口镇时要小心加小心啊！

接下来的日子里，郑炜十分小心，早上早早到公司，晚上天不黑就开车回家，而且早晚从不走同一条线路。郝老板无隙可乘，另生一计。8月的一个下午，他带着两个穿着背心、胳膊上文有青龙图案的彪形大汉，径直来到郑炜的办公室，开门见山地说：“你们厂里用的变压器是安装在我院子里的，你必须得给我土地租金，一年4万，从2002到现在六年了，总共24万。”郑炜一听就懵了，丈二和尚摸不着头脑，这简直就是敲诈嘛。但郑炜还是耐着性子解释道：“第一，我们厂开张时，你还没和劳教所签合同呢，我们工厂开张三个多月后，你才过来的，我们在先你在后；第二，变压器安装在你现在的那块地上时，你还没来，并不是院落的租户，是劳教所按供电局要求指定在此安装，你租赁这个院落后没有电，是劳教所和我协商，才同意给你供电的，前因后果你是清楚的。这么多年用我厂的变压器给你供电，按理你要向我交变压器的使用租金才对；第三，根据我厂和劳教所的租房协议，变压器的所有权归劳教所，即便要交租金，也是你与劳教所交涉，你可以和劳教所协商减免你的部分租金，而不是找我要租金。”

其实，郑炜很清楚，这就是郝老板在故意找碴儿。当初，这一片没有水电，他和劳教所的合同订得很清楚：水电由乙方（精韬公司）自行解决，甲方（劳教所）负责协调相关部门，提供安装水电设备的场地，设备由乙方出资购买；变压器、自提水水井、新建厂房等一切土地上的新建基础设施建成后，乙方仅享有使用权，所有权归甲方。根据供电局的规范要求，变压器必须安装在小作坊所在院内，这是劳教所指定在此安装。退一万步来讲，即便他愿意付租金给郝老板，郝老板整个院落及房屋的年租金才3万元，变压器占地不到4平方米，要4万明显是敲诈。

郝老板就不是来和他讲道理的，一直胡搅蛮缠，瞅那架势，这钱不想给也得给！两个流氓也在一旁敲边锣，威胁郑炜。郑炜气得面色铁青，但就是不松口。郝老板气焰很嚣张，临走前撂了狠话，说明天必须给他一个答复。他们走后，郑炜立即给劳教所的领导打了电话，说了这个情况，请劳教所方面出面协调解决。

第二天，郝老板果然又来了，而且这次带了四个壮汉，一进办公室，就把郑炜团团围住。精韬公司的管理人员赶来理论，都被他们挡在了门外。其中有一个似乎是个头目，其余几人都管他叫老大，他放话给郑炜。郑教授，我知道你是天津城有头有脸的人物，也有一些关系，我这个人素来讲究和气生财，很想与你做个朋友，不想撕破脸皮；你家大业大，生意做得红红火火，这点儿租金对你算毛毛雨啦，就当关照关照我郝老弟吧！

郑炜听他的腔调，就发自心底地感到厌恶，依旧坚持原则："第一，劳教所安排安装，在郝老板租赁之前就已经完成，占地费的事实依据根本就不存在；第二，六年多来，我和郝老板之间没有任何合同关系，任何问题都是他和劳教所之间的问题，与我和我的公司没有关系；第三，变压器物权归劳教所，即使有费用问题，郝老板也应该找劳教所协商修正他的租赁合同。"

郝老板等人不依不饶，软硬兼施，一会儿威胁恐吓，一会儿又拉关系，足足折腾了三个多小时，郑炜就是不买他们的账。一来二去，老大就急了，发狠道："我看你是敬酒不吃吃罚酒，我告诉你，明天上午你要是还不答应，我下午就派人把你的变压器的电线给剪喽！另外，别怪我没提醒你，往后出门你给我小心点儿！"说罢，他带着郝老板等人扬长而去。郑炜虽然不怵，但也不想生事，赶紧打电话给劳教所，请他们一定要及时出面，帮助解决。

劳教所很快就找郝老板谈话了，希望他不要无理取闹。没想到，郝老板非但不买账，而且当天就让人剪断了变压器的电线。没了电，郑炜的公司被迫停工。当时，他和正大集团签了一个大单，需要在国庆节前交货，工期十分紧张。郑炜很是着急，立刻给劳教所领导打电话，随后又到派出所报了案。

转天，劳教所方面找郝老板交涉，同时安排供电局上门维修。但郝老板紧闭院落大门，拒不开门，而且躲着派出所，就是不肯配合调查。劳教所领导经过商量，决定终止与郝老板的合同，让他限期搬离。但郝老板十分嚣张，依然躲起来不见。

事情就这么陷入了僵局。劳教所虽然终止了与郝老板的租赁合同，但他就是不肯搬。后来，劳教所干脆断了他的水电，但他还是赖着不走，并一再阻挠供电局上门维修。一晃拖了十几天，事情毫无进展，郑炜真是再也坐不住了，再不开工的话，他就无法按期交货，不仅工厂损失巨大，而且还会影响正大集团易初莲花超市国庆开业。他甚至想写信给政法委领导求助。

最后，还是由一位朋友出面调解，把问题解决了。

后来，这批流氓地痞在2019年天津市打黑除恶专项活动中都受到了处理。

创业不舍科研事业

别看郑炜在商场上攻城略地，干得风生水起，但他最钟爱的科研老本行，一点儿都没丢下。在内心深处，他始终以科研成果为傲、以科研工作者的身份为傲，这也是他喜欢别人称呼自己“郑老师”甚于“董事长”“会长”的原因所在。

尽管公司业务繁忙，但他依然坚持做科研项目，并保持着平均每年做2～3个项目的速度，从未间断。郑炜搞科研的最大特点是眼睛向下，务实求是，专注那些经济社会发展亟须的题目，早期的项目令他印象深刻的主要有四个。

第一个是帮助天津市港务局升级门吊①控制系统改造。

我国早期的港口起重设备是比较落后的，继电器开关控制，效率低，操作工人劳动强度大，经常发生故障影响港口生产。1994年天津港务局提出对港口设备进行升级改造，郑炜承担了“M10-25型系列

① 门吊，即门式起重机，是用于港口编组和堆放集装箱的岸边起重机。

门座式起重机可编程序（PC）控制变频调速系统”项目，并于1994年通过天津市科委鉴定，该系统采用可编程序控制器和变频电机替代传统的电机和继电器接触开关控制，提高了系统的可靠性和柔性，使其具有计数、调节、通信、联网等诸多功能，为提高港口机械的机电液一体化程度，建立程序化、自动化的港口机械管理做好了技术准备。这套系统具有五个显著优势：第一是功能性强，可在门机上实现时限、计数、自动控制、数据传输等功能；第二是操作简单，大大减轻了工人的劳动强度，减少了人为操作失误事故的发生；第三是可靠性高，传统门机控制系统故障率为6%左右，此系统平均故障时间间隔大于2万～5万小时，故障率控制在0.05%以下；第四是适应性好，抗干扰能力强，能抗1 000 V、1 μs 脉冲的干扰，且能运用在各种规格的港口起重机械上；第五是经济性好，每年每台门机可节约停车检修时间约20天，提高生产效率10%，按当时效益指标计算，每台门机年增效200多万元。在此技术基础上，后来几年分期分批陆续对天津市港务局的60多台门吊进行了升级改造，不仅显著提升了工作效率、节省了资金、增加了效益，而且大大提高了该港口装卸机械的自动化程度，帮助港口实现了装卸机械自动化的跨越式提升。

第二个项目是油田新型钻井筛管的开发。

在油田开采领域，油层出砂是疏松砂岩油层开采过程中常见的问题。油层出砂不仅会影响采油质量，而且还会堵塞采油管道，影响开采的正常进行。采取防砂措施是解决油井出砂问题的主要手段。常规油井的防砂工艺包括机械防砂、化学防砂、复合防砂等，而这些防砂工艺中均要使用到防砂筛管。在油井中使用的防砂筛管容易产生堵塞、冲蚀破坏、腐蚀破坏等故障，导致筛管失效，并且筛管失效后，往往难以打捞，甚至有的油气井因筛管不能成功打捞，而被迫关井，甚至报废。

防砂筛管的结构一般包括管壁上设计有进油口的基管，基管上开设多个安装有过滤单元的孔，或在基管侧壁上设计有多个平行于该基管中心轴的缝隙（割缝防砂筛管），基管的外侧套设有防砂过滤层，原油经过防砂过滤层过滤后通过过滤单元（或管上缝隙）再进入基管中，大大减小了原油中的含砂量。目前筛管存在诸多弊端，一是在实际使用过程中，外部含有砂粒的原油直接不断地冲刷防砂过滤层，对防砂过滤层造成严重磨损，导致防砂过滤层的防砂能力下降，防砂筛管使用寿命降低；割缝防砂筛管的过流面积低，过流能力差，难以满足防砂需求；对在基管上钻多个孔安装过滤单元的筛管，在钻孔过程中，基管内壁往往有许多飞起的钻屑很难清理干净。

针对上述状况，渤海石油公司石油钻具厂找到郑炜，希望与其联合开发一种新型的防砂筛管。郑炜听了相关情况介绍后，对该项目非常感兴趣，当即答应合作攻关。

接受任务后，郑炜到采油现场对国内使用筛管展开实际调研，了解使用情况、滤砂效果、故障原因和种类。他结合查阅国内外大量文献资料综合分析，对原防砂筛管的结构和制造工艺进行了根本性改变。一是对基管上的过滤单元进行重新设计，每个过滤单元包括过滤组件和保护片，过滤组件沿该基管的外管壁到该基管的内管壁的方向设置有多个环形缝，保护片上设计有通孔；过滤组件安装在基管壁上的通孔内，保护片安装在基管壁上的通孔内靠近基管外壁的位置，且过滤组件沿基管的外管壁到基管的内管壁方向设计有多个环形缝，因而增加了防砂筛管的过流面积，提高过流能力，从而提高防砂效率。二是在过滤层外增加绕丝层。增加绕丝层可避免含砂原油直接冲刷防砂过滤层。绕丝层与过滤层之间在过滤层的周向间隔设计有多个支撑筋条，支撑外侧的绕丝层，相邻绕丝圈之间形成供原油进入的过流通道，相邻支撑筋条之间形成供原油中的砂粒进入的空间，这样可以大大减小含砂原油对过滤层的冲刷，提高过滤层的使用寿命。同时支撑筋条和绕丝层可以提高基管的整体强度，减少防砂筛管的损坏情况，进而大大延长防砂筛管的使用寿命。

为保证绕丝层的质量，郑炜专门设计了基管钢丝缠绕器。钢丝缠绕器可绕基管外壁自动旋转行走；可调节钢丝的缠绕密度，保证绕丝层的绕丝排列均匀；绕丝力大小可调可控，使绕丝层达到了设计标准要求。

为了保证新型防砂筛管的制造质量，还设计了便携式管道内壁清理机。该机由驱动装置、浮动清理装置、定位延伸装置、滚轮移动装置、移动送进管等一体化结构组成。浮动清理装置由安装座、浮动清理头、挡盖、安装螺栓等组成。浮动清理装置在马达带动下高速旋转，清理头在离心力作用下甩出滑槽贴紧管道内壁，对管道内壁的毛刺等进行清理。由于采用了清理头浮动的工作原理，清理中在遇到障碍物或管径变小使其阻力大于离心力时，清理头即被自动压回槽内，当离开障碍物或管径变大时清理头在离心力的作用下又自动贴紧壁面，从而避免了因管道内壁不平整或管内径变小发生卡住或打坏清理头的现象，以及对管道内径变大的部位出现清理不到的现象。因为每一个清理头与管道内壁的接触面为清理头的宽度，旋转时每一个清理头即清理一段与清理头等宽的内壁面。由于装有多个清理头，对管道内壁形成多次清理，所以该管道内壁清理机具有使用方便灵活、清理彻底、清理质量好、效率高等特点。

新型石油钻井进筛管受到油田的高度认可和普遍应用，先后获得两项国家专利。

第三个项目是帮助中国海洋石油集团有限公司升级改造春晓油气田4号采油平台。

春晓油气田是新星公司于1995年在东海大陆架盆地西湖凹陷中钻探发现的一个大型油气田，位于浙江宁波东南约350公里处。2000年，新星公司被中海油收购，春晓油气田也归属中海油所有。4号采油平台投入使用后，采油设备达不到平台设计技术指标要求。2001年，中海油决定对该平台设备进行升级改造，并由渤海石油公司的平台公司具体负责实施。由于渤海石油公司技术力量不足，请求天津大学给予技术支持，帮助他们共同完成春晓油气田4号采油平台的升级改造。天大将这个任务交给了机械系和海船系，由郑炜总负责，海船系予以协助。

郑炜与海船系童家明老师一道，带领郑炜公司机、电、液、仪器、仪表等方面十名工程技术人员组成项目组，一同驻扎在塘沽中海油渤海公司，与油田设计院的工程师共同完成改造的设计任务。接受采油平台升级改造任务，对郑炜来说也是一次新的考验。一是因为对采油平台这样的大型装备第一次接触，对平台的整体要求、设计规范、设备性能、采油工艺、作业标准、操作流程等都不熟悉，需学习补充相关知识，尽快熟悉掌握；二是采油平台设备涉及采油、机械、电气、液压、仪器仪表等众多领域，种类繁多，且绝大部分是进口设备，资料涉及英文、德文、法文等，需及时学习、了解、消化、吸收；三是这次升级改造时间紧、任务重，必须边设计、边制造、边施工，出不得半点差错。郑炜倍感压力巨大，他和油田设计院负责人商量，将天津大学项目组与油田工程技术人员结合分组，取长补短，相互配合，各司其职，这样大大提高了工作效率，也减少了出错的概率。这段时间郑炜非常繁忙，计划安排、方案讨论、图纸校验、审核批准，经常加班到深夜。用了半年多的时间，完成了春晓油田4号采油平台升级改造的设计、制造与安装任务。为保证设备调试工作顺利，油田任命郑炜为设备安装调试的技术总负责人。为了做好调试的准备工作，郑炜和同事们消化每台设备和仪器、仪表的外文资料，编写详细的设备调试大纲，单机调试，联机调试，分系统调试，总体联合调试等，仔细考虑每一个逻辑步骤，仔细核对每一个设定参数，仔细推敲相互间的影响因素，确保做到万无一失。中海油方面还从天津市仪表厂请来一位高级工程师，协助郑炜上平台指导调试工作。

预定上平台这天，偏偏赶上海上刮起了六七级大风。按平常规定，超过五级大风，小型补给船就不出海了，否则会有倾覆的危险。站在岸边望着海面翻滚汹涌的海浪，郑炜的心头也直打战，但根据海况预报，几天内天气都不会好转，由于工期十分紧张，为了抢时间、赶进度，想来想去，他们还是决定立即出海！

果不其然，补给船有三四层楼那么高，平日行驶在海中如履平地，如今却好像变成了玩具船一般，在滔天巨浪中上下颠簸，左摇右晃，一层已经灌水了，浪花甚至打到了二层的甲板上。坐船出海郑炜也有十几回了，但在这样的大风天出海，还是头一次。六七个小时的航程简直就是一段恐怖的旅程，平日里很少晕船的他吐得一塌糊涂，头昏脑涨。

好不容易上了平台，却顾不上休息，马上召开准备会议，了解工程施工进度，设备安装情况，机、电、液连接准备情况，并对调试组成员分别进行调试前的相关培训。由于准备充分，前期一个多月四十多台（套）设备、仪器、仪表的调试工作进展顺利，没有出现大的问题，重要设备只剩增加原油生产的德国莱斯特利茨"多物资输送增压泵"没有调试，因为这种重要的大型设备，都要等待厂家派技术工程师到现场指导，共同完成调试，而德国专家一直没到现场。该增压输送泵非常先进，是海上采油的重要设备，它可以不需要输送原油和天然气的分离管道，将原油、天然气、水、固体物等不用分离，不用空压机等设备，从海上油井直接输送到加工厂。而且，对于高黏度原油、含固体颗粒物的流体、高气体馏分、低井口压力等都能适应，是取代常规高压油气输送系统的首选设备。这两台设备可是个大家伙，整个撬块有15米长，4米多宽，比一间屋子还大。

德方专家终于来了，郑炜及调试小组成员与两位德方专家就调试方案进行了讨论沟通，翻译将郑炜拟定的调试方案向德方专家做了介绍。该方案分两步，第一步是德方专家到现场检查各元件安装是否正确，水平精度、垂直精度、同轴度等是否符合要求。然后，卸开增压泵前后的管道，用高压空气吹扫管道，保证调试前管道清洁、无焊渣等颗粒渣滓混入。第二步是按照说明书步骤调试压力、流量。但这样会多花费一天时间。

德国专家听了却不同意，说根据他们的经验，第一个步骤中拆卸管道检查完全没有必要，要按他们的方案来调试。中海油的专家和天津市仪表厂的高工也同意按德国人的调试方案调试，这样可以节约时间。郑炜心想，设备是德方生产的，原厂专家对设备的了解程度肯定比自己强，也就不再坚持，决定由德方专家主负责，按德方调试流程进行调试，中方调试小组负责配合操作、参数记录等工作。

12月19日晚十点半设备调试正式开始，机械检查、电器检查、压力检查、控制检查，一切准备就绪，合上电闸，德方专家启动系统，机器在隆隆的轰鸣声中平稳启动。运行5分钟、10分钟、15分钟，运行平稳，仪表正常，正当大家要祝贺设备调试成功时，突然，郑炜听到从螺杆泵里面发出“刺啦刺啦”的金属研磨的刺耳声音，他随即告诉翻译，请德国专家停车检查一下，运行声音好像不对，似乎哪里有研磨。翻译向德方专家转达了郑炜的提议，德方专家并未理会，而是回答说，没有问题，运行情况正常。调试继续进行，但金属研磨的声音并没有消失，郑炜始终对这种声音十分担心，他再次让翻译提醒德方专家检查，德方专家并未停车，而是拿着改锥当作拾音器，放在泵壳和轴承上听了一会儿，仍坚持说没有问题，并略带不屑地说，这种泵就是这种声响，是油砂研磨的声音。见德方专家非常笃定，郑炜也不再坚持。40分钟过去了，除了郑炜认为的声音异常外，调试全部参数符合要求。当时已经是夜里近十二点，12月海上的深夜，平台上冷得要命，人人都裹着厚厚的军大衣。见调试全部参数合格，也没有发生意外情况，也就放心了，郑炜和调试小组的其他成员决定回宿舍休息。当他们爬到四层平台刚要进宿舍时，只听“呜……”一声巨大的闷响，机器的轰鸣声戛然而止。郑炜急切地说：“坏了，机器闷车了！”

第二天，经过拆解检查，发现在双螺杆泵的两根螺杆之间有几颗焊接的焊渣颗粒，两根螺杆的啮合表面已经严重研磨，导致螺杆抱死“闷车”。螺杆泵是平台上的主要输油设备，它这一坏，平台的损失就大了。工期紧张，中海油方面很着急，在国内到处联系相关单位维修，但没一家能修得了这个大家伙。后来，实在是没法子了，只得从德国空运来原厂的配件。这一次故障导致100多万元的损失。

除了这次大事故外，郑炜负责的其他设备的调试没有发生任何事故，工作进展非常顺利。经过这次事件，郑炜在采油油田的名声大振，东海油田平台改造指挥部对他的工作非常满意，评价他是工作认真、作风过硬、技术全面、经验丰富，是我国发展海上油田急需的复合型人才。一个月后，他们完成了平台全部调试任务。在即将下平台前夕，平台项目总指挥——中海油东海分公司李明副总经理找到郑炜，盛情邀请他加入东海分公司担任副总工程师，并开出了高于他当时近10倍的薪酬。但郑炜婉言谢绝了。

第四个项目是为海军研制特定型号活连环。

活连环（又称锚卸扣，其上有一活动销轴实现锚链与锚的连接）是军舰上连接锚和锚链的活动连接装置，是连接锚的重要部件。1996年一场罕见的超大台风袭击了东南沿海某军港，导致有的军舰锚链损坏，多艘舰船碰撞、损坏，损失惨重。1998年，我海军从俄罗斯进口了一艘5万吨级补给舰，由于当时我海军尚未有能满足该舰吨位锚要求的活连环，使该舰存在极大的安全隐患。2001年又出现“榴梿”台风，给海军敲响了警钟。2002年，海军装备部将为5万吨大型补给舰研制新型活连环的任务下达给海军某院校研究单位。海军相关单位找到郑炜，希望能与其合作完成研制新型活连环的任务。该新型活连环要求体积小、质量轻、强度高、耐海水腐蚀、不生锈、操作方便、便于战士单人作业。这个课题涉及机械结构、材料力学、金相热处理、锻造工艺、电镀防腐等多个领域，具有较大难度。第一要适配，第二性能强度要高，但整体质量又不能太大，否则人力收不动，第三还得防海水腐蚀，不生锈。

郑炜运用有限元分析方法，构建多个受力模型，对活连环进行了精确的力学对比分析，根据各部位受力变化图进行结构优化，材料选择强度高、韧性好、抗冲击性能优的高强度特种合金钢，电镀工艺与材料匹配，使其结合力强，抗海水腐蚀性能好，最后得到优选的综合方案和结构设计。理论上通了，但接下来的加工制造和样品实验却遇到了极大困难，国内许多锻造厂单位都不能承担新型活连环的制造任务，经过多方打听和实地考察，最终选中与青岛崂山锚链厂合作完成样品生产。1 000吨拉力的性能实验最后在中海油拖缆索节制造厂通过改造液压拉力实验机得以完成。该项目历时一年，最终成功制造出符合海军装备要求的新型活连环，为国防装备安全提供了保障。

海军相关合作单位对郑炜的工作十分满意，后面又把自动甲板除漆机的项目交给了郑炜。我们知道，军舰的涂装使用久了都需要重新涂装。涂装之前，势必要先去掉旧有的涂装。当时的除漆技术可以说是非常原始，就是通过人力，用砂轮片将甲板上的旧漆打掉，不仅效率极低，而且掉落的漆皮四处飞溅，很难收拾。给大型舰船除一次漆，往往要花费很长时间，还要耗费大量人力、物力和财力。郑炜经过大量的分析和试验，研制出了一种具有完全自主知识产权的多点自动浮动刀头甲板除漆机。该机器最大的特点是运用了旋转铣削原理，采用多点浮动铣刀，铣削力由弹簧自动调节，其铣削力的大小刚好可以将漆皮铣削下来，而又不损伤甲板。另外，他又贴心地设计了真空漆皮自动回收装置。这种装置可以把刮下来的漆皮即时回收起来，往昔除漆时漆皮四处飞溅的情形从此绝迹。

郑炜的科研事业一直做到2017年。说起这么多年做科研的感受，他主要有三个体会：

第一，只有热爱科研事业，才能做出成绩。别人看起来枯燥乏味的事情，在他看来却是乐趣无穷。因为喜欢，所以不管投入多少时间和精力，付出多少辛劳和汗水，他都会觉得乐在其中，是值得的。也只有这样不计成本地投入，才有可能做出成绩。反之，如果不热爱科研，是一定做不出成绩的。

第二，做科研不能急功近利，要耐得住寂寞，守得住清贫。做科研是寂寞的，一个人盯数据，一个人做试验，一个人写论文……感到孤单寂寞是正常的事情，最重要的是这样的经历不是一次性的，而是周而复始，日复一日，年复一年。受不了寂寞，坐不了冷板凳，是干不了这行的。做科研也是清贫的，从没听说哪个人通过做科研发了大财，成了大富豪。想赚大钱，就不要从事这一行。

第三，做科研一定要有恒心有毅力。做科研绝不可能速成，更不可是一日之功。短则三五月，长则几年十几年甚至几十年。一直不出成果怎么办？能不能沉得住气？还想不想接着往下搞？遇到困难就放弃，是不可能摘取科学的桂冠的。可以说，有恒心有毅力是科研工作者的必备素质。

9

心怀赤诚办社团

42年前，他只是一个青涩懵懂的大学生。42年间，他阅尽世事，涅槃蜕变，化茧为蝶。42年过去了，时光改换了他的容颜，岁月砥砺了他的精神，如今的他固然已是一个年过花甲之人，但内心深处对哈工大的热爱、对身为哈工大人的骄傲依旧炽热而浓烈。

重建哈工大天津校友会

哈尔滨工业大学天津校友会最早成立于1982年，到20世纪90年代初，一直由河北工业大学[①]的哈工大校友主管，风风雨雨十余年，也曾有过一段辉煌时期。1994年，因为未按期年检，校友会被主管单位天津市社团局注销。

注销容易恢复难，受客观原因限制，重建工作拖了又拖，一拖再拖，一转眼竟然已是十多年。在此期间，在津校友自发形成了以时任天津理工大学副校长朱世和、天津市教委政策研究室主任冯雪飞等为核心的校友团体，不定期组织小范围的联谊活动。

从2003年开始，哈工大全国校友总会联系在津校友，呼吁重建天津校友会。哈工大原校长杨士勤、总会办公室主任等负责同志多次到津考察，希望能重建天津校友会。2008年12月15日，总会致函朱世和与冯雪飞，希望两位德高望重的老校友能够出面带头，尽快重建天津校友会。朱世和、冯雪飞答应了，但他们面临诸多困难，比如没有场地、没

① 由于历史的原因，河北工业大学是河北省高校中唯一一所位于天津的高校。

有资金、没有人员，最难的是政策的限制。他们希望新成立的校友会是一个拥有法人身份的社团，然而当时的政策不允许校友会注册为法人。

一直到2013年初，政策即将放开的消息传了出来。朱世和、冯雪飞立即行动起来，加速推进重建校友会事宜。于他们而言，当务之急是确定秘书长的人选。秘书长主持校友会日常工作，是校友会运维的关键人物。校友会注册审批手续繁杂，需要他去推进；校友会注册得有注册地址、注册资金，需要他去协调；校友会成立后要开展各类活动，需要他设计、组织。理想的秘书长人选应当同时具备以下几个条件：第一，根据有关规定，不得在体制内任领导职务，这是条硬杠；第二，品格高尚，且在校友中具备相当威望，有扎实的群众基础；第三，具有奉献与牺牲精神，能为校友会提供办公场所和资金支持。想来想去，选来选去，朱世和与冯雪飞选中了郑炜，分别找郑炜聊过几次。

起初，郑炜没有同意，倒不是他不愿意为校友会出力，也不是怕为校友会花钱。事实上，他有着强烈的回馈母校的心愿。毕业这么多年了，郑炜一直觉得，他能有今天的成就，个人的努力固然是一个方面，但母校的培养也很重要。母校不仅教会了他赖以谋生立业的坚实专业知识，而且淬炼了他的人格，尤其"规格严格，功夫到家"的校训更是早已成为他坚定奉行的座右铭。如何报答母校的教育之恩，这是郑炜思索已久的问题。他之所以一再拒绝，一方面是考虑自己从未从事过类似工作，而且与校友们接触不多，担心自己做不好，辜负了大家的期望；另一方面，他现在既要抓教学、搞科研、带研究生，还管着三家正处于上升期的公司，并且家中又发生了一些变故，诸事缠身，分身乏术。

5月，天津市社团局明确政策正式放开，校友会可以申请注册了。冯雪飞、王魁臣、马芳廷几位校友再次做郑炜的思想工作，希望他能担起校友会秘书长的担子。几位老学长讲了广大天津校友对重建校友会的热切期望，分析了几位人选的具体情况，直言郑炜是最合适的人选：一来，他虽然在体制内，但不是领导职务，身份符合政策规定；二来，他有公司，具备为校友会注册、提供办公场所和资金支持的现实条件；三来，他的时间比较自由，便于灵活开展工作；最后，大家对他的人品、威望、责任心、工作能力和奉献精神是高度认可的。所以，考虑再三，大家还是想推荐他任秘书长。郑炜说，他最怕被信任，他不能辜负别人的信任。一旦接受了这份信任，他一定会全力以赴。见大家如此情真意切，回想多年来大家一起为恢复校友会所付出的努力，此情此景，郑炜已无法推辞，教学、科研、公司、业务、家庭，再大的困难都必须自己去克服，郑炜郑重地点了点头。母校之于校友，是温暖的摇篮，是知识的家园；校友会之于校友，是可以停靠的港湾，是位于他乡的家。能有机会报答母校的恩情，为广大天津校友们做点儿事儿，在母校和她的孩子们之间重新搭起一座连心桥，这事儿很有意义，也很有价值，得办！

郑炜从来都是个行动派，应下来之后，立即投入到紧锣密鼓的筹备工作当中。70多岁高龄的马芳廷老先生主动请缨做他的助手。两个人一起研究各项工作的具体细节，从材料准备、申报到完成注册登记，从联系在津校友到确定成立仪式的时间地点，事无巨细，逐项推进。特别是马老先生，不辞劳苦，事事主动，跑街道、去机关、上教委、拜访社团局，半年来不知道跑了多少趟。他的奉献精神也深深地感动着郑炜。他们相互鼓励，决心一定要将校友会办好。

苍天不负有心人，经过半年多的奔波，他们终于办完了校友会注册所需的全部手续。当年11月3日，哈工大天津校友会第一次会员代表大会暨校友会成立大会在天津广播电视大学胜利召开。哈尔滨工业大学校友总会名誉会长、原校长杨士勤，以及分管校友总会工作的副校长孙和义、校友总会办公室主任孟宏震等母校领导出席了大会。天津市教委和天津市社团局相关领导到场祝贺，宣布了市教委《关于同意筹备哈尔滨工业大学天津校友会的批复》以及社团局《准予哈尔滨工业大学天津校友会成立行政许可决定书》。会议听取了哈尔滨工业大学天津校友会筹备情况的报告；选举产生了天津校友会理事会、常务理事会成员，朱世和为会长，冯雪飞为副会长，郑炜为副会长兼秘书长，主持日常行政工作；讨论通过了《哈尔滨工业大学天津校友会章程》和《哈尔滨工业大学天津校友会会费管理办法》。

12月9日，天津市民政局正式批复同意哈工大天津校友会成立，并颁发了社会团体法人登记证书。至此，注销近20年之久的天津校友会终于得以重建，并且成为全国各地哈工大校友会中第一个正规注册、拥有法人身份的校友会。

重建虽难，但更难的是如何把校友会办好。筹备期间，郑炜就一直在思考这个问题。据估算，在津的哈工大校友约有8 000人之众，而校友会成立时登记在册的校友不足500人，还不到总数的十分之一。合抱之木，生于毫末；九层之台，起于累土。没有庞大的校友队伍做支撑，没有扎实的群众基础，一切都是纸上谈兵。所以，首要的是想方设法邀请更多的校友入会，充实壮大校友队伍。队伍建起来了，光靠开开会、吃吃饭、联联谊维持，效用也不大，得开展丰富多彩的经常性活动，到底要开展哪些活动，能开展哪些活动，如何通过这些活动切实增强校友间的凝聚力，拓展校友会的生命力，这都是问题。另外，关于校友会的定位和功用，郑炜也有新的想法。他并不完全赞同一些校友所持的“校友会要对校友有用”的观点，“对校友有用”只是校友会的功能之一，一些高校校友会的校友就是因为太过功利，彼此间为争夺校友会资源而互相攻击、拆台，既损坏了母校的声誉，也损害了自己的名声，造成了极坏的影响。郑炜认为，校友会的定位和功用应该更加博大一些，组织校友会是为了搭建交流情感、互通信息、共享资源的平台，其最终落脚点不仅要服务母校和校友，而且要服务地方经济和社会发展；尤其是理事会成员，更应正确处理“有用”和“服务”二者间的关系。他越想越觉得校友会责任重大、使命高远、前景广阔，越想越觉得自己肩上的担子沉甸甸的。激情的火焰在他的胸中熊熊燃烧。

经过认真思考和研究论证，郑炜与会长朱世和、副会长冯雪飞等理事会成员商议后，确立了校友会建设的指导思想，即秉持母校“规格严格，功夫到家”的校训，以“服务母校，服务校友，服务地方”为宗旨，致力于弘扬母校优良传统和传承哈工大精神，致力于增进校友与校友间的凝聚力，增强校友对母校的向心力，加速母校与天津市经济发展，通过联络、沟通、交流、合作、服务，为校友成长、母校发展、天津经济腾飞搭建平台。

社团重建伊始，首先应当抓好以下几方面的工作：一是加强组织与制度建设，确保校友会工作规范、有序地开展。从组织建设和制度建设入手，理顺组织架构，明确工作职责，建立规章制度，规范工作流程，为校友会工作开展提供组织和制度保证。二是强化校友会内部管理，完善工作机制。按照规范化、制度化发展思路，不断加强校友会内部管理体制建设，做到有章可循、有制度可依、有目标可考核，逐步建立健全组织活动机制、民主管理机制和规范运行机制，严格实行校友会工作年度报告和财务报告制度。三是创新校友会的工作机制与活动模式。校友人员众多，情况多样，单一模式难以满足全体校友的众多需求，只有根据不同的情况和发现的新问题，创新工作机制和活动模式，才能保持强大的凝聚力和持续发展的前进动力。四是加强互动与交流合作。采取走出去、请进来的方式，加强与先进地区校友会之间的合作与交流，学习先进的经验和做法，完善各项运行机制，使其成为结构更完善、行为更规范、作用更明显、特点更突出的校友会社团。五是强化服务校友意识，努力将校友会建设成真正的“校友之家”。校友会要牢固树立服务第一的思想，把服务校友作为全部工作的出发点和落脚点，把校友满意度作为衡量校友会工作的重要标准，通过扎扎实实的服务为校友成长成才、创业创新铺路搭桥，为校友事业发展加油助力。六是着眼大局，促进母校发展与地方经济建设。校友是学校的一个细胞，代表着母校的形象。校友会可以凝聚每位校友的力量，为母校的发展和形象延伸发挥作用。因此，校友会的工作要着眼大局，要将母校的发展与母校的形象延伸紧密结合起来，将母校的成果转化和技术服务与地方经济建设结合起来，用高质量、高效率的校友会工作为母校发展和地方经济建设尽绵薄之力。

郑炜领导秘书处提出的工作思路,得到理事会全体成员一致赞同，受到天津广大校友的交口称赞，也得到了校友总会的高度认可。

加强校友会自身建设

校友会要走正规化发展道路，必须得有坚强的组织和严谨的规章制度做保障。

依据《哈尔滨工业大学天津校友会章程》，郑炜组织秘书处先后建立健全了联席工作会、常务理事会、理事会、会员代表大会、党支部等组织构架，制定了《理事会议事规则》《行业分会管理制度》《社会捐赠管理办法》《财务管理制度》《行业分会内部管理制度》《校友会党支部工作原则》《会长轮值工作制度》《哈尔滨工业大学天津校友会青年分会章程》《哈尔滨工业大学天津校友会教育科技分会章程》《哈尔滨工业大学天津校友会土木建筑分会章程》《哈尔滨工业大学天津校友会继续教育分会章程》等10多项规章制度，明确了校友会的组织架构、议事规则、工作流程、校友会机构和分会设立、重大事项决策、大型专题活动主办、文体与兴趣活动开展等工作的基本依据和原则，还设计了天津校友会会徽、会旗、各分会会旗，确定了新校友入会宣誓誓词等，使校友会工作不断规范化、科学化、制度化。天津校友会的制度化建设水平很快就走到了哈工大全国各地兄弟校友会的前列，受到了校友总会的高度赞扬。

秘书处是校友会开展日常工作的办事机构，秘书长主持秘书处全面工作，设有秘书长一人，副秘书长和秘书若干人，下设办公室、文体部、外联部、分会与兴趣团体发展部等部门。其主要职责是，组织和协调各分支机构、代表机构、实体机构、行业分会等开展工作；推动校友会年度工作计划实施；处理其他日常事务。秘书处定期召开行业分会秘书长和各部负责人工作会议，推动校友会工作高效、有序地开展。根据天津市教委加强社会组织党建工作的要求，校友会成立之时即建立党支部，保证校友会工作在政治上与党中央保持高度一致。

第一届秘书处就设在郑炜的精韬伟业（天津）环保能源科技发展有限公司里，为校友会提供三个稳定的支撑，即免费提供稳定的办公场所，提供稳定的办公经费，招聘了专职工作人员，为校友会开展工作创造了良好的条件。

在重视组织建设的同时，郑炜也十分注重发展和培养骨干队伍。校友会工作的推动，需要热心的校友骨干的参与和支持。一大批青年校友主动请缨当志愿者，想为校友会的建设发展做一些力所能及的事情。郑炜通过秘书处将他们组织起来，加强培训和工作指导，并充分发挥他们的带动作用，分头开展工作。郑炜为他们统一定制了蓝色T恤，命名为哈工大天津校友会“蓝精灵”志愿团。骨干队伍的形成，凝聚了更多的校友资源，扩大了校友会的影响，使得各项工作和活动得以顺利开展，助推校友会真正成为一个校友互助互动、资源与信息共享的交流平台。

天津校友会毕竟是个新社团，理事会成员普遍缺乏抓校友会建设的经验。为能尽快提高理事会成员的工作水平，郑炜积极倡导通过“内外联合，互相学习”的途径，提出“走出去虚心学习，请进来拜师提高”，加强与各地母校校友会和在津兄弟高校校友会的联络与合作，建立战略合作伙伴关系，取长补短，共同提高。郑炜带领理事会成员先后走访了北京、上海、江苏、山东等10个省市的哈工大兄弟校友会，学习人家管理、建设、开展活动的先进经验，还陆续邀请了北京、河北、山东、陕西、上海、辽宁、沈阳等省市的校友会代表来津考察，指导帮建。

在哈工大校友会各地分会中，以北京校友会开展工作最有特色，校友活动也最为活跃。天津与北京地缘相接，人缘相亲，历史渊源深厚。天津校友会主动与北京校友会联系，请北京校友会领导来津指导工作。北京校友会熊焰会长、于明秘书长、白秋晨副会长、宋彦哲秘书长等校友会领导，以及哈工大创业校友联合会（丁香会）等组织多次来津指导工作，传授北京校友会的办会经验与新形势下的工作思路及做法。为能在京津冀协同发展中更好地发挥两地校友会服务校友和母校的职能，天津和北京校友会本着优势互补、资源共享、良性互动、协同发展的原则，立足北京的政治、文化、经济中心优势，以及天津高技术集群和地处环渤海经济中心的条件，于2016年2月在津组织召开了哈工大京津校友会工作一体化合作模式研讨会。会上，双方校友会领导和代表分享了各自的工作经验，提出了包括两地校友会互派联络员形成定期对话机制，两地校友线上社群融合交流互通，联合举办文体活动，适时组织创新创业路演与论坛等活动。双方会长签署了《哈尔滨工业大学北京校友会——天津校友会协同发展战略合作框架协议》，为两地校友会协同发展定下基调。

天津校友会还十分注重加强与兄弟院校在津校友会的联系与交流，积极与清华大学、天津大学、南开大学、西安交通大学、河北工程大学等在津兄弟高校校友会开展联络、联谊、联欢活动，建立联系，不断扩大影响。通过联系交流，学到了兄弟校友会好的经验，加深了彼此间的了解，为实现校友会工作跨地域、跨校域合作，搭建更广阔的交流服务平台奠定了基础。从2015年开始，每年的迎新春年会，他们都邀请清华、浙大、人大、上海交大、西安交大、天大、南开等兄弟院校在津校友会领导出席，进一步扩大了哈工大在天津的影响。

在自己摸索和学习别人经验的基础上，郑炜形成了组建行业分会、区域分会及特色团体组织等分平台，通过这些分平台开展活动、落实"三服务"的具体抓建思路。理事会发动广大校友，集思广益，群策群力，陆续建起了校友会网站、官方微博、微信公众号等媒体平台，"心天下"科技资讯数据库，增设了专家顾问委员会、外联部、文体部，按地域、区域、行业筹建了天津市滨海新区校友分会筹备群、天津市空港校友分会筹备群和建筑分会筹备群，还成立了青年分会、科技教育分会、土木建筑分会、继续教育分会等分支机构与特色俱乐部。

分平台主要包括三大类。

第一类是分会，目前主要有青年分会、科技教育分会、土木建筑分会、继续教育分会4个分会。

2004年12月，哈工大2004届在津毕业生建起"哈工大天津校友会"QQ群，之后逐年吸收应届毕业生加入，组成了以35岁以下青年为主的校友群。2014年初，以该QQ群的青年校友为基础，正式成立了哈工大天津校友会青年分会。青年校友是校友会最活跃的骨干力量，目前线上活跃人数超过1 500人。

天津市高校和科研院所是哈工大校友聚集较多的单位。考虑到教育、科研人员的工作特点，2016年4月9日，校友会正式成立了科技教育分会。中国民航大学副校长徐肖豪当选为科技教育分会首任会长。科技教育分会起点高，组织机构严密，工作细致有序，成立以来有力地推动了高校、科研院所教师和科技人员的交流、合作，以及科研设备与大型仪器共享等工作。2016年哈工大天津校友会与天津大学、北京钢铁研究院共同主办了“材料环境与表面工程”中新国际学术研讨会。同济大学党委书记杨贤金、天津天狮学院校长朱世和、北京钢铁研究总院副院长赵栋梁、新加坡南洋理工大学教授张善勇等知名专家与会，并对会议效果给予较高评价。2017年天津校友会组织举办了主题为“共性交叉，颠覆创新，现代工程”的丁香论坛。此后，科技教育分会又与天津大学、南开大学、中国民航大学等院校，陆续组织了有关教学管理、计算机模拟应用、空间环境与科学、石墨烯应用、MAX相共同研发、基因材料研究、微重力环境模拟等学术交流活动，促进了多学科交叉融合，增进了哈工大教育科技领域校友的感情与科研合作。

2018年12月16日，土木建筑分会成立，冯宏伟校友当选为土木建筑分会首任会长。土木建筑分会既包含了哈工大土木、建筑等学院的精英，也涵盖了原哈建工、哈建大以及继续教育学院培养出的设计、施工、科研、教学、咨询、开发、市政、公务及公共事业等专业前沿的名家，囊括了规划建筑、工程技术、环境环保、材料制品、开发管理、公共事业、装饰装修等专业方向，促进校友与母校开展教学、科研、学术等方面的交流与合作。

继续教育分会是2019年1月6日在哈尔滨工业大学继续教育学院天津中心同学会基础上成立的。这是全国第一个哈尔滨工业大学继续教育分会校友会。继续教育分会的校友成员主要来自于哈工大天津继续教育中心。中心成立于2000年，在18年的办学历程中，秉承哈工大的办学宗旨，规范管理，服务社会，得到社会各界的认可和哈工大的充分肯定。迄今中心已为3 000余人提供了继续教育的机会，逾百名学员被哈工大评为优秀学员。中心连续多年被哈工大评为优秀中心、示范中心并获得特殊贡献荣誉称号。

哈工大校友分布在天津市16个辖区和诸多行业，统一开展活动难以照顾到所有校友的不同需求，一些校友也有交通等方面的困难。目前，按地域已分别成立了天津市滨海新区校友分会筹备群和天津市空港校友分会筹备群，正在推进威海校区分会、交通学院分会、能源学院分会的筹备工作，积极探索行业和区域校友分会的建设发展。

第二类是专家顾问委员会。在成立科技教育分会的基础上，建立了哈工大天津科技人员信息库，从中选出杰出的科技工作者和技术专家成立了"专家顾问委员会"，并聘请房丰洲教授为第一届专家顾问委员会主任。房丰洲教授为国际纳米制造学会主席，获得国际制造领域杰出成就奖（Albert M. Sargent奖），是长江学者、特聘教授、国家重点基础研究计划"973"项目首席科学家，在国际上最早提出"制造3.0"概念。顾问委员会成员均由各行业专家组成。该委员会在帮助哈工大天津校友了解科技前沿和发展趋势，为广大校友提供关于科技创新立项、科研选题筛选、项目申报评审、科技成果鉴定、人才培养支持、产学研结合的咨询和支持方面，发挥了十分积极的作用。天津校友会还聘请了天津市卫生局退休专家为校友会医疗顾问，聘请芳草园艺术团艺术家为校友会艺术顾问，聘请圆壹心社国家二级心理咨询师为校友会心理顾问，为广大校友提供更加多元化的支持和服务。

第三类是特色俱乐部。为了让志趣爱好相投的校友能够更好地交流，几年来，校友会陆续创建了摄影、投资、IT、足球、羽毛球、心理、红酒品鉴、健身、单身校友等9个特色俱乐部，以及股市圈、财经群、遇见更好的自己心理学群、美食美味俱乐部、宝宝群等交流群，丰富多彩的活动，既加强了校友间的联络，活跃了校友的业余生活，又增进了校友间的友谊，大大增强了校友会的凝聚力。

不断深化“三服务”功用

在服务校友方面，天津校友会坚持每年都举办迎接母校应届毕业生来津工作的大型活动，请资深校友介绍天津概况及经济发展现状，请杰出校友分享成长经历与创业经验等，使新校友能尽快熟悉了解天津，尽快适应天津的生活和工作节奏，尽快成长。在迎新活动中，新校友加入校友会，都要举行隆重的入会宣誓仪式，使新校友在入会时既对校友会有一种家的感觉，同时又有一种神圣的荣誉感和责任感。

2016年，校友会根据京津两地临近和校友交流紧密的特点，尝试与北京校友会联合举办“2016年哈工大京津校友迎新活动”。校友会组织了60余名新校友赴京，与北京校友欢聚一堂，开启了京津校友会迎新活动的新模式。

同年，为配合母校建校96周年，校友会在天津北辰郊野公园举办了“献礼母校96华诞——天津校友户外徒步行活动”。这是一次主题鲜明的大型户外活动，吸引了逾百名老中青校友，其中有年近80岁的老校友，也有有志报考哈工大的校友子弟。大家摆队列，送祝语，徒步行，以饱满的热情和健康的方式表达了对母校生日的真诚祝福，展现了校友们团结活泼、心系母校的赤子之心。无人机拍摄了活动全程，活动视频在兄弟校友会中引起了强烈反响，得到校友总会的充分肯定。

2017年，校友会又与西安交大天津校友会联合举办迎新活动。

在服务母校方面，校友会成立以来，积极与校友总会联络，深入天津各重点高中开展招生宣讲等活动，服务母校高考招生工作。每年招生季到来前，校友会秘书处都会安排专人与母校负责招生宣传的同志提前联系，做好高考前招生宣传的准备工作。在招生宣传工作中，秘书处成立招生宣传工作领导小组，由常务副会长或秘书长任组长，成立由副秘书长负责的几个宣传小组，各小组对口不同的学校负责前期与中学联络、宣传期间接洽对接、高考后期报名跟踪等。校友会细致的工作受到母校招生宣传老师的称赞，也收到较好的招生宣传效果，扩大了哈工大在天津的影响，生源质量不断提高。2020年，哈工大给予了天津考生特殊录取的优惠政策。

此外，校友会还通过与地方政府沟通，积极支持母校技术成果在津落地发展。分别帮助哈工大两位教授在天津航天城投资创建了天津威瀚电气设备股份有限公司，在天津市北辰科技园区创建了天津福云天翼科技有限公司暨哈工大研究生教学基地。2016年5月，又推动北京校友领导的企业SMC（中国）有限公司与天津市北辰科技园区签订了投资20亿在北辰区建厂落户的协议。目前，该项目一期工程已经建成投产。

在服务天津经济社会发展方面，校友会着眼"大众创业、万众创新"的时代大背景，帮助校友解决创新创业和企业发展中遇到的问题和困难，为促进天津经济社会发展做出了积极贡献。

哈尔滨工业大学创业校友联合会（丁香会）在帮助校友创新创业、

项目落地、融资发展等方面具有丰富的经验。2016年4月，天津校友会与丁香会建立了合作伙伴关系，并在天津联合组织召开了双创经验交流分享会。6月18日，天津校友会联合丁香会、南开西区管委会，在津举办“才聚哈工大，智汇南开区”哈工大京津校友会创新创业论坛。会上，三方签署了《助力创新创业加快产业升级战略合作框架协议》，决定加强三方合作，共享资源，共谋发展，共创未来，整合哈工大校友在教育咨询、科技创新、人才培养、成果转化、产业升级等领域的综合优势，与南开西区的地缘、市场、资源、政策等优势相结合，将哈工大校友的创新创业活动与天津市的发展战略结合起来，促进哈工大及其校友企业家对南开西区的投资和相关成果落地，为南开经济转型升级提供支持。

科技教育分会与北京恒冠国际科技服务中心建立了信息互享合作关系，部分大学教师校友应聘加入了北京恒冠国际科技服务中心的“国安创客导师团”，搭建了高校与企业间人才资源共享、信息资源共享和科技成果转化的平台。天津12所高校的哈工大校友筹建了科研仪器设备共享数据库，建立了“心天下”信息共享平台，并定期发布相关信息，积极推动了高校科技信息、科研仪器、大型设备的共享，为开展学术交流和科研成果转化奠定了基础。

校友会毕竟是一个非营利性组织，主要收入来源是会费和捐赠。事实上，校友会重建伊始，仅在第一年收过10余名理事会校友的会费。后来，郑炜主动提出，全年活动经费由他独自承担。为确保秘书处能够有序高效运行，他还自掏腰包聘请了2名专职工作人员，仅此一项每年开销就在25万元左右；算上场地、办公费用、日常活动费用，以及外地校友来津交流等费用，每年他个人花在校友会上的资金高达30多万元。截至目前，他对校友会的资金赞助累计超过了200万元。

这就是郑炜，他认准的事情，自己出钱也要干好！因为，指引他前行的从来都不是利益与名望，而是发自内心深处的对母校、校友的深情厚谊，以及为母校、为校友们做点实事、好事、有益的事的责任感与使命感。

但他也清楚，“输血”不是长久之计、根本之策，校友会要想实现健康可持续发展，归根到底还是要在激活自身“造血”功能上下功夫。但怎么做才能激活“造血”功能呢，这是这几年间他日琢夜磨、苦苦思索的问题。

然而，天有不测风云，人有旦夕祸福，正当他意气风发，准备甩开膀子加油干的时候，一场巨大的打击降临了……

病中思考校友会未来

天津校友会成立三年以来，各项工作都取得了长足的进步，建设水平走到了全国哈工大校友会队伍的前列。郑炜总是说，哈工大天津校友会之所以能成为一个团结的、有奉献精神的、特别能战斗的校友会，这是朱世和会长、冯雪飞副会长等老校友悉心指导的结果，是马芳廷老校友和刘宝良副会长等秘书处成员辛勤付出的结果，是全体理事会成员群策群力、开拓创新的结果，是志愿者无私奉献的结果，是全体校友积极参与集聚奋进的结果。实际上，这三年间他的投入和付出是最多的，在兼顾学校教学科研工作和公司管理运营的同时，用心用力抓好校友会全面建设，从建会思路、组织构架、制度起草、拜访取经，到五年规划、年度计划、活动策划，乃至具体实施、来客接待这些细枝末节，他都是亲力亲为，可以说是呕心沥血。

这期间，他还高标准完成了教学、科研、指导研究生等工作，并推动自己的三个公司走上良性快步发展道路。郑炜始终保持着昂扬奋进的精神状态，一直在不知疲倦地工作、工作、工作着……进入2016年后，他经常感到身心疲惫、体力不支，尤其是入秋后颈椎、腰背和臀部开始出现经常性的疼痛。他身体原本很不错，近20年来一直是天津大学的长跑冠军，平时也很少生病，所以就没当回事儿，以为不过是过度劳累所致，只是到医院定期理疗而已。理疗期间，疼痛的症状的确有所缓解，但12月时他无意中发现小便颜色较深，逐渐呈深黄色，到月底时已经发展为暗红色。这时，他虽然已经意识到身体可能出了毛病，但由于当时正在紧张筹备2017年1月上旬的校友会年会，很多事情都需要他拿主意、去推动，如工作总结报告、财务报告、新年工作计划、嘉宾邀请、赞助商洽谈等需要他亲自完成，实在分不开身，就想着等忙过了年会再说。期间，妻子屡次催促他去医院检查，郑炜都说等忙完年会后就去。他对自己的身体很自信，心想没什么大不了的，挺几天就会好的。

2017年1月8日，校友会新春年会圆满召开。会上，校友会的医疗顾问华勇见郑炜脸色发黄、瘦得厉害，便询问了他的近况。听完郑炜的讲述后，华勇当时就急了，老郑，你也太大意了，依我看，你必须马上到医院接受进一步检查。然后，他就帮郑炜预约了天津市人民医院的专家。第二天早上，郑炜如约到人民医院做了检查，以为没什么大碍，孰料得到的却是晴天霹雳：医生很严肃地告诉他，在他的右肾发现了一个直径4厘米多的肿瘤，必须立即进行手术，否则后果不堪设想。

那一刻，似乎整个世界都被按下了静音键，医生、家属仍在说话，可郑炜只能看到他们一张一合的嘴唇，至于他们说了什么，他完全听不到，只觉得耳朵里嗡嗡作响，大脑中一片空白。是的，这不是他第一次面对死亡了，过往的人生中他不只一次地徘徊在生死边缘，他与死神可以说是老朋友、忘年交了。但那些都是即时的意外，一是主观上完全没有任何思想准备，意识不到自己可能会死，也就不知道畏惧；二是意外固然来得快，去得也快，比如被疯子突袭、科研时两次遭受电击，持续时间比较长的几次——在家里玩耍时磕到砖角、砍柴时滚下山坡、上课时被毒蛇咬伤，都是在昏迷无意识的状态下，昏迷过后，险情已经排除了。可这次不同了，他刚到花甲之年，上天就过早地将生与死的终极命题抛给了他，而且这一次给他留下了思考甚至是惧怕的时间。

震惊与悲痛之余，他开始全面检视过往的人生。他想，他这一生，哭过，笑过，苦过，甜过，爱过，恨过，六神无主过，也意气风发过，生活的酸甜苦辣都尝过了，人生的起起落落也都经历过了，细细一想，也算是不虚此生，值了；可是当他不由自主地想到未来时，悲伤又如海潮般退了又来，他不确定这一次能不能跑赢病魔，更不确定苍天给他留下的时间究竟还有多少。

他并不畏惧死亡，只是让他放心不下的人和事太多太多了，放心不下患有癌症的父亲（母亲已于2011年去世），放心不下妻子，放心不下儿女，放心不下公司，可要说最放心不下的还是校友会。三年了，校友会从无到有，由小到大，队伍越来越壮大，活动越来越丰富，知名度也越来越大。走到这一步容易吗？不容易！别人只看到校友会发展壮大，又有几人知道他付出的心血与遭遇的艰辛呢？没错，校友会是“复兴”了，但这种“复兴”全靠“输血”维持和全身心的投入，这几年光是他个人捐赠的资金就超过了200万元。所以，他现在无比担心，担心自己万一有个三长两短，校友会断了“血源”，又能维持多久呢？想到此处，他果断修改了已经预先拟好的遗嘱，加上了这么一条：“如果我有意外，捐献100万元给校友会，作为今后的活动经费……”家人非常理解，毫无异议。

郑炜耀患癌症的消息很快传开了，他的亲人、朋友、公司员工、商业伙伴，还有校友会的校友们，大家都为郑炜的病而焦急，纷纷前来探视。看着病床上脸色苍白但笑容依旧的郑炜，大家的心里有说不出的难受，多好的一个人啊，有情怀，有抱负，有操守，有作为，热情似火，和煦如春，命运却为何偏偏对他这般刁难？大家都表达了对他的关切，纷纷叮嘱他安心养病，要相信现在的医疗水平、相信医生，并祝愿他战胜病魔、早日康复。郑炜笑着应着，可他的心里早已做好了两手准备。

李绍红、冯雪飞、华勇、朱世和、刘保良、董雅等许多好朋友都在为他的病多方咨询，寻找最好的医院和最佳治疗方案。国家卫计委王贺胜副主任也专门打来电话关照，并建议他转院手术。2017年1月15日，郑炜转院至天津医科大学第二附属医院泌尿科。经检查，他得的是肾盂癌，并且已经进入晚期，必须切除严重病变的坏肾。

22日上午8时，郑炜被推进手术室。院方对他的手术十分重视，组织了最强的治疗团队，徐勇院长和张志宏两位著名专家共同为他进行手术。手术历时5个多小时，期间校友会朱世和会长、冯雪飞副会长、李静伟副会长、刘保良副会长、董雅等朋友及家属一直守候在手术室外，好在手术最终取得了成功。医生切除了郑炜的右肾、输尿管和部分膀胱。从术后检查情况来看，癌变的部分基本切干净了，但由于已进入晚期，怀疑淋巴系统已有扩散，还需要定期接受化疗。不管怎么说，总算是个好消息，郑炜庆幸自己又逃过了一劫。

郑炜是个闲不住的人，身体刚好了一些，躺在病床上又开始思考那个已经在他心头萦绕了许多年的问题：校友会究竟该怎么办？从鬼门关前走一遭后，这个问题在郑炜心头的分量越发重了。因为，他感到了一种前所未有的紧迫感。如果他能长命百岁，如果他的事业能一直蒸蒸日上，继续给校友会"输血"是没问题的，他也很乐意做这个事情。可是，他毕竟得了癌症，虽然手术成功了，虽然他对生有着强烈的渴望，但这副躯体究竟还能撑多久，只有天知道。一旦他出了意外，遗嘱中留下的那100万元顶多也就够校友会撑个三年五载，三五年后怎么办呢，没了资金来源，校友会还能维持多久？所以，必须得抓紧解决这个问题，想出一个长久之计、根本之策。这样，即便有一天他不在了，校友会还是会继续向前发展，不会因人而兴、因人而废。

他想到了一个办法，就是拿出准备给校友会的100万元入股办两个企业，企业从盈利中分出一部分给校友会做活动经费。经过审慎考虑，他选择了教育培训和广告传媒两个行业。一来，这两个行业他都有一些资源，便于迅速打开局面；二来，刚好有熟悉的校友从事这两个行业。

2017年1月28日，正月初四，郑炜在病床上给在新东方当老师的谢丽雯和创办广告传媒公司的逄国林两位年轻校友打了电话，谈了自己的病情以及对校友会长远发展的思考，并表达了自己愿意投资入股办两家企业的愿望。谢丽雯和逄国林没想到老学长身患癌症，还牵挂着校友会的长远发展，十分感动，当即表示同意。随后，两人提前结束春节假期，于2月4日赶回天津，到医院看望郑炜，并洽谈合作事宜。大家都有校友的情怀，商谈进行得很顺利，谢丽雯愿意从新东方辞职出来创业，逄国林表态同意与校友会合作，但还需要征得合伙人的同意。

事不宜迟，16日，郑炜在出院的第十天，即召集校友会冯雪飞副会长等理事会主要成员，以及青年骨干王国恩、阴妍妍、王堪捷以及谢丽雯、逄国林等人餐叙。但当天商量的结果并不理想，多数人并不看好教育培训，倾向于投资广告公司；可是，逄国林的合伙人却不同意校友会入股合作，建议新注册一家公司。

事情刚刚有了眉目，就没了下文，郑炜的心情也不免有些低落。餐后，谢丽雯单独找他谈话，表示愿意从新东方离职，出来和校友会一道创业，希望郑炜能支持她做教育培训。郑炜被她的诚意和热情打动，决定先出资60万启动，帮她创办哈工大天津校友会新学派培训学校。

在此期间，王堪捷、阴妍妍、逄国林等人也多次找郑炜商量，希望能为他分担一些。他们觉得校友会长期发展，最好还是要挖掘校友企业，争取校友企业的支持与关注；但要想让校友企业重视和支持校友会，首先得让他们感受到校友会平台的潜力与价值。因此，在王堪捷的倡议下，他们打算每人捐出一万元，利用周末的时间，义务为校友企业拍摄宣传片，依托校友会平台在广大校友中推广这些企业和他们的产品。郑炜听了十分感动，有热心的校友无私奉献、薪火相传，这才是校友会最为宝贵的财富。他鼓励他们放手大胆地去做，有困难的话，随时可以来找他。王堪捷他们做了两期视频宣传片，效果不错，反响很好。但不久后王堪捷单位调他到北京总部工作，这个项目被迫停止。

接下来的日子，郑炜一面接受化疗，一面帮助谢丽雯筹划创办教育培训公司，从选址、装修、布局到注册，他都亲自参与过问。

最初，他每三周做一次化疗，第一疗程8次。但做了5次化疗以后，郑炜决定停止化疗，一个是太痛苦了，另一个是对健康损害很大，人已经变得越来越虚弱。校友会培训公司的事情刚刚起步，还没个着落，他决不能在这个节骨眼儿上把身体搞垮了。亲人、朋友、校友们也不断地鼓励他，并积极地帮他想办法，联系国外治疗。

经朋友多方努力，2017年8月郑炜转到日本接受生物基因疗法治疗。此后，他每隔三周就飞一趟东京。虽然费用不菲，但据接受过这种疗法的朋友介绍，生物基因疗法的确对多种疾病很有效。郑炜信心大增，觉得战胜病魔有了希望，他由衷感喟，活着真好，更加觉得应该把握住这有限的生命，奋发有为，多做一些有意义的事情。

2018年1月14日，校友会新春年会暨五周年颁奖典礼胜利召开。这是郑炜患癌症后第一次与新老校友们集体见面。

他在病中认真撰写了校友会五年来的工作总结报告，以及年会所需的其他会务文件。在总结报告中，他系统地回顾了校友会的发展历程和过去五年的工作情况，并对校友会今后的建设发展做了规划。撰写总结时，许多感人的画面又涌现到了他的眼前。五年来，校友会中涌现出一大批热心校友会工作的校友，他们为校友会无私地奉献智慧、时间、精力和资金，付出了许多辛勤的劳动和汗水，为校友会工作开展注入了持久的活力和动力。对他们每一个人做出的点滴努力和贡献，郑炜这个秘书长都铭记在心，他特地表达了自己的感激之情："马芳廷老校友78岁高龄，从校友会成立筹备到现在，一直以持续旺盛的精力，为校友会奔走并积极建言献策。刘保良校友几年来一直兢兢业业，为校友会的发展和活动开展奔波奉献，不辞辛苦。于家新校友为校友会注册赞助3万元资金，调回大连工作后，仍持续关注天津校友会的发展。家住武清区的熊敬友校友，人在北京工作，但每次大型活动都回津参加，而且每次都捐款赞助。武洋、逄国林、阴妍妍等校友不但积极参加校友会活动的组织工作，而且每次都积极赞助。李俊峰校友今年刚到天津工作，就连续赞助了两次大型活动。刚参加工作的工薪阶层校友孙浩，每次活动都从家乡运来土特产'五常大米'与校友分享。王堪捷、逄国林、阴妍妍校友每人又自掏一万元，为校友会录制优秀校友和校友企业的宣传视频，向全国展播。此外，还有其他许多校友就不一一列举了。在此，我代表校友会向他们表示衷心的感谢！"会上，郑炜荣获了"杰出贡献奖"。校友会给他的颁奖词是："校友会的每一步发展，他都竭力尽心，与有功焉；校友会的每一个进步，他都倾力用心，与有荣焉；他身患重病，却时刻不忘校友会的工作；他生活俭朴，却全力资助校友会的日常运转。他用巨大的付出推动校友会大跨步向前。"

在获奖感言中，郑炜向校友们报告了自己的病情和过去一年的治疗情况，谈了他对生命的认识和感悟，向家人、公司员工、广大校友对他的关心、帮助、支持与照顾表示了衷心的感谢，也特别讲了自己做秘书长工作的体会。他满怀真诚地讲道："今天，大家授予我这个'杰出贡献奖'，杰出这两个字实不敢当。作为副会长兼秘书长，这几年在校友会、理事会的指导与全体校友的支持和共同努力下，我尽我所能做了一些工作，为校友会的发展贡献了一点力量，我只是希望过去的五年中，没有辜负成立之初大家对校友会和我的期望。今天这个奖，实际上是许多校友会积极分子和奉献者的共同荣誉，这份荣誉应该属于富有奉献精神的你们！"

会后，学校和校友总会的领导多次打电话问候他、鼓励他，还把他的获奖感言发到了校友总会的全国工作群里。郑炜的事迹感动了全国各地的许多校友。这些校友们或通过来电来信，或通过邮箱微信，纷纷表达了对他的关心、支持、鼓励和祝福。一些校友还帮他寻医问药，免费寄药给他试用。校友们的鼓励和帮助，更加坚定了郑炜办好天津校友会的信心和决心。

2018年3月，天津新学派教育科技有限公司正式注册成立。

这时，郑炜心中又在酝酿一个新的计划了……

打造科技智库云平台

2017年10月，哈工大杰出校友、深圳猛狮集团副总裁李俊峰被集团派到天津，主持新能源工厂的工作。在加入天津校友会后，李俊峰知道了郑炜的事迹，深受感动，主动提出将猛狮集团的一些项目放到校友会平台上，请校友们帮助解决，这样不仅可以给校友们带来收益，而且校友会也可以提取一部分收益作为活动经费，分担郑炜的负担。当年底，李俊峰从集团拿来5个项目放到校友会平台上试水，包括防爆隔热废旧锂电池储存集装箱设计、小区充电站锂电池充电集装箱设计、电动汽车及电池代维服务站示范站的设计、充电工厂样板工程的设计与建设以及锂电池智能消防设备研发。没想到，不到两个月的时间，其中4个项目就被校友们解决了。其效率之高、速度之快，连有着多年科研经验的郑炜都倍感惊讶！

事后，他做了很深入的思考。他想，哈工大建校已近百年，仅在新中国成立后就为国家培养了各类人才近30余万人。这些毕业生遍布全国各地的各行各业，每个人身上都有技术，每个人手上都有一些资源。

如果建一个大平台，把这些分散的个人资源整合起来，绝对是一个数量惊人、潜力无限的资源库，并且可以将校友资源和校友需求直接对接起来，让校友服务校友，对广大校友和校友企业岂不是既便捷又实惠！另外，这么多年来科研成果转化率低，始终是困扰高校的一个难题。如果将母校科技成果也放到这个大平台上，助推校友资源落地不仅能大大提高科研成果的转化率，而且也能帮助校友企业节省大笔技术开发经费。

不过，话说回来，整合全国校友资源太难了。天津校友会毕竟是个地方分会，体量小，能量小，没有这样的号召力和动员力；况且，这事也不是说办就能办成的，需要相当长的时间才有可能初见成效；再说了，中国地域广大，校友分布太过分散，一个是沟通碰面不方便，二是很难形成合力。但着眼某一区域做整合还是可行的，比如天津校友会就可以立足天津来干这个事情。但新的问题又来了，天津的哈工大校友人数有限、资源有限、力量也有限，仅凭一个学校的校友资源来做这个平台，难以做大做强。郑炜又琢磨，能不能采取"城市+母校+校友会+校友"的模式，即立足天津一地，整合全国各大高校在津校友会校友资源，以及各校友会后面的母校资源，打造一个供需直接对接、科技资源共享、服务天津经济的"共享科技智库云平台"。

哎，思路一开天地新。顺着这个路子往下想，图景和路径越来越清晰。打造一个以校友会为纽带，采取"城市+母校+校友会+校友"四位一体新模式，整合校友会所属高校的科技成果、人才、技术资源，整合校友会下所属的校友，校友企业中的人才、储备技术及成果资源，共建面向国内外的开放型、自增长式的"高校天津校友会联盟共享科技智库云平台"，通过云平台，使城市、母校、校友会、校友形成更加紧密的利益共同体和发展共同体，让校友创富得利、让校友会兴盛繁荣、让母校荣光扬名、让城市发展复兴，实现四者“共建、共享、共融、共赢”的发展新格局。

郑炜的脑海里在一步步完善“共享科技智库云平台”的宏伟蓝图。

在这个容纳海量校友和高校资源的平台上，供方放资源，需方提需求，需方只需将科技需求内容录入系统搜索，系统就会自动推荐匹配的科技资源信息，供需双方即时就可以联系洽谈。说到底，这个平台的本质就是校友经济，有两层含义，一是用户和校友合作，校友为用户服务；二是用户与高校合作，高校为用户服务。它的优势是显而易见的，供需直接对接，无须经过第三方，节省了大量的时间成本和资金成本，对中小企业尤为合适。因为中小企业规模有限、资金有限，缺技术缺人才，无力获得专业的优质技术服务，如果有了这个平台，他们的困难将迎刃而解。

那么，这和校友会有什么关系呢？有关系！郑炜是这样设计的：供需双方通过平台达成合作，所获收益的大头归供方所有，剩下的一小部分则分给双方所在校友会。校友会出力搭建平台，校友通过平台服务获利，适度反哺校友会，合情合理合法合规。这也解决了绝大多数校友会面临的活动经费匮乏、发展后劲不足的问题。

除了为中小企业服务以外，更重要的是“共享科技智库云平台”以校友会联盟为载体，各校友会有众多基层校友网络可以辐射下沉落地，校友对母校有着深厚的情感，愿意无私地为母校的技术服务、成果转化推广出力，为中小企业与母校科技资源对接牵线搭桥，数十万校友将为母校的科技服务和成果转化搭建起数十万条“直通联络的对接通道”，从而为解决困扰高校科技成果转化落地“最后一公里”的问题，为解决中小企业因缺乏成果、技术、人才，转型升级困难的瓶颈问题，开辟前景更加广阔的可能空间。真正实现科技资源需求双方“自上而下”与“自下而上”结合的双向无缝对接，开创校地合作、校企合作、校友合作的“共建、共享、共融、共赢”新模式。

由此可见，搭建这个平台其实是一个多方受益、皆大欢喜的事情，对母校科技成果转化有利，对校友创业发展有利，对校友会可持续发展有利，对中小企业转型升级有利，对地方经济发展有利，对社会进步也有利。平台一旦建成、做大，其价值作用和深远影响是不可估量的。

想到这里，郑炜顿时觉得豁然开朗，精神为之一振，这是功在当下、利在长远的大事实事，必须马上干起来。找到新的奋斗点的他，浑然忘却了自己是个癌症患者的事实，反倒焕发出了比生病前更大的精神劲头。使命催征、责任在肩，他要时不我待、只争朝夕。

他立即行动起来，整日里不是看材料、想问题，就是给几位交好的企业家校友打电话，反复征求他们的意见。妻子看了直心疼，你做事业我是支持的，但咱是不是也得分分情况，你现在都这样了，还这么劳心劳力的，是和自己的健康、生命过不去吗？你就是不为自己考虑，也该为我和孩子考虑考虑呀！亲戚朋友们也纷纷劝他，你已经事业有成了，做多大算大，该留些时间享受享受生活了。这些金玉良言郑炜不是听不进去，但他感到内心深处有一股强大的力量在推着他拽着他，这个事他不能不做，非做不可！

2018年3月，在天津新学派教育科技有限公司注册成立后，天津校友会正式提出了打造天津市高校校友会联盟“共享科技智库平台”的倡议。倡议一经提出，就得到了全国高校在津校友会的积极响应和支持。

2018年，哈工大天津校友会组织各校友会、协会、高校、招商局、技术交易平台、网络运营公司等单位，先后举行了8次“共享科技智库平台”建设研讨会。经过不断的宣传发动与反复研究论证，不仅有意向参加平台建设的校友会数量越来越多，而且关于平台建设的一些具体细节也越来越清晰。

第一，建立此平台的宗旨越发明晰，“共享科技智库云平台”旨在深入贯彻落实中央关于创新驱动发展战略、“大众创业、万众创新”等重要精神，以各校友会校友、母校为基础，集聚高校校友的优质科技和产业资源，建立产学研协同创新机制，通过平台让校友联合会强大的校友科技智力资源和母校科技成果资源等为广大中小企业共享，助力中小企业降低产品技术研发成本，缩短产品研发周期，增强企业科技研发能力，提高产品市场综合竞争力，同时也让广大校友学以致用，充分发挥各自的技术优势与潜能，通过平台整合资源，协同合作完成项目设计与课题攻关，既可以提高团队及个人收入，又能增强企业和技术合作团队的科研储备和发展后劲，提升科研综合竞争能力，实现政府、企业、高校、科研院所、校友的多方共赢。

第二，明确了平台性质是利用非国有资产、自愿举办、从事公益类非营利性社会服务活动的法人社团组织。至于名字嘛，郑炜早已考虑成熟了，就叫市高校校友会联盟共享科技智库，尤其“校友会”这三个字很关键,不可或缺。

第三，定位更加精准。明确“共享科技智库云平台”是利用校友会在校友与母校间的情感纽带作用，通过校友网络辐射下沉落地，直接与对科技资源有需求的企业对接，搭建数百万条直接对接通道，实现科技资源需求双方“自上而下”（学校推成果）与“自下而上”（企业提需求）相结合的无缝对接，解决各高校科技成果转化落地“最后一公里”问题。

第四，“共享科技智库云平台”实行理事会管理模式，下设若干个专业技术委员会，拟建立校友名录库、行业技术人才库、科技成果库、企业资源库、企业需求对接平台等，这样能更有针对性地开展服务活动，工作更有效率。

第五，关于收益的具体分配，各方也达成了一致。80%归提供服务的技术开发团队所有；10%归合作双方所属校友会所有（技术需求方所属校友会，提供技术服务方校友会），其中六成归需方所属校友会，四成归供方所属校友会；剩下的10%归平台，用于平台的日常建设与运营维护，若是还有结余，则赞助给天津高校校友会联盟作为发展基金。

平台原计划于2018年年底正式成立，但先后发生了两个变故，推迟了组建工作。

首先是原来支持“共享科技智库云平台”建设的资金方出了问题。此前，广东猛狮新能源科技股份有限公司的几个技术开发项目被哈工大校友解决后，猛狮集团就决定一次性注资1 000万元入股，支持“共享科技智库云平台”建设，并且还准备投资成立科润新能源培训学校。但就在当年，猛狮集团董事长意外身亡，集团股权变化，股票大跌，面临退市，先期承诺的1 000万元投资成了空头支票。

郑炜既心疼又着急，万事开头难，这个思想准备他是有的，只是没想到这么难，已经板上钉钉的事情还能横生波折。一时的沮丧是有的，但他始终坚信创建“共享科技智库云平台”是有价值、有意义、有前景的好事大事，甭管遇到多大的困难、会吃多大的苦，他都一定要把这事办成！于是，他又恢复了手术前的工作状态，每天一遍又一遍地打电话给企业家朋友和各高校校友会负责人，诚邀他们加盟“共享科技智库”平台。

其次是郑炜的病情发生了恶化。

6月底，他接到了日本医院的复查报告，医生告诉他一个很不好的消息：最近的CT检查结果发现，他的癌细胞已经扩散，不仅左肾发现一个超过10 mm大的肿瘤，而且左腋下也发现5个10 mm左右的淋巴瘤，需要尽快安排第二次手术。因为要手术，共享科技智库的事也只能暂时放一放了。2018年8月9日，郑炜在日本东京女子医科大学附属医院泌尿科接受了第二次手术。手术切除了左腋下4个各10 mm左右的淋巴瘤，还有一个因与血管粘连无法切除。9月再次检查，医院发现郑炜的病情在持续恶化，且发展速度较快，左肾的肿瘤已长到17 mm左右，因为只剩左边这一个肾，院方提出尽快用化学疗法保守治疗。考虑以前化疗的效果有限，且对身体伤害太大，郑炜拒绝了院方的治疗方案。刚好，2018年10月美国FDA批准了PD-1免疫疗法正式上市。PD-1是一种广谱抗癌药物，对多种癌症具有治疗效果且对人体伤害较小。郑炜立刻托友人在日本联系有该疗法临床治疗经验的医院想转院，但日本几家有名的癌症治疗医院如国立癌症研究中心、日本癌研有明医院等，均不接受转院病人。无奈之下，郑炜只得暂时回国，委托在日友人继续寻找可以使用这种疗法的医院。

10月19日，出院不到两个月，他又组织召开了“共享科技智库云平台”研讨与筹备会。哈尔滨工业大学、南开大学、华中科技大学、大连理工大学、中南大学等十余所高校的校友会代表，以及天津市空港创业中心、中兴智慧产业园、企业文化研究会、天津创造学学会、天津邮轮游艇协会的领导和企业家40余人参会。在会上，郑炜对平台建设的意义、功能、作用以及目前的工作进度做了介绍。与会人员就平台的运营模式，平台与企业、高校、协会、商会的合作模式，平台与政府的关系与合作方式展开了深入的研讨，提出了许多有益的建议。会后，与会高校、天津市企业文化研究会、天津创造学学会、天津邮轮游艇协会的代表与平台达成了合作意向，并举行了签字仪式。

12月8日下午，"共享科技智库云平台"运行方案研讨会在天津城建大学召开。哈工大天津校友会会长、城建大学原校长朱世和教授，市科委原总工李彭越研究员，中科院计算所、天津理工大学、上海交通大学、中国民航大学、河北工业大学等高校与科研单位的教授、专家、研究生、企业家代表等共40余人参会。会上，大家就平台运行的主体、属性、资源配置、数据采集和辨识、成本控制及盈利模式等诸多方面各抒己见，就建设过程中可能遇到的痛点、难点逐一进行分析并提出解决办法，并对平台总体建设规划提出了中肯的建议和意见，最终明确了共享科技智库平台的属性、运营模式、资金来源、参建权益、建设规划、项目核心、系统建设、收益分配及互联网交互系统功能调整等内容。这次会议研讨，使"共享科技智库的云平台"构架、商业模式、运营模式、盈利模式、资本作用、云平台数据库建设等变得更加清晰。

经过一年来的积极倡导和持续推动，"共享科技智库云平台"的理念已经逐渐为大家所熟悉并接受，在天津赢得了越来越多的拥趸。会后，又有几家企业陆续与哈工大天津校友会签订了战略合作协议，准备投资入股；并且，又有30多所兄弟高校在津校友会申请加入"共享科技智库云平台"，使得参与这个项目的高校在津校友会达到了68所。

当选天津校友会会长

哈工大天津校友会理事会换届工作早在2018年初即已开始酝酿，原方案最大的人事变动有两处，一个是朱世和会长由于年龄原因不再继续担任会长，推举副会长冯雪飞接替朱世和任会长，另一个是考虑秘书长郑炜健康状况不佳，且他本人多次申请离任，同意其卸任秘书长一职。但2018年10月底时情况突变，冯副会长的调整任用未能得到天津市委组织部的批准，这样会长人选就成了换届工作的急中之急。校友会上上下下，推举郑炜为会长的呼声空前高涨。

这让郑炜很为难，第一，他自问做会长还不够格；第二，他现在既要看病，又要打理公司业务，还兼着天津市企业文化研究会的会长，此外还要推动“共享科技智库”平台的落实，太忙了，太累了。实实在在地讲，他并不想接会长这个担子。但朱世和、冯雪飞两位学长几次推心置腹的诚恳交流，以及校友们的热情与信任最终还是打动了他。

2019年1月9日下午3点，哈工大天津校友会理事会换届大会暨2019年新春盛典在天津市鑫茂天财酒店召开。哈工大老校长杨士勤先生及夫人蔡七雄女士，天津市人大原秘书长乔富源先生，哈工大原副校长、校友总会副会长景瑞先生，校友总会办公室卢长发主任，哈工大市政建筑学院、环境学院等领导，各兄弟高校天津校友会代表，在津有关协会、商会代表，哈工大外地校友会代表，以及在津校友500余人，出席了此次盛典。

其实，当天上午发生了一个重大突发情况，几乎就使这场盛典被迫取消。说起当时的情形，郑炜至今记忆犹新。年会最初的地址不在鑫茂天财酒店，而是在半岛豪亭大厦30层的多功能会议厅。头天晚上，校友会筹备组的工作人员就将会场布置妥当。孰料，这天上午9点半左右，半岛豪亭方面突然告知筹备组，大厦的4部电梯均突发故障，不能使用了，建议他们更换会场。筹备组负责人刘保良副会长赶紧向郑炜汇报。

郑炜听了，大吃一惊，在这种情况下，他只有两个选择，要么就是取消换届大会，择期再办，要么就是另寻场地，火速转场。这是一个两难的抉择。首先，1月的各个周末是各校友会、协会、商会集中搞年会的时间，此时寻找会场本身就不易，更何况是可容纳500人的大会场了！其次，更改会期也不现实，母校的几位领导此时已经在来津的飞机上了，部分外地校友会的代表昨天已经抵达天津，此时若是取消大会，负面影响极大。

权衡再三，郑炜咬了咬牙，下定决心：下午的会议准时召开，大家准备转场。他在电话中安排筹备组成员分头行动，有负责联系会场的，有转运物资的，有通知嘉宾和校友的，各司其职，落实到人。别的不说，光是火速找到一个能容纳500人的大会场，在很多人看来，根本就是不可能完成的任务。但郑炜仅打了几个电话，就把这件事情落实到位了。新会址定在距离半岛豪亭大厦20多里外的鑫茂天财酒店的一个大型婚庆宴会厅里。地方倒是够大，但没有大型显示屏，没有音响设备，没有足够500人用的桌椅和餐食，甚至没有服务人员。但大家群策群力，分头行动，紧急租借大屏幕和音响，紧急调配桌椅，紧急采买餐食，紧急召回服务人员，紧急转运会议物资，及时通知与会领导、嘉宾和校友，确保无一遗漏。经过4个小时紧张有序的忙碌，到下午两点多，所有准备工作全部就绪，他们共同创造了一个奇迹。

这次年会的成功召开，在天津高校校友会、商会、协会中引起了很大轰动，对哈工大天津校友会给予了很高评价。

这次意外，某种程度上也是对哈工大天津校友会五年工作的一次全面检视，它无可辩驳地证明，经过五年的锤炼，在母校“规格严格，功夫到家”校训的熏陶下，哈工大天津校友会已经成长为一支决策果断、反应迅速、协调有序、配合默契、执行力强、特别能战斗的队伍。

下午3时，大会顺利召开。

大会审议并通过了上一届理事会工作报告、财务审计报告、关于修订《哈尔滨工业大学天津校友会章程》的报告说明，以及本届理事会候选人筹备工作情况，选举产生了新一届理事会，推举郑炜为校友会新一届会长。

在会长致辞中，郑炜介绍了自己的病情，向信任与支持他的广大校友表示了诚挚的感谢，代表新一届理事会高度评价了以朱世和会长为首的上届理事会五年来卓有成效的工作和理事们无私奉献的精神，谈了自己对于抓好校友会工作的认识和体会，勉励新一届理事会要始终怀揣校友情怀，正确对待校友会的“功用”，把握校友会资源，并积极利用。他真诚地讲道：“我今年已经年满61岁了，而且身患癌症，我这个年龄和身体状况，本应该能少做点事就少做点事，能少担点责任就少担点责任，推荐我担任会长，是各位领导、上届班子和广大会员对我的信任和鞭策……应该说做会长我本不够格，所以在这之前的几个月也犹豫再三，思想上也很纠结，是校友们的热情和真诚，以及他们的信任和执着打动了我。所以我勉为其难地接受了这副担子，同时，也是接下了大家的这份嘱托和这一份沉甸甸的责任。我希望在以后这五年的任期内能尽我所能不辜负大家的信任和期望，与大家一道努力做好天津校友会的工作……今天，大家选我担任会长，既是全体校友对我的一份信任，也是大家鼓励我战胜疾病和对我美好生活与生命珍视的期许！谢谢校友们的这份特殊关爱与祝福！虽然我希望尽可能延长生命的长度，但我仍希望尽我所能活出生命的广度和深度！我将尽我所能不辜负大家的这份信任与期望！五年后，也许我的病如大家所愿已经康复，我也许将发现另一个更为卓越的自己！”

近年来，全国各地哈工大校友会工作非常活跃，尤其北京、上海、深圳、四川、西安等地的校友会都策划了许多生动活泼、富有创新和成效的活动。郑炜一直在想，我们天津校友会怎么办？关于校友会未来五年的建设，他的设想是结合新形势和天津特点，重点做好以下五个方面的工作。

一是加强校友会的文化建设。争取花一段时间总结提炼出天津校友会的校友文化，提炼出校友会的价值观、道德准则和目标愿景。尽管校友会是一个非营利的社团组织，是一个相对松散的弱联系群体，但大家能聚集在一起，为校友服务和奉献，是因为大家的心中都有情怀、有愿景。通过目标愿景和价值观的提炼与传播，凝聚校友的归属感，广大校友心中有愿景、工作有目标、行动有方向、追求有梦想、参与有使命。

二是加强校友会的资源平台整合。联合在津兄弟高校校友会加快共享科技智库平台的建设，整合在津高校校友会旗下的人才资源、企业资源、科技研发和技改需求资源、各高校母校的科技成果资源，尽快建设好行业专家人才库、科技成果库、企业资源目录库、企业供需平台，使共享科技智库平台早日服务各高校的校友和母校，服务地方经济。

三是推动开展外引内联工作。继续加强与外地哈工大兄弟校友会、各高校天津校友会、协会、商会的合作，针对不同对象探讨不同的合作模式，实现共赢发展。

四是加强对校友会各分会工作的指导。在对分会工作的指导方面理事会依然缺乏经验，需要走出去，多向北京、上海、深圳、四川、西安等校友会学习。尤其北京地区校友会是全国哈工大校友会工作的领航者，天津与北京地缘相邻、人缘相亲，两个校友会又是战略合作伙伴，近水楼台先得月。

五是提高校友会工作的质量和服务的有效性，开展形式多样、丰富多彩的群体活动。在这方面，郑炜非常赞同北京地区校友会熊焰会长讲的观点："要守住底线，活动放开。"各分会、兴趣小组、行业团队只要是觉得某项活动有兴趣、有需求、有价值，就应该积极开展，在丰富活动的基础上推动活动价值的提升。

郑炜最后说道："感谢上一届理事会为我们组建了一个年轻的、富有朝气的工作团队，我们将发挥年龄、结构、知识、精力、勤奋的优势，发扬上一届理事会的优良传统，坚持上一届理事会的工作经验，站在上一届理事会的高起点上，恪守信念、与时俱进、砥砺前行，力争圆满完成本届理事会的任务。把天津校友会办成全体校友传递友情和价值的情感纽带和精神家园，办成校友分享成功与喜悦的开心场地和休息驿站，办成校友与母校的沟通桥梁，办成校友间信息交流、资源共享的互动平台，办成助力校友事业发展的加油站与助推器，为再创天津校友会工作的辉煌做出我们的贡献！"

在场的人们纷纷自发起立，对这个自强不息、坚忍不拔的人报以长时间的热烈掌声。

窗外，雪压枝头，一点红梅初绽，那是希望的颜色……

推进共享科技智库平台注册

在王祖温、李志强、崔贺来、邓斐金、徐彦平、周世革、江卫东、孙兴涛、奚丹、王丽香、黄馨逸等众多友人的协力帮助下，从日本传来了好消息，日本著名的顺天堂大学医学部附属医院同意接收郑炜，并使用PD-1疗法为其治疗。

临行前，天津校友会的十几位年轻校友自发组织起来为他送行，并专门赠送给他一只“幸运手环”，希望幸运能常伴他左右，庇佑他早日战胜病魔、恢复健康。郑炜生活简朴惯了，平生从不戴任何饰品，包括手表，但这只手环他一直到今天都戴着。

2019年1月25日，郑炜再次飞赴东京，开始了每三周一次赴日治疗的历程。

他利用治疗的间隙，反复与一些校友会的领导，高校科技成果管理的领导，市科委成果处、区招商局的领导，哈工大大数据中心、中科院计算机研究所的专家，以及技术交易市场、网络运营与推广等领域的专家和学者，研讨、沟通、交流，落实了相关技术与启动资金问题。经过大半年的努力，共享科技智库筹备组认为这个项目已经具备了全面启动的条件。9月14日，郑炜正式发起召开了“在津高校校友会联盟‘共享科技智库’平台筹备会”，68家在津高校校友会和天津市各区政府代表共90余人参加了此次会议。会上，郑炜向与会的政府领导、高校在津校友会负责人和部分企业家，通报了近一年来共享科技智库平台的筹备情况，介绍了他起草的《高校（天津）校友会联盟关于建立共享科技智库的议案》（以下简称《议案》）。

在《议案》中，他梳理出了共享科技智库平台的5大功用。

一是聚集校友会的整合优势。校友会是紧密连接城市、高校和校友的桥梁纽带。高校校友会联盟能够最大限度挖掘、整合、开发蕴藏在高校校友中丰富的技术源、人才源、信息源、资本源，为天津经济社会发展服务。

二是整合技术人才与科技成果。共享科技智库平台以校友会为纽带，一头连接母校，一头连接校友，以科技成果转化与服务为抓手，通过在津的所有高校校友会向上整合津外著名高校以及相关科研院所的科技成果与人才资源，向下整合在津校友、校友企业的专有技术成果与人才，横向整合外地校友的科技资源，最大限度地实现了校内外的科技成果、专有技术人才在共享科技智库平台集聚集成，最终建设成为全球性、开放型、智能化的科技资源大数据库。

三是助力科技成果转化。共享科技智库平台以全国各高校在天津的校友会组成的联盟为载体，利用各校友会众多基层校友形成的网络辐射下沉落地，可以为中小企业与高校科技资源对接搭建数十万条“直接对接通道”，实现科技资源需求双方“自上而下”与“自下而上”的双向无缝对接，开创校地合作、校企合作、校友合作的“共建、共享、共融、共赢”新模式，从而为解决高校科技成果转化落地“最后一公里”的问题，为解决中小企业因缺乏成果、技术、人才而转型升级难的问题，开辟了更多更顺畅的途径。

四是助力招才引资。共享科技智库平台通过全国各高校在津的校友会和母校整合全球校友资源，吸引国内外更多校友及其母校，关注天津，服务天津、投资天津；吸引海内外校友企业总部或功能性、区域性总部落地天津，为天津招商引资服务；还将激发更多扎根天津的校友在天津创业发展的积极性，为天津经济社会发展做出积极贡献!

五是激发校友创新创业。共享科技智库平台通过聚集、整合，对科技人才和科技成果产生裂变效应，必将激发更多扎根天津的校友创业发展，给天津创新创业带来活力。

总的来说，就是以校友会为纽带，采取“城市+母校+校友会+校友”四位一体新模式，共建面向国内外的开放型、自增长式的科技资源大数据库系统云平台，使城市、母校、校友会、校友形成更加紧密的利益共同体和发展共同体，让校友创富得利、让校友会兴盛繁荣、让母校荣光得名、让城市发展振兴，实现四者“共建、共享、共融、共赢”发展新格局。

共享科技智库平台的构架由“四库+四平台”支撑。

四库是指，一是建立校友名录数据库，包含所有参与智库平台的高校校友会注册校友信息的电子资源数据库；二是建立行业专家数据库，在收录各校友会下专家校友、母校学者、教授等信息数据的基础上，面向全国各领域吸纳科技工作者、工程技术专有人才建立的专家数据库；三是建立科技成果数据库，容纳包括各校友会母校、其他高校、科研院所、企事业单位的最新科技成果、专有技术在内的信息建立数据库；四是建立企业资源数据库，形成校友企业目录以及合作企业技术、产品、市场、原材料需求数据的信息目录。

基于校友名录数据库、行业专家数据库、科技成果数据库和企业资源数据库，打造四大平台。一是建立科技服务云平台，提供技术开发、技术咨询、技术服务、成果转让、中小企业技术解决方案招标等技术服务内容；二是建立供需对接云平台，以企业资源数据库为基础，对接技术、产品、材料、资源、物资供应、市场需求等供需服务；三是建立金融服务云平台，引进投资方，全程了解科技成果研发进度，科技成果转化与企业对接过程，以及新成果、前沿开发研究和中小型科技企业、新兴产业等的融资需求；四是科技成果孵化器云平台，在平台上对有前景的科技创新、创意、新技术成果，提供小额资助或前期孵化，帮助其解决对应的需求提供服务。

平台运营采用理事会管理模式，下设若干专业技术委员会，开展科技服务活动。技术需求方可以进入平台，自己根据需求搜索获取相关专家、企业、技术等科技信息，与之对接，得到服务；同时，需求方也可将服务委托给共享科技智库平台，将获得共享科技智库平台组织的专业技术团队的服务，如项目调研、可行性分析、专家评审、价值评估、内部招标等更加优质、具体的服务。

在筹备会上，郑炜声情并茂地为大家描绘了共享科技智库平台的理想蓝图，他说："各位老师，各位校友，各位同仁，承蒙大家的热心参与，感谢大家的鼎力支持！我们大家基于对母校的感恩、基于对校友的情怀、基于市场对技术和人才的渴求、基于对我们这片土地的热爱，今天走到了一起。大家充满热情，怀揣梦想，为母校的发展、为校友事业的成长，为天津的经济腾飞共商良策。只要我们大家共同努力，梦想一定能变为现实，共享科技智库平台的使命也一定会实现。我们建设共享科技智库平台的使命是‘让专有人才人尽其才，让科技成果物尽其用’；我们的目标愿景是‘使共享科技智库平台成为突破科技成果转化瓶颈，服务中小企业的‘智慧阿里’‘科技百度’；我们的目标是要‘服务1 000万家中小企业，转让1 000万件科技成果’！我们一定要在天津这片人才知识肥沃的土地上，种植一棵吸引‘金凤凰’的‘梧桐树’，为天津发展引来更多全国乃至世界各地的先进科技成果和掌握这些科技成果的优秀人才，为天津经济社会发展做出我们的积极贡献。”

会场上响起了经久不息的掌声。会后，黑龙江工程学院校友会总会高峰会长，哈尔滨工业大学的郑炜、李俊峰、王志伟、王长雄校友，河北工程大学校友会向来会长，吉林工业大学校友会左成会长、张东来副会长等表示愿意出资做股东，共筹集前期建设资金600多万元，从而使得共享科技智库平台建设工作得以重新推进。

至此，经过一年多的酝酿、调研、研讨、论证和建设筹备，共享科技智库平台已经具备了注册运营条件。

眼看就差这临门一脚了，偏偏又生出了波折。筹备组数次找民政局报材料注册，民政局均以社团属性不明确、名称不符合要求、成员组成不规范等各种理由予以拒绝。2020年1月17日，郑炜亲自到民政局找登记处领导沟通，最后得知原因是共享科技智库平台不能以“校友会”字样冠字注册。这无疑是给了郑炜当头一棒，因为校友会联盟是平台的组织核心和本质属性，如果去掉了“校友会”，共享科技智库平台就抽去了精髓，失去了生存的基础和发展动力，失去了对全体校友的号召力，这是绝对不行的。近两年的心血眼看就要付诸东流了，郑炜是吃也吃不下，睡也睡不香，情绪一度低落。妻子看着实在心疼，不让干，咱不干了还不成嘛，天大的事情能大过你的身体健康？！亲人朋友们也一个劲儿地劝他，你这是何苦呢！有这劲头，和夫人孩子旅旅游，看看山水，品品美食，有啥不好？何必东跑西颠地到处看人脸色、听人指挥？

几十年的风风雨雨，经历过那么多的困难挫折，郑炜从不怨天尤人，他总是自己咬牙坚持，把认准的事情干到底，从没打过一次退堂鼓。但这一次，他真是感到身心俱疲，有些撑不下去了。为了建这个平台，他打的电话已数不清了，话也不知说了多少，光是大型研讨会就办了十几次，小型沟通会不计其数。做点儿实事儿怎么就这么难呢？要不就这么算了吧！可是一想到这两年来自己殚精竭虑、呕心沥血，一想到那些志同道合之士的期待眼神，一想到平台建成后的广阔前景和伟大意义，他的韧劲儿又上来了，山高人为峰，世上无难事，只要肯登攀。

他打开书桌上的台灯和电脑，在妻子的陪伴和"絮叨"声中，连夜起草了给天津市委主要领导的报告。在报告中他详细阐述了打造高校天津校友会联盟共享科技智库平台的初衷和意义，介绍了平台的结构框架和运营模式，并附上了《天津高校校友会联盟关于建立共享科技智库平台的议案》、拟参加平台建设的68家校友会的基本情况，以及津外地区注重校友资源、发展校友经济的情况介绍和成功案例调研报告。他写道："我们坚信，有市委、市政府的坚强领导和大力支持，有天津充沛的科技人才优势和良好的营商发展环境，高校天津校友会联盟共享科技智库定将成为促进科技成果加快转化为现实生产力的'梧桐树'，为天津引来更多的全国乃至世界各地的先进科技成果和掌握这些科技成果的'金凤凰'，从而助力广大中小企业高质量发展取得新成效，为天津经济社会发展做出积极贡献！"

这一夜，郑炜几乎未眠。

第二天一大早，他带着这份报告，再次走进了民政局的大门。民政局领导看了报告后终于松了口，但建议他去找校友会行业主管单位教委协商。郑炜原以为确定教委主管就会比较顺利了，不曾想后续的事情远比他想象得要复杂烦琐得多。围绕平台性质、冠名、社团属性及归属等问题，他辗转于民政局、教委、科委、科协等数个机构之间，有斗争也有妥协，几经反复，一直到2020年6月16日，才最终确定天津市科学技术协会为行业主管单位，平台以“天津市高校校友会联盟科技经济融合研究会”名字注册。

执掌企业文化研究会

在此期间，郑炜还兼任了另外两个天津市社团的领导职务，一个是在2016年接任的天津市创造学学会的副会长，另一个是在2018年接任的天津市企业文化研究会的会长。

天津市企业文化研究会成立于2012年8月25日，是由天津市委宣传部社会科学联合会主管的专门从事企业文化研究的学会，会长为天津原市委常委、市教委工委书记王鸿江，常务副会长为天津现代职业技术学院原院长刘俊心，副会长兼秘书长为天津现代职业技术学院原主任李靖。

成立近六年来，研究会在专家委员会的指导下，紧紧围绕天津企业发展的实际问题，针对企业特点，建立各具特色、解决问题的特质文化，使无形的文化转化为可操作、可执行、可凝聚的物化成果，走在了全国前列，先后被评为市级优秀学会、全国优秀社团组织。研究会累计出版了五本企业文化论著，其中，《企业文化学——现代经营管理的制胜宝典》一书代表了天津市企业管理的成果结晶，被推荐为北方八省市市委书记学习书目；《品牌文化竞争力》一书得到了时任商务部部长胡平的高度认可和亲笔题词。

辉煌时期，研究会拥有数十名全国知名的企业文化研究专家、百余名企业一线实战专家和数百家会员单位。但2013年以来，由于一些政策上的原因，大量国企单位“退团”，导致会员人数下滑至不足百人。

2017年，首届理事会任期届满，面临换届易帅。不少企事业单位的领导或托人说项，或毛遂自荐，有意角逐会长人选。但刘俊心常务副会长和李靖秘书长反复斟酌，觉得他们都不够全面，不太合适。为什么呢？第一，研究会是做企业文化研究的学会，不同于一般的行业协会，会长如果没有扎实的文化素养，是带不好队伍的。第二，既然与企业管理和文化相关，会长最好是由具有丰富的管理运营经验的企业家担任，并且最好是民营企业家。因为党的十八大之前，在研究会中是国企唱“主角”，民企唱“配角”；但党的十八以后，国企大批退会，民企将成主角，为顺应这个大形势，研究会理应由民营企业家当会长。第三，研究会毕竟是个社团，会长应该具备管理、领导社团的经历和经验。天津市有上千家国企和13万多家民企，此外还有大大小小机关团体、事业单位数百家，优秀人才犹如过江之鲫，但上述要求三者皆备的还真没几个。

选来选去，他们最终锁定了一个最佳人选，这个人就是郑炜，哈工大名校毕业，天津大学的教授，有知识，有文化，有素养，有眼界；白手起家，创办三家公司，企业均发展顺畅，合作伙伴遍布全国及海外，是学者型民营企业家；另外，他还是哈工大天津校友会的副会长兼秘书长，短短三五年间，就将天津校友会办得风生水起，全国瞩目，并且他居然是自掏腰包资助校友会，这种奉献精神弥足珍贵。从以往研究会活动邀请他做嘉宾来看，他对企业文化研究相当有热情。综合来看，他不仅三者皆备，而且是三者皆优。刚好研究会的常务理事张明起在郑炜的公司里任职，刘副会长和李秘书长就通过他进一步了解了郑炜的情况。这一了解不要紧，他们愈发钦佩郑炜了，想不到郑会长在身患癌症的情况下，依旧牵挂着校友会的建设发展，还在筹划建立校友会联盟共享科技智库平台，真是一位有情怀、有担当的好会长呀！如果请他来当研究会的会长，是绝对可以胜任的。

2018年底，他们就通过张明起约郑炜商谈。郑炜婉言谢绝了，毕竟他学校有教学、科研，自己有三家公司和哈工大校友会，不时还要为创造学学会建言献策，当时又在推进共享科技智库平台落地，再加上每月还要到日本治病，诸事缠身，无暇分心；况且，经营企业他虽然有一些经验，但企业文化方面他并未做过深入研究，没把握的事情，他从来都是很谨慎的。

但刘、李二位已经属意于他，为了等郑炜点头，他们专门推迟了研究会的换届日期。2018年3月，他们又找郑炜谈了一次。这一次，郑炜还是未表态，但两位会长觉得他的态度有所松动，回来后说服王鸿江会长，又将换届日期延迟到了5月19日。接下来的两个月，他们通过张明起不断地做郑炜的思想工作，可郑炜一直犹豫不决。眼看着换届日期将近，研究会方面又协调主管单位社科联，看能不能延迟换届日期。社科联没有同意再延期，回复必须如期换届，否则就只能注销了。刘俊心和李靖无奈，只能将这一情况告知了郑炜。郑炜一看不接不行了，他要是不接会长的话，这么一个优秀的社团就要被注销了，这才点了头。当时已经是5月10日了，距离换届日不到10天。

接下来的一周，郑炜抓紧补课，利用业余时间补习企业文化的相关知识，了解全国和天津市企业文化研究的现状，构思未来五年的工作规划，撰写换届大会上的讲话报告。5月19日，天津市企业文化研究会理事会换届典礼在中国铁路设计集团会议厅隆重举行，郑炜正式就任新会长。

在就职讲话中，郑炜系统地介绍了他的抓建理念，针对天津市企业文化研究会今后将以民企为主的结构组成，以及民营企业目前所处的市场难、技术难、转型升级难、融资难的不利外部环境，面临巨大的生存压力的客观现实，研究会将首先帮助企业解决这些急需解决的问题，将生存与发展相结合，将“虚”文化与“实”经济相结合，将物质文化与精神文化相结合，实现文化搭台，经济唱戏，促进企业生产力发展。为了实现这一目标，研究会将继续发挥好专家顾问团队的智囊团作用，与高校、校友会、校友会联盟“共享科技智库”平台合作，努力搭建好四个平台（服务职能平台、资源整合平台、政企交流平台、研究咨询平台），将研究会办成全体会员传递友情和价值的情感纽带与精神家园。服务职能平台是指依托强大的专家顾问团队和高校、校友会、“共享科技智库”平台，共同为企业提供培训、咨询、策划、设计等服务；资源整合平台是指加强与高校、校友会、协会、商会、“共享科技智库”平台合作，将各类资源整合到企业文化研究会的大平台下，将企业文化建设融入各种活动当中，互学互促互建，共同发展；政企交流平台是指成为政府联系企业的桥梁和纽带，为文化兴市、文化强企做出贡献；研究咨询平台是指依托强大雄厚的专家团队、高校、校友会等资源，结合新形势，承接政府、企事业单位委托开展的各类咨询和课题研究，以创新实战的新成果，为政府提供智库支持。郑炜说：“我提出的研究会构建‘四个平台’的构想，既是提升我们研究会整体建设的平台，又是我们为研究会所有会员，特别是为年轻一代有志从事企业文化建设事业的人才，搭建的成长、成才平台；既是我们分散工作压力的平台，让每个人都分担一点工作压力，又是我们诚意提升文化素养和参与企业文化建设的平台，更是我们研究会与会员单位和会员共生、共长的大平台。”

郑炜返聘刘俊心老会长为名誉会长，李靖秘书长为专家顾问委员会主任，亲自走访慰问曾经为建设企业文化研究会立下汗马功劳的老顾问和老专家，还召开了中青年骨干专家的鼓劲问计会，倾听各方意见和建议，集思广益，共商研究会建设发展大计。大家对他打造“四个平台”的理念高度认可，都觉得将打造“四个平台”与建设共享科技智库平台结合是一件很有价值很有意义的事情。

打铁必须自身硬。就任伊始，郑炜立即对研究会的机构设置和人员分工做了调整，充分考虑理事会的年龄结构、知识层次、工作经历、社会关系和个性优势，组建了一支老中青相结合的得力工作团队，聘请专职秘书长和执行秘书长主持日常工作，细化了分工，各司其职。在此基础上，他自己出资5万元作为平时开会、出差、调研等的活动经费，并从自己公司拨款给秘书处工作人员发工资。确定了目标，完善了组织，理顺了思路，规划了路径，理事会成员积极行动，“分头出击”，诚邀各方企业家入会。在他们的努力下，仅仅一个月的时间，会员数量就从原来的100余人增加到了500多人，使企业文化研究会的面貌焕然一新。

2018年11月，中国企业文化研究会在深圳召开“中外企业文化2018年峰会”，盘点改革开放40年来中国企业文化建设典型经验，表彰企业文化建设先进单位和卓越领导者。福建省原省长、商务部部长、国务院特区办主任、中国企业文化研究会名誉理事长胡平，国务院国资委、工业和信息化部产业政策司、商务部领导，受邀的欧盟驻华代表、德国企业家以及来自全国政、企、学、研各界企业文化理论工作者和不同所有制的企业家600余人参加了峰会。天津市企业文化研究会在此次峰会上收获多项殊荣，会长郑炜荣获“改革开放40年中国企业文化四十杰出组织者”称号，副会长王文奇荣获“改革开放40年中国企业文化先进工作者”，会员单位天津大通集团荣获“改革开放40年中国企业文化四十典范组织”，天津隆兴集团荣获“改革开放40年中国企业文化优秀单位”称号。胡平称赞天津企业文化研究会“将共享科技智库和企业文化的结合，是一个创新的开拓，将会为经济文化一体化做出实战性的探索”，勉励他们“成为企业欢迎、社会尊重、文化制胜、担当重责的社会组织”。

2018年，在郑炜“四个平台”建设思想的指导下，研究会建设取得了长足的进步：会员单位由原来的100多家，快速发展到500多家；研究会广泛开展各类活动，先后组织了多场企业文化高峰论坛和企业家沙龙，举办各类文化管理专业培训，同步开展经营管理策划、咨询、设计服务，全方位服务天津市各企事业单位；累计开展为会员单位解决实际问题和参观交流的活动共12场；全年组织开展各类考察对接活动15项。

2019年，企业文化研究会建设大放异彩。这一年，根据郑炜的战略规划，研究会先后与天津市薇电台、天津市传统文化产业发展协会、天津市律师协会和天津跨界协会联席会签订了战略合作框架协议。

薇电台是一个以传播有声文学作品为载体的文学艺术和播音艺术展示交流平台，是经过工商总局、腾讯官方双认证的国内一流的自媒体专业平台，拥有一支专业的播音团队，累计已发表高质量有声文学节目上千期。战略协议达成后，薇电台开辟专栏节目，对研究会会员企业进行企业家人物专访、企业管理经营、企业产品、企业文化建设等方面的持续报道，成为天津企业文化研究会对外宣传的重要新媒体平台。

天津市传统文化产业发展协会是在市委老干部局、市政府合作交流办公室、市政协文史委、市文广局等单位及市委老领导、老专家的亲切关怀和大力扶持下，经市民政局批准成立的一级社团组织，在弘扬传统文化方面资源充足、底蕴厚实、经验丰富。而郑炜抓企业文化建设，十分重视弘扬中国传统文化。协议签订后，天津市企业文化研究会与天津市传统文化产业发展协会实现了优势互补，以传统文化培塑企业文化，以企业文化反哺传统文化，在天津文庙联合举办了"儿童学国学、少儿夏令营"活动。天津市广播电台专门做了一期题为"如何开展国学教育"的直播，社会反响很大。

天津市律师协会是地区性律师行业自律性组织，下设18个专业委员会，会员单位有800多家律师事务所，拥有丰富的法律服务经验和卓越的专业水平。为了切实解决广大会员单位依法经营、管理的急需，天津市企业文化研究会与天津市律师协会签订了战略合作框架协议，依托天津市律师协会为会员企业学法、懂法、依法、用法提供服务与支持。研究会与协会会员单位北京盈科（天津）律师事务所合作，陆续推出了《商业模式创新——企业投融资新渠道》《企业家家庭财产与企业财产的隔离与保护》等公益法律讲座，深受广大会员企业和企业家的欢迎。

在内部建设方面，郑炜多次率队到中国铁路设计集团、大通集团、天士力控股集团、北门医院、新华保险、集翔集团、天津重钢公司、英吉客科技、诚泰环保、祥盛粉末新材料、天宝能源、合大健康等会员单位考察帮建，在公众号平台上推出了《企业文化大家谈》栏目，分期介绍会员单位的企业文化，在已有企业文化研究会会员的基础上，筹备建立环保、大健康、教育产业等三个分会群，逐步形成了以"四个平台"建设为基础，以共享科技智库平台为支撑，以优秀传统文化为依托，构建行业联盟，成立分支机构，一心一意为会员单位和社会服务的指导思想。

在外联活动方面，研究会邀请中国企业文化研究会副会长张艳涛一行到天津考察，双方达成了在文化建设咨询、文化思想论坛、基地建设、典型范例推广等方面进一步加强交流合作的意向；推动研究会加入天津市跨界协会，帮助会员单位建立起严谨细密的安全防护体系，有效增强了企业防范化解事故风险的能力；带领京津川冀40多位企业家，到杭州考察阿里巴巴、吉利、娃哈哈三家大型企业，与三家企业的领导、高管面对面交流互动，学习他们的先进企业文化，并组织参与考察的企业家召开杭州考察经验分享会；与天津滨海新区中小企业协会联合举办“文化引领方向，凝聚奋斗力量”企业文化座谈会……

郑炜还精心打造了另一张靓丽名片，聘请已故著名儿童教育家孙敬修先生的弟子、天津广播电视台原主持人孙家才为院长，牵头建起了天津首个综合性民间公益艺术团体——“畅想艺术剧院”，下设京剧、评剧、河北梆子、歌舞、朗诵、合唱等分团。郑炜创办畅想艺术剧院的初衷是为了发挥天津市传统文化艺术底蕴广泛深厚的优势，打造“幸福企业和幸福文化”，在艺术工作者和企业职工群众间架起一座顺畅便捷、互促共进、共享艺术的桥梁，丰富广大职工群众的文化生活，切实增强他们的幸福感、归宿感和忠诚度。

2019年8月初，郑炜和孙家才两人经过商议，决定于10月16日在中国大戏院举办“畅想艺术剧院”揭牌仪式暨首场慈善演出，所需经费均由天津市企业文化研究会组织捐赠。

在两个月的时间内准备一场高水准的演出，其难度可想而知。为了办好这场演出，郑炜拖着病体，亲自筹划准备，亲自勘查现场，亲自出面协调，经常与孙老先生磋商细节到深夜。中秋前夜，为了落实畅想艺术剧院成立的相关事宜和10月16日的演出，两人一直讨论商量到凌晨一点才结束。郑炜为孙老先生的认真精神和艺术热情所深深感动，他想，畅想艺术剧院在孙老先生的领导下，一定能成为天津市的靓丽名片。

10月16日的中国大戏院流光溢彩，花香四溢，座无虚席，欢声笑语。由天津市企业文化研究会、天津广播电台生活台和天津市慈善协会联合举办的"畅想艺术剧院"揭牌仪式及首场慈善演出隆重举行。

市人大常委会原副主任、市慈善协会会长散襄军，市政协原副主席、市慈善协会高级顾问曹秀荣，市人大常委会原秘书长乔富源等老领导，天津市企业文化研究会、天津市慈善协会、天津广播电视台生活广播、天津市市安全生产管理协会、中安安防京津冀专委会、天津市邮轮游艇协会、天津市传统文化产业发展协会、北京盈科（天津）律师事务所等企事业单位的领导，以及哈工大、浙江大学、国防科大、上海交大、西安交大等30多所天津校友会的负责人，还有近1 000名钟情优秀传统文化艺术的观众，一同参加了此次盛典。

散襄军、曹秀荣、郑炜和天津广播电视台生活广播总监制张丽英共同为"畅想艺术剧院"揭牌，并向剧院院长孙家才、副院长奚丹、傅慧珍颁发了聘书。散襄军代表市慈善协会，授予畅想艺术剧院"慈善文化志愿服务团"的称号。

郑炜会长代表天津市企业文化研究会致辞，他激动地说道："家国情怀浓，奋斗硕果香。戏要唱给知音听，事要瞄着百姓做。'畅想艺术剧院'的成立，将架起企业、艺术工作者和职工群众共享艺术的桥梁。有各级领导的大力支持，有一大批钟情艺术，造诣深厚的老艺术家的倾情奉献，有广大市民的迫切需要和热情参与，我们一定能把'畅想艺术剧院'打造成天津市弘扬优秀传统文化艺术的靓丽名片，使'畅想艺术剧院'真正成为老百姓拍手叫好的公益性艺术团体！"热情洋溢的致辞，赢得了现场观众的阵阵掌声。

舞台上做念唱打，高潮迭起，美不胜收，舞台下欢呼叫好，此起彼伏，震耳欲聋。天真活泼的少儿，高亢激越的合唱，激情四射的朗诵，异域风情的独奏，各展其秀的戏剧，让观众们痴迷陶醉，欢呼叫好。孙家才院长的妙语连珠，著名京剧表演艺术家康万生、武广江、齐桂华联袂演唱的《二进宫》选段，孙元木老先生的《穆桂英挂帅·大炮三声如雷震》，著名河北梆子表演艺术家陈春的《辕门斩子》，评剧表演艺术家刘凤华的《包公三勘蝴蝶梦》等，把演出一次次推向高潮，让观众们尽情享受到了中华瑰宝的艺术魅力。

畅想艺术剧院首场演出即一炮而红，2020年初孙家才院长应邀担任第四届中国教育春节联欢会总导演，率领畅想艺术剧院创演团队进京为全国观众演出，再次大获成功。

辛勤的付出换来了沉甸甸的收获。自郑炜担任会长以来，天津市企业文化研究会共成功选树了13个示范基地，塑造企业文化建设骨干单位6家，荣获国家级奖项14个。

2019年10月16日至18日，由中国企业文化研究会主办的“中外企业文化2019年峰会”在合肥召开。来自全国各行各业的企业代表和有关专家、学者等600多人参加会议。本届峰会的主题是“文化自强·铸就七十年工业基础；文化自信·新时代企业文明”，旨在总结盘点新中国七十年工业发展积累的文化财富，展示中国企业精神和企业力量的优秀典范，表彰企业文化建设先进单位和个人，探讨推广中国企业文化建设先进经验。

在本次峰会上，天津市企业文化研究会花开两朵，郑炜荣获“新中国70年企业文化建设先进工作者”称号，专家委员会主任李靖荣获“新中国70年企业文化建设研究优秀成果奖”。这是天津市企业文化研究会又一次在文化建设方面荣膺的国家级荣誉。

2019年10月21日，天津市企业文化研究会成为中国企业文化研究会副理事长单位，郑炜被聘请为中国企业文化研究会副理事长和《中国企业文化年鉴》编辑部编委。

喜迎哈工大百年校庆

2020年是哈工大建校一百周年。为了迎接母校百年华诞，郑炜早在去年就指导校友会，策划了丰富多彩的庆祝活动。一年来，天津校友会为庆祝母校百年华诞共举办了各类活动30多场。

天津校友会创新开展了以“百年华诞、校友赠言”为主题的网上校旗传递活动，郑炜参与设计赠言模板。2020年5月17日，校庆日倒计时20天活动正式启动，并同步进行了网络直播与在线互动。郑炜在启动仪式上，回顾了母校百年的成就，号召广大天津校友积极参与网上校旗传递，并将最真挚的祝福赠予母校，为母校的发展建言献策。他作为天津市第一位旗手在网上传旗，并写下了对母校的祝福赠言：“祝福母校百年华诞，感恩母校终身培养，致敬母校世纪丰碑，展望母校永续辉煌！”校友总会也发来贺信，“预祝本次活动圆满成功，并对天津校友对母校的深情厚谊表示衷心的感谢和崇高的敬意，希望天津校友们继续与母校保持密切联系，建立命运共同体机制，相互成就，相互分享，也希望广大天津校友一如既往地继续支持校友会，关心校友会的发展，让天津校友会越办越好！”

至校庆日前夕，20天时间，参与网上传旗“百年华诞、校友赠言”活动2 149人，校旗传递距离234 453公里，共计捐款213 417元。校友会将每位校友给母校的赠言整理成集，做成精美画册，作为礼物送母校留存，以表达天津校友对母校百年华诞的衷心祝福！

哈工大校长周玉曾说过，哈工大有“三宝”，校风、校训和校友。一百年间，从哈工大走出了无数祖国栋梁，广大校友们在祖国的各个行业中、各条战线上，用聪明才智、辛勤汗水身体力行地诠释着“规格严格，功夫到家”的校训。郑炜做了一个调查，在津校友中年过花甲的老校友有125名。所以，他特别设计了“关爱高龄校友志愿活动”，提出将数量有限的母校百年校庆纪念章优先送给老校友。这一活动得到了天津校友会全体校友的一致赞成，志愿参加赠送活动的年轻校友络绎不绝。自2020年6月1日起，50余名志愿者走遍了天津的每一个区，将母校的祝福和纪念章送到每一位高龄校友手中。老校友们都很高兴很激动，都说这是校庆日最好的礼物了！

期盼的日子终于到了！6月7日，松花江畔的哈工大校园内到处洋溢着节日的气氛，俯瞰哈工大主楼广场，整体呈现哈工大校徽造型，会场两侧的哈工大校旗、各学院院旗和各地校友会会旗迎风飘扬。上午9时，建校100周年纪念大会在主楼广场隆重举行。一校三区师生员工、海内外校友和关心哈工大发展的各界人士相聚100个“云端”，共襄盛事，共同见证哈工大百年荣光。

中共中央总书记、国家主席、中央军委主席习近平专门致信祝贺哈尔滨工业大学建校100周年，向全校师生员工和校友致以热烈的祝贺和诚挚的问候。

与此同时，在千里之外的天津，郑炜携校友会理事会成员、各分会会长及老校友代表，欢聚时代奥城融创分会场，一同观看母校庆典。在津校友们通过人民日报客户端、学习强国平台、央视频、Zaker客户端、学校官方B站和腾讯视频、官方抖音等平台观看同步直播。

云校庆结束后，校友们难掩激动之情，纷纷抒发感言。青年分会会长武洋说："新的百年是青年校友的机遇，我们的表现就是哈工大的形象，我们的成绩就是哈工大的品牌，所以我们无论在哪个行业，从事何种工作，都要努力奋进，不负师名，不辱校风，做一个传承哈工大精神的合格哈工大人。"80岁的老校友赵克定教授也激动地说："参加百年校庆'云校庆'活动感到很荣幸，见到大家很高兴，刚才还看到了我参与研究的惯性导航仿真转台成果介绍，能代表哈工大为国家做一点贡献，非常激动，非常自豪。天津校友会的活动办得很好，展现了哈工大学生'规格严格，功夫到家'的精神，祝愿母校未来继续向前发展，越来越好！祝天津校友会越办越好！"

郑炜也发表了热情洋溢的感言，他说："今天学校的'云校庆'庆祝活动非常成功，总结起来主要有以下五点感受：一是激动。在百年华诞之际，习近平总书记给我校发来贺信令人非常激动，这是对哈工大百年来对国家贡献的充分肯定，是对我们哈工大人的极大鼓励和鞭策。二是自豪，通过百年校庆系列活动，了解到哈工大为国家培养了30多万优秀学生，其中包括两院院士、省部级以上领导、将军、大学书记校长、航天国防总师，获得37项国家科技奖励，为母校取得的成就感到自豪。三是感恩，感恩哈工大对自己多年的严格培养，在工作中坚持‘规格严格，功夫到家’的校训和哈工大精神，使自己能取得些许成绩。四是感动，在百年华诞的活动中，被许多老校友对母校的那种真挚情感所感动，被许多年轻校友那种热情和无私的奉献精神所感动。五是感谢，这次活动涌现出一大批志愿者，他们与秘书处和各分会一道，组织了几十次庆祝活动，新增志愿者50多人，新发现70多岁的老校友近20多位，新增微信校友2 000多人。在此，对秘书处的全体志愿者表示衷心感谢！我们要牢记总书记的谆谆教诲和殷切期望，站在百年辉煌的历史新起点上，为‘两个一百年’宏伟目标的实现，做出我们哈工大人的新贡献！创造新的辉煌！”

第二天上午，他即组织秘书处及部分校友，对总书记的贺信原文进行了集中学习。参加学习的校友们欢欣鼓舞，心潮澎湃，更加感到了作为哈工大人的光荣与自豪，责任与使命。大家表示，哈工大的百年辉煌，是一代代哈工大人心怀祖国，勤奋治学，勇于创新创造取得的。站在百年辉煌的历史起点上，我们要牢记总书记的谆谆教诲和殷切期望，不论我们身在何处，做何工作，我们永远的身份都是哈工大人！我们始终重任在肩，使命在身。我们要以深入学习领会“贺信”精神实质为统领，把百年校庆的系列活动做好做实，在各自工作岗位上，以“贺信”精神为指导，传承哈工大的精神，做好自己的事情，尽到自己的责任，为母校增光添彩，为社会发光发热，为“两个一百年”宏伟目标的实现，做出我们哈工大人的新贡献！对总书记“贺信”进行持续深入的学习，不断激发广大校友奋进新时代，传承再奋跃的热情和干劲，在新的百年征程中，创造新的辉煌，为母校发展尽更大的力量!

抚今追昔，郑炜不胜感喟，四十二年弹指一挥间，当年在哈工大学习、生活的点点滴滴清晰如昨，历历在目。四十二年前，他只是一个青涩懵懂的大学生。四十二年间，他阅尽世事，涅槃蜕变，化茧为蝶。四十二年过去了，时光改换了他的容颜，岁月砥砺了他的精神，如今的他固然已是一个年过花甲之人，但内心深处对哈工大的热爱、对身为哈工大人的骄傲依旧炽热而浓烈。多少次梦里，他都会梦见这样一个场景：那是77级液压专业的第一次班会，辅导员赵彤老师拿着崭新的新生名册点名。“王大明！”“到！”“王瑞珂！”“到！”“王建平！”“到！”“李小宁！”“到！”

“郑炜！”

“到！”

尾　声

好了，我的朋友们，这个未完待续的故事只能讲到这里了。

林深时见鹿，海蓝时见鲸，写至文尾处，回首望初心。人人皆有初心，初心之所向所踪，即为人生之主题。

那么，郑炜的初心在哪里？是改写贫困、出人头地的朴素愿望吗？是，但也不完全是！是耕耘杏坛、传道授业的为人师表吗？是，但也不完全是！是勇攀高峰、专利等身的科研梦想吗？是，但也不完全是！是纵横商海、意气风发的踌躇满志吗？是，但也不完全是！是光环萦绕、利国利民的社团追求吗？是，但也不完全是……

为了寻找答案，我把他人生中那些或高光，或微小的瞬间搜检了一番。拂去历史的云烟，穿过时空的隧道，我看到了云阳山区悬崖旁那个挑着煤筐趔趔趄趄行走的瘦弱男孩，看到了炎炎烈日下杨家坪水田里那个光着泥腿抢收的知识青年，看到了哈工大自习室里那个穿着绿军装埋首做着樊映川习题集的眼镜书生，看到了深夜医院里那个推着自杀学生尸身走过无人街道的辅导员，看到了天津大学实验室里盯着清冷的电脑屏幕为轴向柱塞泵配流副建模的年轻科研工作者，看到了寒冬腊月夜里裹着军大衣守在车间生产线旁记录运行数据的董事长，看到了刚刚做完癌症手术就通宵达旦地筹划共享科技智库的校友会会长，看到了企业文化峰会上那个手捧证书笑颜如春的企业文化研究会会长，看到了畅想艺术剧院舞台上那个强忍病痛讲着“戏要唱给知音听，事要瞄着百姓做”的62岁老人……

我在脑海里将这些画面翻来覆去，或放大，或叠加，努力寻找着答案。终于，我找到了一个瞬间：那是四十五年前5月的下午，一位十八岁的小伙子用仍显青涩但无比坚定的语气对户籍民警说：“是火字旁加一个姓韦的韦，寓意光明，既是政委的谐音，又预示着用光明的火焰照耀未来，永远追求光明！”

古人云，靡不有初，鲜克有终。人的一生，特别在是年轻时，会立下很多很多的宏愿，但真正当回事儿，放到心里去，并一以贯之的，实属寥寥。四十五年前郑建平决意更名郑炜前说的这句话，却奠定了他一生的主题，这个名里带火、心头有火的男人还真就将一生奉献给了光明。

1978年3月，在浪花滚滚的长江中，一条轮船劈波斩浪，东行而下。船头站着一个负手而立、目光如炬的年轻人，那是北上黑龙江读书的郑炜。由这一刻起，他走出了故乡的大山，走向了更加广阔的天地，踏上了不懈追求光明的路途。

达摩渡江，一“炜”以航。四十五年过去了，他仍在路上……

是的，造神容易，写人难！

我们这个行当里有句话，写作是作家和自己的对话。以此观之，写传记似乎要比写小说难一些。因为写传记不仅要和自己对话，还要和传主对话，以表达传主为主，兼顾表达自己。另外，小说以故事性见长，主要是作家的个人创造，可以天马行空、恣意汪洋；传记则不同，纪实性色彩浓厚，需要以传主为研究对象，在把人研究透、把事捋清爽的基础上，才好下笔。

写了这么多年的传记，可以说这是迄今为止我写过最难的一本。

难在哪里呢？

第一是时间紧、任务重，从4月中旬达成意向，到7月底定稿，前后仅3个半月，创下了我从业以来单本传记最短写作时间的纪录。且受疫情影响，我和郑炜先生连一次面都没见过，这也是我传记写作生涯中绝无仅有的，无疑进一步增加了写作的难度。说实话，要不是受人所托且前期已有一定基础，我都不敢接。

第二是传主人生经历十分丰富，别的传主的人生成就通常是集中的、单一的，企业家就是企业家，艺术家就是艺术家，领导就是领导，学者就是学者，写作时集中某一领域研磨即可；但郑炜先生不同，他既是成果等身的专家教授，又是纵横商海的成功企业家，还是执掌多个社团的社会活动家，写他无疑要花费远超他人的心力和精力。你们能想象一个文科生绞尽脑汁想搞清楚轴向柱塞泵配流副油膜、钻井平台液压系统时的画面和心情吗？

两相交织，直接增加了本书的写作难度。我想，在今后的写作道路上估计不会再遇到类似情况了。

我写传记有特点，内容上讲求"全、实、细"，"全"就是全面描述传主的一生，内容分布上固然有主有次、有详有略，但整体一定会覆盖到传主从童年到少年、青年、老年的全部人生；"实"就是唯实，不夸大，不遮掩，更不胡编乱造，不是写谁像谁，而是写谁是谁；"细"就是细腻，写事多于评论，而且写事侧重于全景式描述，从前因后果到人物的所思所想所感都有所体现。与其说我是创作者，倒不如说是观察者、记录者更为妥帖。

为什么要讲"全、实、细"呢？因为只有全了、实了、细了，人物才能真了。仅写传主人生的一部分，夸大遮掩或是胡编乱造，又或者是通过一段又一段华丽的但却是空洞的辞藻轰炸读者的视听，都不能全面准确地展现出一个有血有肉有情感的真人。全面、准确、真实，这是传记最基本的，但却是最重要的要求，也是它区别于小说和报告文学的本质所在。论观赏性，传记终究不如小说跌宕起伏；论形象塑造，也不及报告文学浓墨重彩。但传记自有其价值，就本质，它和我的另一个主要写作方向——历史是相一致的，属于典型的微观历史，有很强的史料价值。

写作期间，我有幸读到了由甲子老师为熊焰先生传记所写的后记《造神容易，写人难！》，这个题目触碰到了我的灵魂，引起了我深深的共鸣。读者看传记，想要看到的不是不食人间烟火、高高在上的万能的神，而是活在你我之间、有血有肉的平民英雄。如果把传主写成恺撒式的人物，我来了，我看见，我征服，似乎只要他横刀立马，全世界都会为他让路，定个一亿的小目标，话音刚落，钱就入袋，心随意动，心想事成！朋友们，是不是容易得过分了，可能吗？成功路上坎坷多，如果都这般易如反掌，那岂不是人人都能成功了？另外，读者最想看的不是结果，而是攻坚克难的思路和过程。成功人士都不缺成果，如果通篇都是成果的堆砌，意义不大。

所以，我写郑炜先生时，用的是推导式而非结论式的办法，不仅会写出他的成就，还会写出他的努力、他的思考、他的感受、他的煎熬，遇到困难时他是怎么想的，又是怎么想方设法克服的？说句实在的，把事儿写到位了，还愁不见性格、见意志、见思想、见能力、见情怀吗？还愁不好看吗？如果写传记有窍门的话，就是六个字，说人话，事上见。以此为指导思想，我对自己的要求就一句话，写郑炜，就只能是郑炜，而不能写成像郑炜的人，又或者是郑炜们。莱布尼茨讲，世界上没有两片完全相同的树叶。在中国叫郑炜的不乏其人，但我写的就是这个特定的郑炜。

至于这个特定的郑炜究竟是怎样的一个人呢？我不想多言，乙方点评甲方，作者画像传主，不管怎么强调客观，似乎都有点儿替东家美言的意思。所以，我对广大读者们想说的只有五个字：

你品，你细品！

李永庆

2020年8月于北京西城太平里